馬克思社會學說之析評

An Analysis of
Marx's Social Theory

洪鎌德　著

馬克思畫像
　取自 James Klugmann Collection

Karl   Marx   1818-1883

目　錄

序

　　本書為作者研究馬克思學說，特別是涉及馬克思社會理論方面的研究，垂三十餘年的一點心得。也是作者教授馬克思思想二十餘年來的些許成績。的確，馬克思終身所關懷的是人的解放問題。他的解放觀建立在人與社會的更新、人對環境的改善與人對歷史的創造之上，是故本書便圍繞在人、社會、歷史三個主題之上，而試圖說明這三者彼此輻輳、互動的辯證關係。

　　本書前身為作者1983年所撰述，而由遠景出版社刊行的《馬克思與社會學》，該書曾為至今尚緣慳一面的蔡國裕教授詳加推介和讚賞（見其書評＜馬克思主義的內在矛盾與錯誤──評洪著《馬克思與社會學》＞，《共黨問題研究》，1983年9月，第9卷，第11期：21-29頁）。該書為馬克思逝世一百週年紀念之作，全書只有六章。本書雖部份取材自該書，但內容、標題、註釋已大量更新，特別是對西方近年有關馬克思學說的新詮釋重加覆核並酌予引入。最重要的是這本新作之結構與其前身《馬克思與社會學》大為不同，全書共分十章。第一章析論馬克思社會學說的淵源；第二章臚列其社會

I

學說的概觀，並一一加以批評；第三章討論作爲馬克思
社會學說的主體的人類，也即其人學理論；接著第四章
申論馬克思的人性觀，俾作爲其批判性社會學說的基
礎；第五章分析他對個人、階級和社會之經驗性考察；
第六章從唯物史觀與階級論檢討馬克思辯證發展的社會
理論；第七章扣緊前章，彰顯馬克思史觀與社會學說之
關連；第八章則以馬克思的社群觀來評析其理想的社會
之形貌；第九章析述馬克思社會學說的性質及其影響；
第十章則解讀馬克思社會學說的意涵。

　　本書的推出將與台北三民書局出版的拙著《馬克思
──生平、學說、貢獻》（1997）相輔相成，是作者對
馬克思粗淺理解的剖白，也標誌著作者大半生求學、寫
作、執教的點滴記錄。

　　揚智出版社葉忠賢總經理的敦促，以及該出版社多
位小姐、先生的協助，使本書得以面世，這是令作者十
二萬分感激欣喜之處，在此特申謝忱。

　　作者的助理群，像臺大三研所邱思慎、李世泉、郭
俊麟、胡志強、政研所胡正光、梁文傑、社研所應靜
海、淡大歐研所藍欣開、曾志隆、胡芝瑩、林含怡等都
曾大力協助。特別是思慎、世泉、正光、志強和俊麟五
位的積極介入，也使本書能夠早日付梓，這是令我無比
感謝之處。

　　內子蘇淑玉女士、長女洪寧馨小姐和次女洪琮如小
姐都盡心盡力，幫助我完成資料的蒐集和書稿的撰述。
她們的奉獻和犧牲，也是鼓舞我不斷寫作的驅力與持續

拼鬥的源泉。因之，援引前例，以此一新書獻給我的愛
妻與愛女。

最後，但卻非常重要的一點，就是向台大、中研
院、淡大、輔大、東吳諸相識師生表示至深謝意，沒有
他（她）們的關懷、參與、督促，這本書恐怕沒有那樣
快與大家見面。我更感激這些學術與教育機構提供我與
同僚和同學研討的機會。

作者洪鎌德誌於臺大三研所研究室，時值60歲生辰

第一章

馬克思社會學說的淵源

　　本質上馬克思主義是由理論與實踐兩個面向構成的。馬克思的理論是19世紀歐洲蓬勃壯闊的思潮之一，是諸種知識建構（intellectual constructions）中最具活力的一種。他方面馬克思主義又是工業革命與法國革命對歐洲傳統社會衝擊後的產品——社會主義運動的一支，是政治教條與社會實踐的合一，也是縮合法蘭西大革命與俄羅斯大革命的橋樑。

　　在18、19世紀之交，英國、法國與德國對於工業革命與法國革命的反應各自不同。其中又以英國為主的自由主義、法國為主的社會主義和德國為主的浪漫主義，對上述政治（法蘭西）與經濟（實業）兩大革命的解釋與批評，最令人矚目。這三種主義不僅為人類心智的活動，也蔚然成為引導經濟政策、促進政治民主、建立社會秩序的社會運動。馬克思主義可以說是脫胎於這三種不同的主義，而又企圖加以批評、超越。

一、浪漫主義與唯心主義

　　工業革命產自英國，傳播於法國與其他歐洲大陸的國家。日耳曼工業化起步較法國為遲。為解決工業化所帶來的問題，日耳曼人一方面要應付本身工業化所造成的困擾，這是屬於日耳曼本土的地方問題，他方面又要瞭解先進的法國工業化之經驗，以及中產階級的崛起所滋生的文化情狀，這是涉及外國的經驗及其評價的問題。

　　不僅是工業革命與其產生的種種社會、經濟問題，就是接踵而至的法國革命及其引起的政治、文化等問題，也給日耳曼人帶來震驚與迷惑。於是正在甦醒中的日耳曼中產階級以兩種方式來面對這些新情勢：一方面追求改變日耳曼社會的實在情狀，創造他們心目中理想的新社會秩序，俾滿足各方的要求；他方面他們又傾向於排斥具有革命性的法國新秩序，不認為法國的模式可以套用於德國或歐陸其他國家的社會。是以19世紀初的日耳曼陷入不滿本身封建秩序，又不願接受法國的替代模式之困局中。其後的日耳曼現代化便是針對這種困局試圖加以打破。

19世紀初葉，處於進退失據困局中的日耳曼知識分子，既無力推翻本國的「舊政權」（*ancien régime*），也不願接受法蘭西的新秩序，因此對政治改革不寄厚望。在此情況下，才智卓越之士紛紛轉向文藝學術領域謀求發展。他們既無能力推動社會革命，只好致力於文化革命。這股強而有力的文化再生運動，便是所謂的浪漫主義（*Romantizismus*）。做爲社會運動的浪漫主義在文化方面有三重的表現：其一爲康德（Immanuel Kant 1724-1804）、謝林（Friedrich von Schelling 1759-1805）、費希德（Johann Gottlieb Fichte 1762-1814）、黑格爾（Georg Wilhelm Friedrich Hegel 1770-1831）的唯心主義哲學；其二爲歷史主義（*Historismus*）與新的歷史科學；其三爲藝術、美學、文學批評方面的革新。這三重文化活動是相互影響的，而且以德國的大學爲大本營。

日耳曼的浪漫主義者既拒斥法蘭西提供的藍圖，遂自行設計其心目中的理想社會秩序：既非市民階級，又非封建秩序，而是兩者的混合。這種混合的秩序既不出現於當前，也無法實現於未來，只好寄託於過去。

浪漫主義界定現代與浪漫的分野是以藝術與宗教因素爲準繩，而非以科學發明爲標準，是故，拒斥法國啓蒙運動關於現代的概念，不以理性、科學、技藝爲現代之特徵。浪漫主義導致日耳曼人無視本國政治的衰退，反而自視、自得於文化的優越。要之，浪漫主義乃以美學取代政治學，以文化批判取代社會批判，它所追求的

是藝術的自由，而非政治的自由（Gouldner 1975：323-327）。

日耳曼的社會科學是脫胎於浪漫主義與科學的辯證發展。德國人之重視文化或精神科學與自然科學的分野，就是受到浪漫主義的影響。前者也成為德國社會科學的特質，即重視社會的文化現象與精神現象。馬克思的思想受到浪漫主義的影響極深，可以說是浪漫主義的產品，也不為過。他說過著名的一句話：「哲學是解放的頭，無產階級是它的（解放的）心」（Marx 1971：224）。對馬克思而言，單單靠理性無從謀取人類的解放。要言解放，理性必須接受實踐的指引，蓋實踐不斷地更正理論的錯誤，而無產階級是實踐的主體。馬克思不認為實踐是關在實驗室中單純的科學實驗。反之，是一個完整的人（無產階級的工人）決心致力於求取表現、在日常生活中求表現。這乃是熱情加上慧見，去改變世界，最終也使自己獲得改變的過程。

馬克思揚言要超越人的「外化」（*Entäusserung*；externalization）和「異化」（*Entfremdung*；alienation, estrangement），這是極富浪漫精神的努力，俾彌補人類的分裂（人本身的分裂、人與人之間的分裂），聯結感性的人與理性的人。馬克思最終的目標為一理想的社會，在該社會中所有人類的能力與感官——不僅是智力——都獲得發揮，而找到歸宿。因此，馬克思顯然違背蘇格拉底的教訓——一人一職——與中古的生機官能論——人在社會組織中就像身體中的器官，只

能略盡其本分而已。反之，鼓吹一個人可以扮演各種的角色，不只是一生中，甚至一日之間，既可打獵、釣魚、飼餵牲口，還可以討論文學作品。可以同時勞心又勞力，進行美感與認知活動。馬克思這些烏托邦式的理想可以說是浪漫主義的最高表現。

受到浪漫主義薰陶的日耳曼唯心主義可以被看做世俗化的宗教，或是法國大革命的理論。它是企圖把人的價值由物質的實在提昇到精神的境界。盧梭（Jean Jacques Rousseau 1712-1778）是激發日耳曼精英份子同情與嚮往法國革命的哲人，他對康德學說的影響也很深。馬克思一度把康德的哲學當作「法國大革命的日耳曼理論」看待（McLellan 1973：1；Wolfson 18）。只是當時的德國文人學者只求精神面的解放與自由，而無力改變現狀。一般群眾則沈迷於宗教，而安於現實。黑格爾的的哲學正適合做為這一發展程序的緊要寫照。它是唯心運動的巔峰，但也是唯心主義強弩之末，呈現內在分裂的緊張。黑格爾本人立基於康德、費希德等理性主義學說與日耳曼人對法國革命後的動亂徹底失望所造成的反動之中間。法國革命後的雅各賓暴力統治，與1815年以後的復辟反動，使黑格爾寒心，他遂由一進步的哲人轉變成保守的御用文人。可是黑格爾晚年的保守思想是硬加於其理性體系之上，其結果導致黑格爾學說與宗教的教條難以相容，也無法得到普魯士王朝統治意識形態的接受。這種緊張矛盾的情勢在其生前無從解決，而在其死後卻暴露無遺。

　　黑格爾體系的解體與德人仇視專制政治與宗教教條的運動，居然平行發展。這種哲學與政治不安情勢的同時進展說明了19世紀中葉日耳曼的落伍。事實上黑格爾的哲學體系終究包含進步與保守兩種矛盾的成份，它是批判的思想對不變的現實之妥協，是提供給無法在現實中求取實現的理想以自圓其說。它給予人們的不是自由的諾言，而是自由的理念。黑格爾的體系，一言以蔽之，是「理念與實在的調解」。

　　嚴格地講，「正」、「反」、「合」三階段說，並不是黑格爾思想體系的核心。反之，其體系的動力卻是整體與部份之辯證法。辯證法與實在的結構相同，當做發展過程來看待，也即邏輯的主詞（*Subjekt*）發展為其本身的敘詞（*Prädikat*）之過程。據黑格爾的看法，一切實在並不展露其本身為人們感知，它只展露於哲學的反省裡。這點便是日耳曼唯心主義的本質，也是它與經驗論完全相反之處。馬克思主義在某一程度上也擁有同樣的信念，特別是對歷史的看法。因之，它是日耳曼古典哲學的產兒（Lichtheim 1961：89-92）。

　　馬克思推崇黑格爾的辯證法為運思上一偉構。當做世界發展律的辯證法是瞭解歷史事變、甚至人類未來的鎖匙。不同於黑格爾理想的辯證法（*Idealdialektik*），馬克思所倡導的是實在辯證法（*Realdialektik*），或稱社會辯證法（*Sozialdialektik*）。辯證發展的不再是抽象的理念，而為實在的事物，也即馬克思把黑格爾的辯證法

「顛倒」過來。黑格爾認爲介於理想辯證法與實在辯證法之間爲人類。辯證的範疇是源於思想世界，也只能在精神過程（思惟）中應用。「正」、「反」、「合」只是概念，並非事物。精神乃依賴人類的活動而展開。是故歷史辯證發展是指人類改變環境、實現理念的先後過程。世界史便是精神藉人力以求實現的產品。

由是可知馬克思儘管反對黑格爾的形而上學，卻接收後者的辯證法，並加以改裝。換言之，馬克思自黑格爾承襲否定性的（negative）、辯證法的（dialectical）思想形式（style of thinking），並把它融合成爲他自己知識上的自覺。但馬克思的辯證思想並不只是具有批判性與革命性，而是同時帶有經驗與社會的性質。例如他不以抽象的字眼來描繪人類之間的衝突，而以具體明白的階級鬥爭來展示人際之間衝突的情形（Zeitlin 1968：89-92）。此外，作爲實在辯證法主體的人類，不再是精神活動的媒介，而是社會的、經濟的生物。歷史的實在也就是人類的實在。開展辯證的反覆爭執者不再是概念，而是社會形式、而是社會階級。這點顯示馬克思與黑格爾一致，都認爲人類在完成辯證活動。馬克思稱當他指出人類受「物質」決定時，這裡所指的人類不是只具有生理功能的人，而是受社會關係決定的人，立於社會組織之上、權力關係之上或經濟勢力之上的人。

黑格爾認爲人類必須通過精神的道路、藉理念的發展而成就人的本質。馬克思則反對這種說法，認爲人在

完成自己的過程中最重要的是經濟與社會條件的改善。
蓋人的物質性生活情況決定他的思想，而非思想決定人
的物質生活情況。這也是馬克思用以對抗黑格爾唯心論
的唯物論。從上面簡略的敘述，我們不難理解黑格爾以
及日耳曼古典哲學對馬克思影響的深遠[1]。

　　馬克思學說有一部分在早期著作中業已完成，這部
份學說之中心，便是以人爲主題。貧窮者的困苦打動了
這位悲憫的思想家，他決意要將貧困掃除。是故馬克思
主義的人道色彩在早期著作中表現無遺。馬克思完全贊
同費爾巴哈（Ludwig Feurbach 1804-1872）把唯物論
與人本主義視爲同一物。他得自費爾巴哈者多，抨擊費
爾巴哈者少。其中包括最重要的一句話：「思維取決於
存有，而非存有取決於思維」。費爾巴哈使馬克思皈依
爲唯物論與以人爲中心的思想之信徒。人立於世界的中
心，在人的上面沒有更優越的事物（神）。哲學所應關
懷者乃人的問題，而非世界精神之屬。費爾巴哈主要的
研究對象爲宗教批判，他屬於左派黑格爾門徒。馬克思

---

[1]關於黑格爾對馬克思的影響，參考Hook, Sidney 1962 *From Hegel
to Marx*, N. Y.: Oxford Univ. of Michigan Press; Löwith,
Karl 1978 *Von Hegel zu Nietzsche*, Zürich, Hamburg: Felix
Meiner; Marcuse, Herbert 1960 *Reason and Revolution*, N. Y.
: Oxford Univ. Press, Boston: Beacon; Lichtheim, George
1971 *From Marx to Hegel*, N. Y.: Herder and Herder.

與恩格斯雖然也同屬此派，但不同點在於他們兩人爲社
會主義者，其餘左派黑格爾門徒則爲自由主義者。

費爾巴哈認爲人與人之間的關係不夠完滿，其中欠
缺愛心，這是由於人類與其「種類的本性」
（*gattungsmässige Natur*）分裂（*Entzweiung*）之
故。馬克思也接受這種看法，並把「種類」當做社會學
的概念來看待。所謂「種類」云云應指社會而言。費爾
巴哈所論述的人對馬克思而言太過於抽象，他根本還沒
有存在過，因此馬氏認爲這種人只有在社會條件改觀之
後才有出現的可能。在貧窮與社會不公的世界中這類人
性化的人則完全無從繁榮滋長（Theimer 1976：56-
62）。總之，馬克思由費爾巴哈傳襲人本主義的思想，
也繼承了物質主義的說詞。

二、早期的社會主義

社會主義並非由工人階級或勞動階級主動提出的理
論。蓋歐洲工業化初期，勞動者忙於做工糊口，缺乏時
間、精力、智慧去組織工會、建構理論，而且他們大多
只嚮往過去封建社會中的安逸生活，對目前或未來的革
命冒險卻不存幻想。是故社會主義的理念是由知識精英
份子所倡導與推廣，而企圖利用無產大眾作爲社會更新
的工具。

　　當工業革命首先在英國爆發後，由於整個社會對其負面影響未曾有過周全的防備，而政府也欠缺服務人民的精神，故造成了工人流離失所、貧困、疾病、災難、失業、愚昧和求助無門等慘狀，帶來空前的浩劫。當時目睹社會慘狀的人士雖對工業革命有所批評，不過反對工業化的力量畢竟太薄弱，儘管不少政治家、學者、牧師、慈善家同聲譴責「貧窮」（pauperism）為社會一大罪惡，終究未能產生遏阻的作用。

　　所謂的烏托邦社會主義者係受到莫魯士（Thomas Moore 1478-1535）的作品《烏托邦》（*Utopia*, 1516）一書的影響，批評社會的不公不義，並設計一套理想的藍圖。19世紀上半最著名的烏托邦社會主義者大多為活動於法國的文人，像聖西蒙（Claude Henri de Rouvroy Saint-Simon 1760-1852）、傅立葉（Charles Fourier 1772-1837）、普魯東（Pierre-Joseph Proudhon 1809-1865）等人。此外在英國的歐文（Robert Owen 1771-1858）與德國的魏特鈴（Wilhelm Weitling 1808-1871），也對社會主義的理論與活動做了相當的貢獻。我們可以說，除了德國的古典哲學之外，烏托邦社會主義是馬克思學說最重要的思想源泉。因為它給馬克思主義以發展的方向，否則馬克思本人終其生或將不過成為市民階級的、極端的黑格爾門徒而已（Cole 1965；Wilson 1972：83ff.）。

　　大約在1830年代，法國的烏托邦社會主義學說便開始在日耳曼生根蔓延。在馬克思出生地的特利爾（Trier）鎮，早便有嘉爾（Ludwig Gall 1794-1863）在傳播傅立葉的社會主義思想。德國第一位共產主義者赫斯（Moses Hess 1812-1875）曾撰專書強調階級的兩極化與闡述無產階級革命的降臨，魏特鈴則倡說窮人接受教育與分享幸福的權利。馮斯坦（Lorenz von Stein 1815-1890）有關法國社會主義與共產主義的介紹與抨擊，反而使社會主義思想在德國極端份子之間蔓延開來，馬克思就是從馮氏著作初步認識社會主義。

　　馬克思在停留巴黎期間（1843年10月-1845年2月），曾頻頻與法國社會主義者接觸，也與流亡巴黎的德國共產主義者來往，他對這些烏托邦社會主義者的活動組織與著作都耳熟能詳，甚至與普魯東爭論通宵達旦（McLellan 1972：212ff.）。

　　自1860年以後，在法國那些脫胎於烏托邦社會主義者自稱其學說為共產主義。卡貝（Etienne Cabet 1788-1856）、戴查米（Théodor Dézamy 1803-1850）、魏特鈴等人所倡導的共產主義雖一度為年輕的馬克思所排斥，但他們卻提供他歷史哲學的理論基礎，成為後來馬克思著作重要的成份。他們曾宣稱唯物論為共產主義的基礎，人類的歷史為階級鬥爭史，又指稱第四階層——勞動階層——與市民階級的關係，有如早期市民階級與封建諸侯之間的關係。這些都構成後來馬克思主義的骨幹。

　　在烏托邦社會主義者當中，聖西蒙對馬克思的理論建構影響至深。他曾演繹一種「物理政治學」（*Physikopolitik*），強調「政治為生產的科學」，並主張以科學體系取代宗教與倫理的地位。他又設計一套科學的崇拜，以牛頓的萬有引力律為基本，以從事科學工作者取代神職人員，其最終目標在推動「工業主義」。馬克思襲取其中的一些理念，譬如他也重視科學，只是不滲入神職與頂禮膜拜的儀式而已。又譬如馬克思以辯證法取代聖西蒙的重力律，但保留其所說政治乃為經濟政策的說法。

　　傅立葉建議創立社會主義的模範合作社與信用貸款機構，俾收集足夠的資本，從事社會救濟安貧的事業。以後又創立模範公社，進行集體農場兼工廠的經營。他對資本主義的批判是純由倫理與經濟的觀點出發。馬克思雖然多少受傅立葉學說的影響，但他與早期社會主義者（魏特鈴、聖西蒙、傅立葉）最大不同之處，在於對宗教絕不妥協，對道德絕不讓步。他堅持：無神論與人本主義是無從分開的。

　　在英國歐文是唯一涉身實際政治運動的烏托邦社會主義者，他在蘇格蘭所經營的紡織廠，由於合乎人道的社會設施而聲名遠播。他對英國最初的勞工立法，有直接參與之功。在他影響下，英國工人的工會運動、合作社運動次第展開。不過終其一生並不倡導政治或工會鬥爭以改善勞工生活，而是寄望於人群知識的發達與道德水準的提高。歐文結合他實際的經驗（創立模範村、合

作社等)而傾向環境決定論(*Milieutheorie*),認爲只需改善工人的生活環境,便可以提高其道德水準,最終解決社會問題。這種人性的環境決定論多少影響馬克思的想法。最重要的是歐文因爲輕視政治鬥爭,以致其組織的工會終歸失敗。這給予馬克思一項新觀念:社會主義的實現有賴階級鬥爭的推行,更有賴工人組織(工會、政黨等)之擴大。

馬克思雖然承繼烏托邦社會主義者的一些理念,卻鄙棄他們對倫理、宗教的重視,尤其從他們缺乏實際鬥爭的經驗,吸取教訓。此外,馬克思的社會主義是國家社會主義,有異於他們鼓吹的合作社式的工團社會主義(*Genossenschaftssozialismus*)。後者對階級鬥爭的輕視,也是造成馬克思與普魯東爭執分裂的最大原因。普魯東倡導「互助論」(*Mutualismus*),主張設立「人民銀行」或「貸款合作社」,提供無息貸款,俾其產品能彼此公平交易,冀望如此實現和樂無爭的社會,而使法律與政府機構消弭於無形。因此,他不失爲早期無政府主義者之一。馬克思的共產主義在普氏眼中,認爲是對自由的威脅。他也不贊成採取暴力革命,而只想以設立銀行與合作社來達成社會的和平轉變。爲對抗普魯東的說法,馬克思不惜撰著《哲學的貧困》一書來嘲諷普氏的著作《貧困的哲學》。

在馬克思的其後生涯中,還得大力對抗無政府主義者,包括搞垮馬克思第一國際的巴枯寧(Michael Bakunin 1814-1876)。馬氏曾自無政府主義者的理論

中得到取消國家權力的理念，只是不贊成無政府主義者
為達此目標所採取的步驟而已。易言之，他反對政治暗
殺、政治罷工、恐怖手段、或「宮廷式」的革命。他的
方式是工人有組織的政治鬥爭，要求嚴格的革命紀律。

　　前面提到魏特鈴曾為馬克思心目中理想的無產階級
代表，可是終魏氏一生不曾是一位馬克思主義者。此
外，在德國的古典哲學佔一席地位的費希德，曾著有
《封閉的商業國家》（*Der geschossene Handelsstaat
1800*）一書，以為社會主義國家的張本。事實上，無論
就出身與對民主政治的熱中，他都比黑格爾更進步、開
明。但馬克思和始終未曾提他一筆。同樣未曾受到馬克
思青睞的兩位傑出的德國社會主義實踐家與理論家為拉
沙勒（Ferdinand Lassalle 1825-1864）與羅伯圖
（Johann Karl Rodbertus 1805-1875）。拉沙勒為德
國社會民主運動創始人，曾一度與馬克思友好，後來兩
人意見相左，竟成仇人。拉氏只接受馬克思部份學說，
但拒絕他的歷史唯物論，強調人類決定的重要性。他只
希望藉國家所支持的生產合作社，在普魯士王朝保護下
把社會主義建立起來。此外，他還組織工人，並在民主
基礎上展開工會的鬥爭。在19世紀中葉，拉氏在德國的
聲望，遠超過流放於倫敦的馬克思（洪鎌德 1997b）。

　　羅伯圖有關經濟與社會的批評與馬克思幾乎同調。
他本身並非社會主義者，但卻主張在現存秩序上建立一
個屬於全社會的福利國家，這種國家具有強烈社會主義
的色彩。他有關勞動價值說，對階級國家的批判，工資

勞動與奴隸的相提並論，工資率的遞減律，工人的貧
困，經濟危機的解釋，勞動者的購買力減退，所有這些
方面的論說簡直與馬克思無分軒輊。究竟兩人中誰最先
提出這些學說，或誰模仿誰，或是兩人不約而同、不謀
而合地提出同一意見等等，至今尚無從清楚辨別，原因
是兩人彼此都互相閱讀對方的作品。有人認為羅伯圖才
是「科學的社會主義」之創始人，只是其範圍限於經濟
學理論而已。他並沒有提過唯物史觀，他的政治觀則屬
於保守主義中「生機官能說」那一類。馬克思屢次引用
羅伯圖的作品，或予讚揚或予抨擊。

影響馬克思相當大的法國社會學家為孔德
（Auguste Comte 1798-1857）。孔德為實證主義與社
會學的奠基者。他曾經指出歷史演變三階段論，認為人
類的文化經由神學階段、而玄學階段最後演變到實證階
段。所謂實證階段也即科學的時代。社會的科學有朝一
日將成為眾科學的冠冕，闡明人類共同生活的規則，並
將此一知識提供社會改組之用。

把社會科學置於各項科學之上，並指出其職責在於
改造社會，這是實證主義與馬克思主義共通之點。馬克
思顯然吸收不少孔德的學說，「科學的社會主義」之根
本原則正存在這種觀點裡。馬克思在晚年曾經批評孔
德，不過他的批評並不是直接攻擊孔德建構一普遍社會
科學，或提出歷史演變律的意旨，而是指摘他新科學的
樣式，以及由這種科學引伸出來的政治理論。孔德的綜
合理論在馬克思眼中遠不如黑格爾體系的完整與嚴謹。

孔德的三階段說強調精神或心智的發展對歷史演變的影響，而忽略了物質或生產方式做爲歷史變遷的動因。假使我們把實證解釋爲科學，那麼馬克思一定自認其社會理論遠較孔德的實證哲學更接近實證了（Bottomore 1975：9-10）。

三、政治經濟學與自由主義

1843年1月擔任《萊茵日報》編輯的馬克思有感於莫塞河谷葡萄種作農夫收入的低微與生活的貧困，曾派記者深入調查。調查的結果不盡如意，馬氏遂決心自行研究這一社會與經濟問題，並撰寫一系列稿件（五篇報導）予以刊佈，結果只有兩篇刊載出來，《萊茵日報》便受到普魯士官廳的查封。事後馬克思回憶當年的確勇氣十足，但感慨他自己經濟知識則告闕如。

馬克思當然早已知道英國古典政治經濟學家亞丹‧斯密與李嘉圖的學說大要。這是他閱讀黑格爾法哲學中所得的印象。在滯留巴黎期間，受到恩格斯對英國政治經濟學研究與批判的鼓舞，他著手閱讀他們著作的法文

譯本，並把閱讀心得撰成《經濟學哲學手稿》，又稱
《巴黎手稿》[2]。

亞丹・斯密（Adam Smith 1723-1790）與李嘉圖
（David Ricardo 1772-1823）這兩位英國古典經濟學
的鼻祖所演繹的勞動價值說，構成了馬克思經濟體系的
基礎。斯密認為創造價值的因素不是重農學派所言的土
地，或重商學派所言的商業，而是人的勞力。他還是第
一位經濟學者強調資本累積、生產發展之重要性，馬克
思完全承襲他倡用的「資本累積」一詞，甚至把原德文
的 *Kapitalanhäufung* 或 *Kapitalbildung* 硬性英語化
為 *Kapitalakkumulation*（Theimer：21）。斯密指
出：貨物的價值不取決於其使用，而在於其交易。這種
交易價值概念也出現在馬克思後期的著作裡。斯密提出
生產物品的勞動量決定了貨品的價值這一理論。假如我
們把資本與土地的應用也一併附加上去的話，這個理論
應用到近代社會的原始勞動關係中，勉強還能奏效。馬
克思卻把資本融解在生產所需的勞力裡（所謂的勞力等
於變動資本、或活生生的資本），又把土地排斥於經常
性（固定）生產因素之外。因之，剩下來只有勞力是唯
一創造貨品價值的源泉。據此他遂稱其勞動價值說可以
適用於現代複雜的生產關係之上。此外，馬氏又自斯密

---

[2]關於馬克思1844年《經濟學哲學手稿》的中文節譯參考胡秋原譯
文，刊《中華雜誌》 195期，1979年10月，第28至37頁與197期，
1979年12月，第46頁以下。

處獲得一項說法，即市場價格一般取決於成本價值，也即勞動價值。至於馬氏強調自私圖利追求本身（物質或精神）好處為推動人類活動與進步的動力，這點也是獲自斯密的想法。

斯密宣揚自由經濟的內在圓滿融洽，認為經濟活動受到一隻「看不見的手」（invisible hand）之指引。每個人都是「經濟人」（*homo oeconomicus*），都知道自己利益之所在，而會替自己作最有利的安排。況且每個人如獲得最大利益，則無異整個社會都得到最大利益。社會上各種勢力的自由開展，終必回歸趨向平衡。是以政府應採取放手不管或少管的自由放任政策（*laissez faire*）來讓經濟運動自行展開。斯密這種學說便是近世自由主義理論的濫觴，強調私有財產與經濟自由，並進而要求個人的其他權利。可是馬克思卻反對斯密自由放任的主張，這點正是社會主義與自由主義針鋒相對的所在。馬克思認為自由的市場經濟是資本主義的核心，其內在非但談不上圓滿融洽，剛好相反，是充滿了傾軋矛盾。除了這一歧見之外，斯密「看不見的手」對馬克思而言，不啻為辯證的歷史過程。

在他的時代裡，亞丹‧斯密雖倡導自由放任的經濟學說，本身卻高度關懷社會大眾的生活，因之，鼓吹工資的抬高。與他相反的則為其學生李嘉圖。李氏認為壓低工資是無可避免，也是應當推薦的政策。他繼續建構勞動價值說。他抽象的兼演繹的經濟學體系在方法學上影響了馬克思。由李嘉圖悲觀的工資說，馬克思引伸出

貧窮論，由前者的勞動價值引伸出剩餘價值說與剝削說，由前者的農業收益遞減律引伸出工業或資本利潤率遞減律。除《資本論》之外，馬克思的另一重要經濟著作《剩餘價值論》（共三卷），第一卷主要取材自斯密的《國富論》，第二與第三卷則涉及李嘉圖的《地租說》與其他學派的理論。

總之，馬克思與斯密和李嘉圖三人間具兩種特質：其一，闡明一個完全自由的經營者（資本家）經濟之發展規律；其二，提出純經濟主義的看法，認為人類的經濟行為歸根於經濟律、歸根於供需關係，其他影響勢力不需考慮。在當時人們當然尚預料不到強而有力的工會對工資的重大決定作用，或集體契約受到國家權力介入因素的影響等等。這些後來的演變，便足以推翻包括馬克思在內的古典經濟學說。不過當時馬氏只深信資本主義為一完全自立、自足、不生變化的經濟體系，沒有想到資本主義會受到社會政策、徵稅政策、景氣政策等的修正（Theimer：98-99；Lichtheim：28-30）。

此外，影響馬克思經濟學說的古典經濟學者還有倡導人口論的馬爾薩斯（Thomas Robert Malthus 1776-1834）與生產因素三分法的法國商人兼學者的賽伊（Jean-Baptiste Say 1767-1832）。馬克思對資本主義的經濟分析，固然得自古典經濟學的亞丹·斯密、李嘉圖、馬爾薩斯、賽伊等，他對資本經濟的道德判斷卻源自於德國舒爾慈（Wilhelm Schulz 1797-1890）與瑞士席士蒙地（Jean Charles Léonard Simonde de

Somondi 1773-1842）。特別是席氏反對自由放任說，鼓吹國家進行經濟活動的干涉，又主張工人失業與疾病輔助，都給予馬克思學說道義上的支持。

　　除了經濟學說之外，馬克思自啓蒙運動獲得有關自由進步的思想，也得到有關人類的行為不取決於理想、而取決於利益的說法。只要遵循利益的指引，人類的歷史就會走上理性的道路。這種自由主義的影響，使1841至1843年的青年馬克思成為一名激進的自由主義者（Peffer 36-40）。自由主義者的自由放任說也是發源於這種啓蒙思想。馬克思只是把個人利益集體化而改成階級利益。啓蒙運動強調人意識的覺醒，也給予馬克思新理念：喚醒工人的階級意識。最重要的是啓蒙運動認為人是理性的動物，是故其歷史發展也合乎理性，這點便構成馬克思歷史觀的先決條件。由此加上辯證法便成為辯證史觀。在啓蒙運動中馬氏推崇洛克（John Locke 1632-1704）為唯物論的始祖，洛克的學說為感覺主義與功利主義。至於近世的功利主義者像邊沁（Jeremy Bentham 1748-1832）的學說也受到馬克思的注目。他稱遵循利益的指引以行動的無產階級者，便是功利學派的經濟人（*homo oeconomicus*）。

　　此外，啓蒙大師的盧梭在馬克思的學說中也扮演重要的角色。原來馬克思主義在尚未與列寧主義合流之前，認同於政治的民主，強調人人政治平等與享有憲法賦予的基本人權與民權。馬克思常指出經濟的自由為政治自由的基礎，沒有經濟自由談不上政治自由。在資本

主義中，民主理論與社會實際脫節，雖說大眾擁有選票，但大權只握在少數人手中。盧梭爲近代鼓吹政治平等的啓蒙大師，上述馬克思的民主思想受其影響者實多。

在馬克思的時代自由主義的另一個稱呼是市民階級的極端主義。這一主義最先的倡群者包括李嘉圖、馬爾薩斯以及穆勒（John Stuart Mill 1806-1873）在內，都對人類的物質進步抱著悲觀的態度。但其信徒卻配合新興中產階級的崛起，改變想法，認爲物質進步有助於改善人類的命運，以及相信工業革命帶來的好處。自由的物質主義（liberal materialism）遂與工業主義（industrialism）結合爲一。自由的物質主義與邊沁的功利主義有其相通之處，對一向講求實用的中產階級，具有莫大的吸引力，難怪年輕的馬克思也一度對它傾心，認爲這是從黑格爾無窮盡的哲學討論中求取解放的捷徑，也是找出每一民族、每一階級、每一國家如何真實運動的正途（Ulam 1964：92-93）。

自由主義除了要求政治、經濟的自由權利外，也提及每一民族自組國家的要求，甚至自決權的問題。就是馬克思主義者的國際主義也帶有強烈的市民階級之色彩。馬氏稱他曾強調資本主義的經濟具有國際性格，儘管這種國際性格後來受到關稅與自足政策的限制與修改。自由主義者重實用、尙實際的精神（air of practicality），導致他們把政治理想或政治原則迅速轉化成政治行動。這點也是影響馬克思捨棄玄虛飄渺的

烏托邦理想藍圖的設計，轉而重視實務與行動的原因
（Ulam：101）。基本上馬克思主義與自由主義同樣追
求在各領域各方面進步性的改革，但它與自由主義不同
之處為涉及經濟秩序的處理。否則這兩種學說、主義、
運動都與當時西歐情勢相配合，具有共同的目標。不過
馬克思主義裡的自由主義因素卻是導致其信徒分裂為社
會民主運動者與共產主義者的分水嶺。因為在基本要求
方面，社會民主運動者強調政治自由，這點與共產黨人
強調經濟平等不同。

　　就歷史的發展而言，自由主義是在新興中產階級崛
起，推翻了封建勢力與君主專制的統治之後，而產生的
政治運動與意識形態。自由主義運動建基於個人的價值
與理性的優勢之信念上。它可以被目為現代思想革命中
的一支。其最先的目的在於把社會從國家的桎梏中解放
出來，並使公民享受法律之前的平等。一旦此一目的已
達，隨著新興中產階級權勢的伸張與經濟利益的增加，
自由主義轉變成有產階級保持其利益與權勢的護符，且
反對平等與共享的要求，它遂成為市民社會的意識形
態。馬克思主義在追求人類的自由與限制國家的干涉方
面與自由主義同調，甚至可稱是自由主義的產兒，但當
自由主義淪為市民階級的保鏢與階級統治的煙幕之後，
馬克思不惜予以撻伐抨擊（Berki 44-89）。

　　正因為自由主義與社會主義同為面對工業革命帶來
的情勢之唯二政策，且這兩種對策一開始便針鋒相對，
一重個人的自由，一重人群的平等，因此馬克思主義無

異為自由主義的歷史性伙伴兼死敵（Selin 1964：199-
212）。

從上面的概述與分析，可見匯為馬克思主義的種種
思潮，真是百川朝海、源遠流長、波瀾壯闊，幾乎囊括
近世以來西洋的哲學、歷史學、政治學、經濟學、法律
學、人類學、社會思想，乃至各項運動及各種實踐性的
活動。馬克思原創性的貢獻，在於將這些龐雜、紛岐、
矛盾的學說與實務加以統合，並融匯他個人的見解，創
立了新說。這裡所指的馬克思主義是指狹義的馬氏個人
的學說，偶然也把恩格斯的見解列入。只有討論辯證唯
物論時，才少量引用列寧（Vladimir Ilich Lenin
1870-1924）的說詞。其原因是避免把馬克思主義與馬
列主義混為一談，也儘量不牽涉教條式的馬克思學說之
詮釋。至於馬克思早期與後期的著作是否連貫一致的問
題，本章暫不論列，只按論述的方便，標明其為前期的
思想，或是後期的主張。

第二章

馬克思社會學說的概覽及其批判

一、馬克思主義的概觀

馬克思在1859年的著作《政治經濟的批判》
（*Kritik der politischen Ökonomie*）一書的〈序
言〉中，曾經指出：

> 在人們從事社會的生產中，人群進入特定的、必
> 須的、不受其意志左右的關係裡。這種關係可稱
> 為生產關係。它與其物質的生產力一定的發展階
> 段相稱。這些生產關係的總體造成了社會經濟的
> 結構，也即實質的基礎。在此基礎之上矗立著法
> 律與政治的上層建築，並且有與實質基礎相配稱
> 特定的社會意識形態之存意識決定其存在，而 是

> 其社會的存有決定其意識。在發展的某一階段
> 裡,社會的物質生產力與其現存的生產關係——以
> 法律字眼來表達即財產關係——造成矛盾難容....這
> 種生產關係突然由生產力的發展形式中變成後者
> 的桎梏。於是社會革命的時期不旋踵而降臨。隨
> 著經濟基礎的變遷,整個巨大的上層建築也跟著
> 做或慢或快的變化(SW1:503-504)。

　　以上馬克思這段話可以說是他學說精華的所在,也
是他整個社會學說與史觀的縮影。一般所稱謂的馬克思
之人生觀、辯證唯物論、經濟決定論、科學的社會主
義,乃至他的政治學說、革命思想,都可由這段引言找
出根據與闡述。

　　從上面這段引言,我們不難獲得一個觀感,即馬克
思的學說不侷限於一套經濟學理論,也不僅是一項政治
綱領的宣示,而是牽涉到整個人生的社會存在、其意
識、社會制度產生與變化的緣由去向、人與社會的關連
等等問題。因此馬克思主義乃為全部精神與社會學科的
體系,也是整套人生觀及其實際應用。難怪馬克思主義
的討論,無論是贊成或反對,最後必然牽涉到哲學的爭
辯之上。為了敘述的方便(Theimer 12ff.)我們不妨
把馬克思主義當成下列六個範疇來看待:

1. **人類學體系**——勞動中人的自我外化說;
2. **哲學體系**——辯證唯物論;

3. 歷史體系──唯物史觀；
4. 經濟學說──政治經濟學說與資本主義批判學說；
5. 社會學體系──「科學的社會主義」；
6. 政治學體系──國家學說、無產階級革命論。

　　在上述的各種體系中，馬克思與恩格斯只有把經濟學方面的理論稍作系統性的敘述，其餘部份他們只遺留一些大綱或概要，並非以單行本或成冊的方式加以發表。因此在重新建構這些體系時，我們只能就其龐雜的卷帙中之敘述與批評得一梗概。

1. 人類在勞動中的自我外化說

　　黑格爾認為人之易於禽獸之處，在於人具有「精神性」（Geistigkeit）。因之，人乃為一主觀精神。人為了證明優於禽獸與自然，一方面藉搏鬥來贏得他人的承認與尊重；他方面藉勞動來克服自然的障礙，進而以理念來馴服自然事物，也即利用厚生。人一旦改變自然的面貌，又賦予自然以新貌（符合人類需求的新貌），便可證明人類遠優於自然。勞動的結果，乃為改變過的自然，也即改裝過的對象。這一對象──人類勞動的產品──不再以陌生、敵對的事物出現在人類的跟前；相反地卻成為勞動者自己實在的一部份。經由勞動與有意

識地觀察勞動產品，人們逐漸意識到自己「精神性」的
存在。換言之，人由於勞動而不斷意識到他作爲人的本
質，而變成自我意識的萬物之靈。黑格爾進一步指出：
對實在採取理性的理解，是人類的本務與活動之所在。
就像雕塑家根據一套理想的計劃將待塑原料改變形狀，
哲學家也根據一套理念去把捉實在、改變實在。人一旦
將外面的實在，用理解的方式加以改變之際，必然去掉
其不合適的部份，而保留或變更它成爲合適的部份。由
是藉理解而賦予事物以精神，這便是人類對外物的精神
化。人一旦能使外物精神化，本身就可以獲得自由。

　　馬克思一方面接受黑格爾這套人類觀；他方面予以
批評、揚棄，而推陳出新。像黑格爾一樣，馬克思認爲
人基本上乃爲「對象或客體牽連的生物」（*gegenstä
ndisches Wesen*），也即一種必須藉本身的活動與云爲
而造成的生物，其他的動物生做怎樣便永久怎樣，本身
不知把自己創作爲牠所願意、所企圖變成的事物。反
之，人乃爲勞動的萬物之靈，爲依靠自己的勞動而創造
自己的生物。有異於黑格爾的玄思與注重人的精神性，
馬克思附和費爾巴哈的說法，認爲人乃爲具體的、感性
的、活生生的生物，而非片面的、抽象的精神體。馬克
思說：「人在多方面發展其才能，因此是個完人
（*totaler Mensch*）....他對世界各方面的接觸，無論
是視、聽、嗅、味、感、覺、思、意、欲、愛；要之，
他個體的每一官能....在他具有對象或客體的行爲中，

將對象（或客體）加以攝取、吸收」（*FS* I：598；*CW* 3：299-300）。

可是這本質上應多方面攝取與吸收對象，並使自己變成完人的人類卻遭逢了一嚴重的阻礙，也即碰上異化（*Entfremdung*，又譯爲疏離、乖離）[1]這一事實。人之具有對象牽連性或客體牽連性（人必須借予外物的接觸而攝取、吸收之），乃是導致他異化的因由，而在資本主義盛行的現代社會中，人類異化的可能性變成其實在性。這種異化實在性的產生乃肇因於「生產手段的私人擁有」──財產私有制（私產制）。

馬克思說：「勞動產生的對象，即生產品，居然變成外物，成爲自外於生產者的權力，甚而與生產者對峙而立」（*FS* I：561；*CW* 3：272）。

家無恆產的、依靠工資生活的勞動者，不得不在勞動市場出賣體力，以換取溫飽。工人對其生產的產品難獲窺全貌，遑論爲其所擁有？因之，生產品與生產者完全乖離。其次生產活動本身對勞動者就是一項陌生的、敵對的過程。馬克思稱：

---

[1]在1844年的《經濟學哲學手稿》（又稱《巴黎手稿》）中馬克思使用了*Entäusserung*字眼，可英譯爲alienation，此字表示放棄離別棄絕的意思。另外他又使用*Entfremdung*一字，英譯爲estrangement，含有陌生化、異化、外物化等意思。有關此字之中譯可參考胡秋原：〈論馬克思『一八四四年經濟哲學手稿』與外化超越論〉，刊《中華雜誌》，194期，1979年9月，第25至29頁。

> 勞動在外觀上不屬於勞動者....也即不屬於勞動者
> 的本質。再者，他〔勞動者〕在勞動中不肯定自
> 己，反而否定自己，不覺自然安適，而覺得不
> 悅，不發揮自由的身心方面之能力，反之，戕害
> 身體、毀壞精神。因此，勞動者在勞動之外保有
> 自己的存在，在勞動中則喪失自己的存在（*FS* I：
> 564-565；*CW* 3：274）。

　　勞動本來是人類生存之道，如今卻淪爲勞動者維持
軀殼的生存之手段。造成人類之「種類」（*Gattung*）
特性，因而異於禽獸的「自由意識之活動」——勞動，
如今卻成爲人類謀生的工具，這豈非人類的墮落？這豈
非人類的自我割讓與異化？因此綜合種種外化現象，馬
克思指出外化的四層意義：

第一，勞動者由其勞動產品中乖離；
第二，工人自其勞動中疏離（視勞動爲畏途，「在勞動
　　　　外保有自己，在勞動中喪失自己」）；
第三，在工資勞動中人的自我異化，喪失「種類本
　　　　質」；
第四，人與人之間關係的疏離，人對其「種屬」的乖
　　　　離，人與人之間互相成爲手段而非目的
　　　　（Fetscher 1971：12-17）。

異化的超越（揚棄）與人性的復歸只有賴勞動者覺醒與努力。其先決條件則爲工資勞動的取消。蓋工資勞動並非真正的勞動，而是爲維持人們軀殼存在的手段；它非生命的表現，而是生存的需要。人類真正實現勞動的狀況，也即人在其整體中全面發展成爲完人的狀況，就是青年馬克思所稱呼的人本主義、自然主義與共產主義。

因此只有藉社會主義的革命與共產主義的實現，完人才能由理想而變成事實。以上爲青年時代的馬克思在其早期的著作中有關人類的看法。在成熟的馬克思後期著作中，特別是《資本論》第一卷中，他對多方面才能發揮的完人有了比較接近現實的修正，主張工人接受各方面的職業訓練，而不致限於身懷一技之長而已（Fetscher 1971：17-18）。

從馬克思的人生觀與人性論出發，我們還可以討論他對黑格爾國家哲學的批判。黑格爾認爲人類的解放在於由市民階級藉精神化而變成公民。這一主張爲馬克思所批駁。蓋由市民而變成公民，只有壓迫具體獨特的個人，使其變成抽象、飄渺的群眾而已。就像資本對勞動者爲一陌生、敵對的事物。國家（黑格爾心目中的客觀精神）對公民也是高高在上、作威作福的統治機構。因之，要剷除異化，就必須對症下藥，針對其病源而發。只有當具體的、感性的人群與生產共同體合一之時，也即無階級的社會出現之日，才是人類掙脫其鎖鏈、超越其異化，而真正獲得解放的時刻。在這一意義下，馬克

思保持黑格爾自由的概念，只是不認爲人類在當前業已獲取自由；反之自由的實現是未來的事。

馬克思認爲自由是不受自然束縛，不受任何外在的依賴關係所限制的。這種自由包括閒暇、逍遙、自動自發的做事，與藝術科哲的創造活動（洪鎌德 1993：75-89）。他說：

> 由驅迫或外在目的而進行的工作一旦停止，便是自由領域的起始。就事物的本質而言，自由之域係在真正的物質生產範圍之外，在此範圍（指生產過程）中所可能存在的自由，是指社會化的人群——合作無間的生產者——在共同控制下，以理性方式處理人與自然之間的新陳代謝，而不是受制於新陳代謝，如同受盲目力量所支配。用最小的力氣，也可以符合人性的尊嚴與最合適的條件來完成新陳代謝作用。即使是如此它仍然是必然之領域，自由的領域必須建構在必然的領域之基礎上。勞動時間的縮短爲達成此一階段的必要條件（*Das Kapital* III：873；*Capital* III：820）。

2. 辯證唯物論

　　唯物論者認為宇宙構成因素為物質，而非心靈。整個宇宙與人生的實在情況不過是物質在大自然而已。至於心靈與精神生活只是物質的「功能」，或反映。換言之，唯物論肯定一切存有絕對是物質的。是以恩格斯說：「世界的實在單位是由它的物質性（*Materialität*）構成的」（*MEGA* 20：41）。

　　辯證唯物論是馬克思襲取黑格爾的辯證法，加上流行於法國的唯物思想，由之塑造其政治、經濟與社會理論的基礎，並由恩格斯加以整理、引申，由列寧綜合、系統化而完成的。它成為馬列政黨的世界觀。恩格斯稱辯證法為「自然、社會與思想普遍運動與發展的規律之科學」，為「由思想至存有，心智至大自然之間的聯繫」（*MEGA* 20：131-132）。

　　馬克思主義者強調經驗世界的科學研究而排斥形而上學的思辨。世界乃由物質（或稱自然）所構成，而非心靈。列寧說：「物質就是描述客觀實在的哲學範疇，它呈現於人的知覺之中。一方面，物質為知覺所模擬、攝影、代表，另一方面它的存在卻獨立於人的知覺之外」（Lenin 1967：124）。物質的特性是在時間、空間和向度中自動與無限的延展性，物質具有運動與變化的特性。

　　這種物質的自動變化是循正反合辯證的規律進行的。根據辯證法，每一事物（正）在其自身中包含了矛盾因素（反），矛盾導向衝突，衝突導向發展，這些發展的過程都從比較低的階段移向較高的階段，從無生命的物質發展到生命、感覺、意識、認知。詳言之，物質首先處於辯證過程的「正」的階段，在量方面漸生變化，且逐漸醞釀發展，達到每件事物獨有的臨界點，然後脫穎而出，否定原來事物。由量變跳躍為質變，成為新事物（反），是為辯證的躍進。然後否定的否定導致第三步「合」的階段，於是成為一個新的辯證開端。從而像螺旋一般向上迴轉，永無止境地發展。

　　在認識方面，辯證唯物論肯定兩點：（1）人類的意識是較低的有機物質經過辯證的躍進而產生的；（2）意識忠實地反映外在環境。列寧遂認為我們的知覺是客觀實在的忠實反映。他說：「事物存在於我們之外，我們的感覺與想像是他們的影像。這些影像經由實踐來證實，是以真假得以辨別」（Lenin 1967：124）。辯證唯物論認為實踐（*Praxis*）是驗明真理與證實知識的準繩。實踐一方面是指科技、勞動、工業以及其他人造客觀實在之轉變而形成的經濟過程，一方面又指消費品的生產以及共產主義的活動奮鬥而言。馬列主義者認為世界的基本進化是朝共產主義的實現而走，而這種進化乃為必然的，不受人的意志支配（但可以人力而加速其完成），所以視達此目標為真理與正義的實現。因此辯證唯物論在方法論上的兩個基本信條為：理

論與實踐合一以及哲學的黨性（由共黨領導推動世界革命，辯證唯物論成爲共黨的世界觀）（布魯格 1988：120-121）。

　　辯證唯物論顯然在說明世界演變的經過、趨向，但也強調矛盾的解開使事物朝向自由與理性發展。在這一意味下，馬克思與黑格爾（強調世界精神邁向理性實現之途前進）同爲歷史目的論（*Geschichtsteleologie*）者，咸認爲世界史的發展非爲靜態而爲動態。歷史朝向人類的解放、自由與理性的目標邁進，其發展可以預測，且這種預測爲樂觀的。因之，馬克思的辯證唯物論含有濃厚的人文主義之色彩與倫理道德的精神。其唯物論不失爲另一種唯心論、或實在論。至少可以稱爲「理性主義者的唯物論」（*Idealistischer Materialismus*）（Theimer：15）。

3. 唯物史觀

　　把辯證唯物論應用到社會的演展與人類歷史的變遷之上，便是所謂的歷史唯物論。馬克思本人並不使用「歷史唯物論」這一名詞，而是使用唯物的歷史觀（*die Materialistische Geschichtsauffassung*）一詞。歷史唯物論是恩格斯在《社會主義由烏托邦演化爲科學》一小冊中首次使用，「．．．．當我使用『歷史唯物

論』一詞....係表明世界史演展的一種看法,也即認為重大的歷史變化之最後原因與基本動力,在於社會的經濟發展、在於生產與交易形式的變動、在於社會之分裂為各種階級、在於這些階級之間的鬥爭」（*MEGA* 22：298）。而後經由俄國馬克思主義者朴列漢諾夫（Georgi V. Plekhanov 1856-1918）大力宣傳,而成為馬克思主義的教條之一。

黑格爾一度宣稱:「理性統治世界,因此世界史也必然走向理性之途」。歷史發展的理性意義,表現在人類「自由的意識中之進步」,也即上帝的自我意識體現在人群中。黑格爾自認為他所處的時代為人類歷史發展的巔峰:一方面公民的自由已獲得最大發揮;他方面在他的哲學中已顯示了上帝的自我意識體現在人群當中。黑格爾這種唯心的歷史觀固然為馬克思所拒斥,但他有關歷史正邁向理性的說法卻為後者所師承。

馬克思也認為歷史是向上發展的、進步的,只是進步云云並不出現在自由的意識中。反之,卻是「自然的人化」（*Vermenschichung der Natur*）或「人類的自然化」（*Vernatürlichung der Menshen*）。歷史的意義在於成就完人,使人成為具有種類性質的人（*Gattungswesen*）。不過馬克思不認為人類歷史的目標業已達致,卻預言這個目標在未來必告實現。

馬克思認為推動歷史向前邁進的動力,並不是黑格爾心目中的世界精神或上帝,而是潛存於人群社會中的經濟勢力。經濟勢力是指經濟生產與由此經濟生產必然

發生的社會結構而言。每個時代的政治史、思想史都是
以該時期經濟生產與社會結構爲基礎而演展出來。「人
類的歷史必須經常與產業史、交易史相關連而加以研讀
與整理」（*FS* II：30；*CW 5*：43）

　　世界史既是以人群社會的變動爲主要內容，因此經
濟的社會結構、或稱社會經濟形構（*ökonomische
Gesellschaftsformation*；socio-economic formation），以及
其變遷，便成爲歷史的主題。在某一特定的歷史階段
中，社會的下層建築與其相屬的上層建築之總和便構成
該時期經濟的社會形構。換言之，任何時期、任何社會
都有其特定的結構，這種結構係由下層建築與上層建築
兩部份合成。馬克思與恩格斯曾經把古代以來的社會分
成五個不同的歷史型態：（1）原始社會；（2）奴隸社
會；（3）封建社會；（4）資本主義社會；（5）共產
主義社會。馬克思說：「隨著（資本主義）這種社會形
構的結束，人類社會的史前期（*Vorgeschichte*）也告
結束」。由是可知他認爲：共產主義或社會主義的出現
便是人類真正歷史的開端，以前各階段只能隸屬於「史
前期」而已。

　　所謂的下層建築是指生產方式
（*Produktionsweise*）而言，包括生產力
（*Produktivkräfte*）與生產關係（*Produktionsverhä
ltnisse*）。生產力是指勞動力，包括勞動者的技巧、
經驗、熟練與生產原料、器材、用具、手段乃至科技、
技術、管理方法等。藉此貨物與勞務（經濟財）得以生

產。生產關係，則爲致力於生產勞動的人群之間的關，
包括生產流通與僱傭之間的關係；以法律字眼來解說便
是財產關係（對生產手段的擁有與否兩者間之關係）；
以政治（或憲法）的眼光來解說，便是某一國度（或地
區）的經濟秩序（*Wirtschaftsordnung*）。

　　生產力與生產關係之間存在著一項制約的關連。生
產力發展的狀況足以決定生產關係的性質，也即有怎樣
的生產力，便會出現與其相互呼應、相配套的生產關
係。不過當生產力繼續發展，到了某一臨界點之後，便
會突破現存生產關係。譬如手搖紡織機代表中古時代的
生產力（技術），與其相當的是該時代裡頭封建社會中
封建主與佃農的關係，或學徒制中師父與學徒之關係。
反之，蒸氣紡織機代表近代資本主義的社會，與其相當
的則爲廠主（資本家）與僱員（無產階級的勞工）之間
的生產關係。由手搖紡織機發展爲蒸氣紡織機，表明生
產力的躍進與突破，其結果也造成生產關係的改變：由
封建主與佃農關係變成資本家與勞工的關係。

　　所謂的上層建築包括政治制度、法律典章、宗教信
仰、道德倫理、學術、文藝、思想、文化等，一言以蔽
之，意識形態（*Ideologie*）之屬，故又稱爲「意識形
態的上層建築」（*Ideologischer Überbau*），以與生
產方式爲主的「物質的下層建築」（*Materieller
Unterbau*）相對。馬克思說：「在財產的各種形式之
上，在社會存在的條件之上矗立著上層建築。上層建築
包括各種不同的、獨特的感受、幻想、思想方式與生命

觀。整個階級創造與形成這類感受、幻想、思想方式與
生命觀,則由其物質基礎與相關的社會關係導引出來」
(*CW* 11:428)。

由生產力的演進,改變生產關係進而帶動整個生產
方式變動,這便造成社會下層建築的整個變化。下層建
築一旦發生變化,則與其呼應相當的上層建築也跟著水
漲船高發生變化,於是整個社會經歷著變遷。社會的變
遷,便是人類歷史的發展,而歷史發展的動因歸根究底
乃導源於社會設施、典章、制度(上層建築)與生產力
(下層建築)鑿枘難容、陷於矛盾的緣故。這時社會革
命必然發生,摧毀舊制度,創立新制度、新典章(新的
上層建築等),俾與躍進中的生產力(新的下層建築)
相配稱、相搭檔。

社會革命的媒體與行動者為社會階級。社會階級的
產生源於社會分工與對財產(特別是生產工具)的擁有
與否,因而分為有產階級與無產階級。階級之間的鬥
爭,是人類有史以來不絕如縷的現象。是故馬克思與恩
格斯在《共產黨宣言》中表明「所有的歷史乃是階級鬥
爭史」。在任何時代、任何社會中,總有一統治階級,
盤踞社會要津,吸取各項利益與權力,以保衛現存經濟
秩序、維持現有生產關係為職責。相反地,另一被壓
榨、被迫害的被統治階級,則力圖反抗、力求改變現
狀。統治階層或有產階級為保持既得利益,不惜以統治
工具(法庭、警察、憲兵、軍隊、特務)全力保護其現
存政治、法律與經濟秩序。於是現行憲法、法律、命

令、宗教信仰、典章文物、藝術、道德、倫理、學術、文化、人生觀、世界觀，都在其控制之下，成為統治階級利益的護身符。這是何以這些典章文物變成意識形態的上層結構底原因。「主導思想無非是主導的物質關係之理念表示而已」（*ibid.*）。由是可知在馬克思眼中理念、心思云云，無非是經濟利益的反映、生活關係的影像而已（洪鎌德 1977b：31-59）。「統治階級的思想成為每個時代裡的主導思想」（*FS* II：55；*CW* 5：59）。隱藏在這個幻想之後的是劇烈的階級鬥爭。

馬克思與恩格斯的唯物史觀或歷史唯物論在很多方面可以被解釋為唯經濟主義（*Ökonomismus*）、或經濟決定論，這非正確的判讀。但因為這套史觀認為歷史變動是循辯證路數，有規律地演化，且可以「科學地」加以理解與預測，以致招引教條馬克思主義者將之實證主義化。

4. 政治經濟學

馬克思的政治經濟學（*Politische Ökonomie*；*Politökonomie*），與其人性觀、歷史觀緊密關連，都是他學說重要支柱之一。他的政治經濟學說是針對當代歷史發展的高峰——資本主義社會——而發的批判，也是

對資產社會——資本主義的社會——裡居於主流地位的古典經濟學說的批判（洪鎌德 1977b：31-59）。

在1859年出版《政治經濟學的批判》一書之後，馬克思更專注地致力於分析資本主義的經濟與其靈活運作的情形。他的學說是建基在英國古典經濟學說（亞丹·斯密、李嘉圖、賽伊等人）之上，間而採用黑格爾的辯證法與批判精神，而演展爲獨特的經濟學體系。

資本主義的社會之特質爲對財產的自由支配（與封建社會財產之連結、不容移動相反）、自由的工資勞動（有異於佃農與奴隸的被拘束）與廣泛的貨物生產（生產是爲了謀利而推銷於市場之上，與封建或傳統社會爲需要而生產不同）。

資本主義的基本矛盾爲「社會的生產」（*gesellschaftliche Produktion*）與財貨之「個人的獲得」（*individuelle Aneignung*）之間存有重大的矛盾。在馬克思之前的社會主義就已指出這個矛盾與不公平的事實，認爲多數的勞動者以集體方式生產貨物，其成果卻歸少數的雇主所獲得、所擁有、所取用。他們的理論建基在自然權利（天賦民權）的說法之上，認爲貨物應歸一切參與生產程序的生產者所共有或平分。反之，資本主義的擁護者卻認爲廠主對貨品的擁有乃爲天經地義，原因是認爲工廠、原料、機器、土地歸他所有，工人則支領工資，所以產品自應爲廠主所獨佔。於是社會主義者與資本主義者的針鋒相對，係源之於他們對財產的道德基礎截然不同的看法。

　　雖然馬克思向來便反對談仁說義,視道德爲統治階級的意識形態,但就他對資本主義的批判而言,上述資本主義內在的矛盾——社會的生產與私人的獲得之矛盾——在他內心深處或潛意識中不失爲一種道德上的矛盾,人既爲「種類生物」,其存在只有「社會性的存在」,是故社會所共同生產的物品,自應歸全社會所有,而不應掉入私囊中。個人的獲得對年輕的馬克思乃爲「非人性的」(unmenschlich)。自辯證法中引申,凡不該存有者,也不能存有。由此加以引申便可以預測資本主義不能久存,其毀滅是指日可待的,可是一般人無法接受這種說法而深信不疑。馬克思遂運用其後半生的精力,揭穿資本主義物質生產的內在矛盾,而證明資本主義的必然崩潰。原來是學法律而對哲學極爲醉心的馬克思,卻爲證明資本主義必然沒落,而建構他的政治經濟學之學說。

　　首先,馬克思認爲只有勞動才能創造價值。他在《資本論》中指出:

　　　　使用價值,或一物品之有一價值,這是由於抽象
　　　的人類勞動在該物中客觀化或物質化(體現化)
　　　的結果(CapitalI:46)。

　　一項貨物的價值係由造成該貨物所需的「社會必要的」勞動時間來加以決定,也即根據現有的技術水準,在一社會中平均所需的生產時間來決定物質之價值。

「所有貨物的價值乃取決於生產該貨物所需的勞動時間」（*ibid.*,47）。「因之貨物的價值與其數量大小直接發生變化，也與溶化於該貨物之勞動成正比，也即與生產力成正比」（*ibid.*,48）。但勞動有一特質，能夠產生比維持勞動力更高更大的價值，這便是「剩餘價值」。「可是我們早已知道，勞動的過程常逾越一定的期間而繼續下去，也即超過勞力價值之再生產相似的部份，與超過對產品加工（所需的時間）之外。本來工人做六個鐘頭便足夠，如今勞動過程卻延長至十二小時。於是勞力的活動不僅產生足夠償付其本身的價值，也產生超額的價值。這個價值乃由產品價值扣除生產成本（生產用具與勞力）消磨的價值而成」（*Capital* I: 201）。照理剩餘價值應歸勞動者所得才對，事實上卻為資本家所奪取或剝削。資本家付給工人的工資，只是工人所創造的價值之一部份，另一部份——剩餘價值——則進入雇主的私囊。這便是馬克思的剩餘價值論與剝削論。工人對於資本家這種剝削，無力反抗，這是由於社會秩序、法律制度站在保護資本家的立場之緣故。更何況社會中失業者為數甚多，你不工作，別人便會搶走你這份工作，你只好心甘情願匍匐於雇主的呼喝之下。這些失業者無異為「工業界的後備軍」。其人數隨人口數目的膨脹與機器代替人工而增加。工業界的後備軍乃成為資本主義一項久留不散的陰魂。由於此一後備軍的存在造成對工資壓低的現象，必為資本家所私心竊喜。資本家自然不會想到有掃除失業的必要。

　　「個人的獲得」與「社會的生產」之間的矛盾導致
群眾購買力的降低，也造成需求與供給之間的失調。資
本家不付給充足的工資，這是潛伏於資本主義體系內的
本質，可是勞動群眾最終卻是消費者，是貨物的購買
人。他們的購買力一旦減退，貨品的銷路便發生問題，
於是季節性、間歇性的經濟危機跟著出現。這種為其他
經濟學家所提出的「購買力理論」也構成馬克思危機理
論的一部份。就算資本家大慈大悲提高薪金與工資，也
無法撲滅經濟危機。原因是更高的購買力造成無計劃的
資本主義經濟趨向超額生產，其結果又是供過於求，又
是另一過度生產，況且較高的工資會削減資本家的利
潤，導致生產的刺激之衰退。資本家或被迫壓低工資，
或採用更多節省人力的機器，其結果造成更多的失業。
因此在資本主義中抬高工資，只變成危機風暴的徵兆，
卻於事無補。

　　馬克思雖然使用各種惡毒的字眼來詛咒資本家，但
卻強調資本家實際上並不負起道義上的責任。原因是他
們本身也是制度的階下囚，對於資本主義制度的毀滅也
無能為力。在這個矛盾叢生的資本主義體系內，他們終
究必定沒落。資本產生資本，資本的累積乃為資本主義
生存發展之道。資本家總是千方百計尋求資本的形成、
累積、擴大。可是他們彼此之間的競爭、巧取與豪奪，
造成新的矛盾。於是大資本家吞食小資本家，其結果造
成愈多愈大的資本與財富操在人數愈少的超級資本家手
中，這便是馬克思所稱的「資本集中律」。於是龐大無

比的企業，以壟斷的面目出現，且大量使用機器或其他
自動化設備，其結果一方面導致更多的失業工人，他方
面也使利潤減少。蓋根據勞動價值說，只有支付工資的
那部份資本（變動資本）才會賺取利潤。反之，付給工
廠設備的那部份資本（固定資本），不可能創造利潤。
現代龐大企業仰賴於固定資本者多，使用變動資本者
少，根據「利潤比率遞減律」，必造成資本家的日暮途
窮。

　　所有上述諸現象總結的後果，導致勞動階級的日益
貧困（貧困論），且勞動階級日益擴大。連中產階級或
小資產階級也淪為無產階級。於是無產階級逐漸成為社
會的大多數。最後只有一小撮大資本家面對絕大多數的
無產階級的貧困大眾，後者連奴隸的生存條件都闕如。
於是無產階級革命的鐘聲敲響，工人鋌而走險，佔據廠
房，奪取生產工具，於消滅資本家之後，將財產共管，
而採取社會主義的計劃經濟。工人不再為別人的私利而
工作，而為共同的幸福和樂而勞動。

　　　與這個權力集中，而多數資本家被少數資本家壓
　榨的同時，一個世界性的市場於焉誕生，它企圖
　網絡世界各民族，並發展成資本主義政權的國際
　性格。可是隨著資本家豪富數目的減少，貧困
　的、被迫的、奴隸的、困辱的、遭受壓榨的人群
　數目大增。同時勞動階級的反抗日漸聲張。這個
　階級人數暴增，且在資本主義的生產過程中學習

自制，鍛鍊能力與善自組織。資本的壟斷不啻為
生產方式帶上桎梏，儘管這種生產方式是跟資本
同時產生、同時繁榮的。生產手段的集中與勞動
的社會化必會達到一個與其資本主義外殼不相牟
的點，終告突破。於是資本主義私有財產的喪鐘
已響，剝削者終被剝削（*Capital* I：714-715）。

5. 科學的社會主義

與所謂的「烏托邦的社會主義」（為法國人傅立
葉、聖西蒙與英國人歐文等所提倡）不同，馬克思自稱
其所致力的社會主義為「科學的社會主義」。烏托邦的
社會主義者在道義上譴責資本主義社會的不公，而提出
共產主義或社會主義的「理想」作為對策，本質上是唯
心的、浪漫主義的。反之，科學的社會主義企圖以發展
律底科學的嚴謹，來證明資本主義社會的必然沒落與新
的社會主義的社會秩序之必然降臨，其本質為唯物的、
科學的。

馬克思有關資本主義的經濟之著作《資本論》以歷
史的預言做一總結：預言社會主義的到來，而這一預言
係由其經濟理論引申而得，是故自稱符合科學。反之，
其前輩以道義與理性的宣傳來鼓吹社會主義，企圖解釋
社會主義為價值上更富道德精神、經濟上更為合理的制

度，他們希望喚醒執政者或社會中堅者的良知與理性，而使其皈依與信持社會主義。為此他們著書立說，並經營新的社團（模範村、公社），但都徒費心思，師久無功。馬克思與恩格斯認為烏托邦社會主義者的努力都告白費，蓋有產者無法曉以大義，其行事完全以其資產階級的利益為衡量標準。實現社會主義的希望應落實在無產的普勞階級[2]身上，彼等的階級利益剛好與社會主義的目標一致。因之，喚醒普勞階級的「階級意識」為當務之急。階級鬥爭而非道德宣揚，才是創造社會主義的社會之坦途。

那麼要瞭解普勞階級所扮演的歷史角色之前，首先應知階級如何產生。它是社會分化的結果。恩格斯說：「分工律成為階級分化的基礎，但它無法阻止階級的分化有時是靠暴力、搶劫、欺騙、詐欺來實現的」（*CW* 24：322）。又說：「普勞階級一直要遲到產業革命之際才產生，而後者（產業革命）則是由種種重大的發明而引起的」（*CW* 6：341）。馬克思也說：「資產階級發展的程度，便是在其懷抱中新普勞階級發展的程度，這也是現代的普勞階級」（*CW* 6：175）。至於普勞階級有何特性呢？恩格斯指出：「普勞階級是完全依靠出

---

[2]Proletariat 以往譯為普勞階級，由於「普羅」一詞已被濫用，故本書作者以「普勞」取代，含有普遍勞動之意，參考洪鎌德 1996a:14.

賣勞力以維生的社會階級，而非由資本中套取利潤以維生的社會階級」（*CW* 6：341）。

由於社會中每一階級所重視的是本身的利益，因此為著利益的爭取與擴大，各主要的社會階級紛紛投入競爭之中。競爭轉趨劇烈並使用暴力進行鬥爭，「在國家之內展開的所有鬥爭....表面上不外罩上幻想的形式，而究其實，則為各階級所引發推動的鬥爭」（*CW* 5：46-47）。「....我們得到一個律則，即所有歷史上的鬥爭，不管是政治的、宗教的、哲學的或其他意識形態領域內之爭，事實上或多或少為社會階級鬥爭的表現」（*ibid.*）。

在今日階級鬥爭是發生在普勞階級的工人與資產階級的資本家之間，這兩階級立於對抗爭衡的狀態。「我們的時代是資產階級的時代，其特徵為將階級對立加以簡化。整個社會逐漸分裂為兩個大的敵對陣營，兩個大的彼此對峙的階級：布爾喬亞階級與普勞階級」（*CW* 6：485）。

階級敵對的簡化是指資產階級一度必須與封建貴族作戰，當時普勞階級剛出現，並無實力，故雙方並肩奮鬥，是故敵友不分。一旦封建勢力崩潰資產階級將矛頭對準普勞階級，於是這兩者遂陷於生死搏鬥裡，從此敵友分明。在此鬥爭中普勞階級應打倒資產階級並奪取權力。不過普勞階級尚被賦予一項世界史的使命：結束人類有史以來一階級凌越他階級、一階級宰制他階級的史實。也即廢除財產制度，剷除階級分化與對立制度，揚

棄工資勞動與交易關係，使生產手段回歸聯合的勞動者
所共同擁有。因此，就世界史的眼光來觀察，階級鬥爭
已達致一轉捩點：「被壓迫的階級的解放必然包括新社
會的建立」。「一旦普勞階級宣布解除現存世界秩序，
則它（普勞階級）也揭開其存在之祕密」（*CW* 3：
187）。

　　要達致推翻資產階級與建立共產社會秩序，普勞階
級必須訴諸暴力，使用革命手段。「有朝一日我們必須
動用的暴力，是爲了要建立勞動階級的統治而採取的途
徑」（*MEGA* 18：180）。其實馬氏在青年時代便說過：
「批判的武器不能取代武器的批判。只有藉物質的暴力
才能打倒物質的暴力。有時單靠理論也可變爲物質暴
力，那是當理論能夠打動群眾之時」（*SW* 3：182）。

　　是不是邁向社會主義之途一定充滿暴力的坎坷不平
呢？馬克思與恩格斯有時似乎也不排除和平過渡到社會
主義的可能性。馬克思在海牙的集會上就曾經說過：
「我們並不堅持達到這個目的（推翻資本主義秩序），
必須遵循同一途徑....我們不否認有些國家，像英國、
美國....甚至荷蘭的工人可走和平之路而安抵目標」
（*MEGA* 18：160）。恩格斯也說：人們不難想像某些國
家中舊社會可以演展成爲新社會，只要國民代表能夠集
中權力，只要人民的多數肯加以支持，而又按憲法行
事。

　　爲了鞏固革命的果實，也爲了壓制剝削者的反抗，
更爲了消滅階級的歧異，革命剛告成功的普勞階級，可

在過渡時間實施無產階級的獨裁,也即所謂的普勞階級專政。革命成功後的新社會稱爲社會主義,其終極目標則演化爲共產主義。

馬克思說:「對吾人而言共產主義並非一種被創造的狀態,並非一種實在賴以建立的理想。我們稱共產主義爲揚棄當前狀況的真正運動,這一運動的條件乃產自當前存在的先決條件」(*CW* 5:49)。

總之,馬克思主張研究社會必須注重階級結構的經濟基礎,也應集中焦點於社會階級的社會的與政治的關係之上。換言之,馬克思對社會學的貢獻爲提出兩套解釋社會變遷的理論。其一爲社會結構(生產關係)與經濟勢力(生產力)陷於矛盾,是造成社會變遷最大的原因。其二,社會分裂爲兩個主要階級,以及階級之鬥爭,也促成社會發生變遷。蓋被壓迫階級的日漸組織化,對統治階級而言,最後勢必演展爲革命。馬克思還把這兩種解釋理論結合成一種社會變遷的學說,而使其理論充滿強韌力與危險性。對馬克思而言,社會階級在某一意義上爲他歷史理論非人力中的人性執行人。再說,生產方式係受統治階級所護衛所主張,是故現存社會結構在於界定統治階級的利益。他方面被壓迫階級從社會的經濟潛力中吸取養料與激情,一旦生產力成熟,革命便宣告爆發,被壓迫階級改變社會秩序的主張遂告實現(Dahrendorf 1967:277-293)。

6. 國家學說與政治理論

　　馬克思對於社會結構的分析、社會變遷的解說與社會發展律的指明，使他進一步演繹成一套有關政治行為的指引體系，這便是他宣布「理論與實踐合一」（*Einheit von Theorie und Praxis*）的原因。他這套實踐規則的體系一樣具有科學的說服力。在每一政治情境中馬克思主義者必須驗明社會處於何等發展階段，居於歷史過程的哪一端，然後採取相應的措施與行動。因此政治行為不是人們盲目的意志、本能、心向的產品，而是透過科學的認知，結合客觀情境與主觀判斷的實踐。馬克思主義譴責盲動（*Spontaneität*）。只有黨的正確判斷與指示，政治行動才有意義。

　　在尚未仔細討論馬克思政治理論之前，我們不妨先敘述一下他對國家的看法。基本上青年馬克思承襲費居遜（Adam Ferguson 1723-1816，英國社會學家、政論家）與黑格爾的看法，把國家與社會對立起來看待。政治國家與市民社會的不同在於：「完全的政治國家的本質為人群的『種類生活』（*Gattungsleben*），這是異於其他物質生活的。所有這類物質的、自私的生活，都不在國家的範圍之內，而隸屬於市民社會的特質。政治國家一旦成立，人群不僅在思想上、在意識上，甚至在實際上、在生活上過著雙重的生活：出世的與入世的生活，也即政治共同體（社群）中的生活與市民社會的生

活。在政治社群中，人們乃爲群居生物
（*Gemeinwesen*），在市民社會中，人們乃爲私自個
體，以別人爲手段，也把自己貶抑爲另一手段，而成爲
外在權力玩弄的對象」（*CW* 3：153-154）。也即青年
馬克思視國家爲人群同居共處、實現「種類生活」抽象
性的存在。反之，社會則爲個人追逐物質利益、你爭我
奪具體性的活動。政治國家對待市民社會就像天堂對待
俗世，一重精神，一重物質，也像宗教中天堂對待俗世
一樣。人在社會中生活乃一幻象，爲一非真實的表象。
反之，在國家中，人乃成爲共同體的一支，雖喪失個
體、個性，卻融化於群體之中。這種觀點表示馬克思早
期深受黑格爾國家觀的影響。

後來馬克思轉過頭來批評黑格爾的法哲學與國家
觀，不再認爲人的本質是政治的，反之，認爲人的本質
是社會的。人既不再是政治動物而爲社會動物，何以又
會受到政治力量的拘束？那是由於社會勢力相爭，爲求
息事寧人，遂盲目地把排難解紛的責任交給國家，是故
社會勢力遂屈從於政治權力之下。因之，社會關係包括
階級鬥爭在內，是造成國家的原因。國家不再是黑格爾
所宣稱的客觀精神，不再具有任何超越的理性，也不比
社會生活優越。反之，國家以及國家的利益植根於非理
性、不成熟的社會現實裡。國家乃爲社會的一部份，而
竊取優越地位，遂凌駕於社會之上。掌權者奪取隱含在
實踐中的理性，藉它的殘缺性格加以操縱運用，有時甚
至與整個社會對敵也在所不惜。國家一旦高踞社會的上

方，便產生本身的利益以及支持者、擁護者——官僚體系。它擁有多重權力，如組織、意識形態、強迫、政治決定等權力。但國家無法與實際的社會徹底分開，原因是它仰賴後者為其存在基礎，特別是階級與階級之間的鬥爭。國家雖然發展出它的本體實在力求自主，但這種本體實在不能完全獨立。易言之，國家的實狀還是依賴現存的社會關係。它的機構儘管凌越各階級，卻不能遠離階級或階級鬥爭獨自存在。其結果便是國家為統治階級服務，有時以調人身份仲裁爭執雙方，以免整個社會陷於分崩離析。因之，國家終究淪為政治的戰場，也成為權鬥中勝利者的戰利品（Lefebvre 1968：123-135）。

在《德意志意識形態》一書中馬克思與恩格斯遂稱：「它（指國家）不外組織的型態，目的在為市民階級財產與利益的相互尊重提供內外的保證而已」（CW 5：90）。這已表明馬克思對國家只保護統治階級利益有了新的體認，難怪後來的恩格斯說：「事實上國家的存在，乃是社會基礎的必然產物，由社會下層基礎長成的」（MEGA 18：28）。又說：「事實上國家無非一階級壓迫另一階級的機器」（MEGA 22：199）。又指出：「國家的產生乃是由於必須抑制階級對立的需要」（MEGA 21：166）。「至今為止，陷於階級對立的社會有必要設立國家，也即設立一個機構，俾使每一剝削階級可以維持其外在生產條件」（MEGA 20：261）。同樣馬克思也說：「現代的工業進步，怎樣演展、擴大與加

深資本主義與勞動階級對立的程度，同樣也使國家權力
獲得更多的特性，這種特性便是壓迫勞動階級的公然暴
力，使國家淪爲階級統治的機器」（*MEGA* 17：138）。

一旦普勞階級奪得國家大權之後，國家的廢除乃爲
必然之趨勢。不過，爲了防止資產階級負嵎頑抗，在無
產階級專政期間，國家仍可被當做對抗反革命的壓迫機
器——壓迫資產階級——來使用。過此階段國家將自然萎
縮，而不須剷除，是故恩格斯稱：「只要沒有任何社會
階級用以壓迫其他階級 . . . . 自然不須對任何人實施壓
制，不需特殊的壓制權力、不需國家。」又說：「國家
權力對社會關係的干涉，將逐漸成爲多餘，最終必然一
一放手罷休。於是替代對人的統治轉而爲對事務的管
理，以及生產程序的指引。國家不須『廢除』便會自動
歸於消滅」（*MEGA* 19：224）。

馬克思把政治與統治分開來討論。前面有關它的國
家觀，多半涉及統治與政府的部份。所謂的統治或政府
是牽連任何政治集體（社團、國家）一般事務的處理，
存在於原始共產公社、階級社會與未來社會主義的社會
中。反之，政治則爲階級社會中特殊的統治或政府的活
動，它不存在於原始公社，也會在未來的共產主義中消
失。

馬克思指稱政治是在文明產生之後出現的，也即當
財產變成了階級分劃的特徵之後，社會分裂爲有產與無
產階級，其對立、仇視與鬥爭接踵而至，爲排難解紛國
家於焉誕生，接著政府、統治與政治也跟進。由是可知

馬克思把政治結構與財產關係牽連在一起。政治運作中最重要的的無過於政治權力的獲得、保持與擴大。

馬克思所理解的政治權力，一如前面的敘述，乃為經濟權力的化身，正如同他所說的政治利益或法律、道德、宗教等，無非是經濟利益的化身一樣。因此政治領域裡的爭權奪利，無非是階級間經濟利益衝突的表現。同理權力鬥爭的輸贏不取決於參與者的有理與否、有無取勝決心、策略是否高明，而在於生產力的發展與階級意識的高漲對哪一階級有利。在這裡馬克思不但是近代政治思想中衝突論的一位奠基者，更是有關政治革命、社會革命理論的先驅。

總之，馬克思認為分析權力關係之際，強調經濟權力是一項最應特加重視的決定因素，同時指出一社會階級結構與其政治體系的密切關連，社會階級與政治黨派之間的密切關連，社會鬥爭與政治鬥爭之間的密切關連。

以上為馬克思對「史前」人類社會政治的看法。一旦人類由「史前」而進入「史中」，也即普勞階級摧毀資本主義而宣布社會主義實現之日，則政治成為多餘，也將隨國家的消失而失蹤。馬氏說：「一旦無產階級運動的目的達成，也即階級取消時，一度為多數的生產者

服務而束縛少數壓榨者（資產階級）的國家權力將告失蹤，政府的功能將變成簡單的行政功能」[3]。

　　沒有壓榨、沒有階級、沒有國家的社會是一個克服人「原子化」、「分裂化」的社會，也是「社會化的人」（*Sozialisierter Mensch*）所結合的社會。早期馬克思稱這種社會為「民主」或「真正民主」（*Werke* I：283），後期則稱為共產主義。所謂的「真正民主」是指社會中個人不再與全體社會為敵，也可以說個人不被政治結構所異化。因此，政治的最高目標便是國家、階級、市民社會，乃至政治本身的揚棄，也是人的異化、疏離、割讓、乖離等現象的取消、超越。由是可知馬克思的國家觀與政治論最後仍舊返回到他的人生觀與人性論之上(Avineri 1969：31ff；Maquire 1978：221ff)。

二、馬克思主義的批判

　　法國的社會學家亞宏（Raymond Aron 1905-1983）認為馬克思的學說，一言以蔽之，是對資本主義社會的

---

[3]引自 "The Alleged Splits in the International," in ：*Documents of the First International*, vol. V, London , n. d., p.407.

一種分析與一種解釋。它分析與解釋資本主義社會的目
前運作、現實結構與未來必要的發展。與孔德相似，馬
克思也認爲現代社會有異於古代或中古社會之處，爲以
工業與科學爲其特徵，而非重視軍事或神學。可是馬克
思所強調的不僅是這兩種社會的對立與歧異，還特別注
意潛藏於現代社會——資本主義盛行的社會——內在結構
中的矛盾。這種矛盾便是階級的對峙與鬥爭（Aron
1965（I）：115ff）。

　　在實證主義者眼中，勞資的糾紛不過是工業社會的
附帶現象，可是馬克思確認爲它——資產階級與無產階
級的衝突——爲現代社會重大的事實。由此一重大的事
實而展現資本主義社會的特質，並預測其歷史的發展。
是以馬克思的學說在於解釋現代社會的內在敵對與矛盾
之性格。其整個理論體系在表明這種敵對與矛盾的性格
是與資本主義體系的基本結構無法須與分離，從而成爲
歷史運動的機制（mechanism）。馬氏既然指出資本主
義體制中，敵對與矛盾的性格，則進一步引申此一性格
必然導致資本主義的崩潰。因之，督促人群貢獻力量，
縮短新社會誕生的陣痛期，以推進以此一已既定目標，
迎接不可避冤的社會主義社會的降臨。

　　以下我們有關馬克思學說的批判是採用逆序法，也
依據前述馬克思的人生觀、辯證論、歷史觀、社會觀、
經濟觀、國家觀的相反順序——來加以解說與批評。

1. 國家論的批判

自孔德的實證主義以還，19世紀的社會思想家傾向於視國家的與政治的現象是從屬於經濟的與社會的現象，馬克思也不外於這種主流想法，認爲國家與政治也從屬於社會及社會之內的變化。其結果使他視政治權力爲社會衝突的表現。政治權力成爲統治階級、剝削階級保持優勢與壓榨的工具。

不過馬克思這種的政治理論與國家觀卻招致很多的批評。首先，一個社會中所分割的有產與無產階級階級是否和統治與從屬階級的分割完全一致？也即有產階級是否完全等同於統治階級、無產階級完全等同於被統治的從屬階級呢？如果答案是否定，那麼馬克思所稱國家是有產階級剝削無產階級，是統治階級壓迫從屬階級的說法便很難成立。馬克思所處的時代雖然可提供一部份的證據支持他階級對立的說法，但無法提供全部證據支持他國家壓迫（一階級利用國家作爲支配與壓榨他階級的機器）說。就歷史學觀之與社會學觀之，國家的作爲與政府的行爲雖然與階級結構、階級利益、階級鬥爭有密切的關連，但並非國家所有的活動與功能，都可以被解釋成爲有產階級剝削工具之運作。

再說，就算我們勉強同意馬克思所說政治秩序取決於階級關係與經濟利害，但這一說法只有當社會陷於兩個敵對的陣營（兩個仇視的階級）時，才會產生作用。

歷史的發展並沒有顯示社會的兩極化。由於物質條件改進，人群政治權力、社會權力的伸張，社會升遷與福利制度的建立，泯沒了階級間的界限，消除了階級間的仇視。特別是中產階級的崛起，與社會階層的歧化，都削弱馬克思階級決定一切的說法。此外，統治階級一詞很難毫無批判底加以接受。因為嚴格地說，沒有任何階級，不管是有產抑無產階級，曾經親自執統治的權杖，實施統治，統治常是極少數的精英（elites）或官僚所搞的名堂，與階級沾不上關係（Jordan 1972：55ff；Bottomore 1965：22ff）。

除此之外，馬克思預言，在「史前」敵對的社會邁進「史中」非敵對的社會（共產主義）之間應實行所謂的無產階級專政。他對無產階級專政一詞並非確切明白的解說，因之，產生兩種說法：其一認為它是法蘭西大革命後雅各賓的一黨專權之翻版；另一說法是巴黎公社權力分散的拷貝。由是可見它出現了集權與分權兩種截然相反的解釋。

在馬克思理想的未來共產主義社會中，政治伴偕國家一同消失於無形。但這個預言可信嗎？這應該是他整個著作中社會學觀念最弱、而易受駁斥的一環。蓋社會愈趨複雜，愈需要有關人事的種種安排。因之，行政與權威皆不可缺少；再說，共產主義力稱計劃經濟有其必要。為了計劃更需集中事權的中央機構，以決定與執行經濟計劃。

　　如果國家所指涉的是團體中有關行政與監督的功能而言，則任何工業社會（特別是有計劃的工業社會）更不可貿然讓國家消失於無形。因之，所謂國家的消失，只是一個象徵性的意味，只是指國家的階級性質喪失，國家中的統治與壓迫喪失，而非「事務的管理與生產規劃」機構的消失。

　　加之，任何一社會中，群體之間的衝突、敵視（「階級對立」）並不單單肇因於某一群體對生產工具的私人擁有，另一群體則除了勞力之外一無所有。社會群體（階級）之和諧相處，也不是單單由於生產工具由私人財產化成公共財產之故。換言之，對生產工具的擁有底爭奪，固然會造成社會群體之間的衝突，就是其對他社會價值（經濟利益之外的價值）的爭奪，同樣會引起社群之間的競爭、敵視與對立。就算事務的管理與生產的規劃所引起的不公與缺陷，也有導致社會衝突的可能。因此，將政治還原或化約為經濟是行不通的，蓋政治秩序牽涉到誰來管理、管理人怎樣產生、權力怎樣運用、管理人與被管理人之間同意與不同意如何調整等等。因之，政治秩序與經濟秩序都是獨立自主的秩序，雖然期間存有相互的影響關係。團體中資源處理與分配的方式，固然影響了權威問題解決的方式，但相反地，權威問題處理的方式，同樣也影響了資源的生產與分配。馬克思誤以為對資源的生產與分配問題一旦獲得解決，便可自動解決領導與權威所滋生的問題。結論是政

治運作的社會學不能簡單化約爲經濟社會學或社會階級
的社會學（Aron, *ibid.*,173-177）。

2. 科學的社會主義之批判

馬克思主義是對法國大革命以來西洋資產階級社會
的一種解釋與批評。當時德國的古典哲學、法國的社會
主義與英國的政治經濟學也試圖對資產階級社會，特別
是附著於資產階級社會的自由主義與民主政治有所論
述。馬克思之所以能夠綜合上述西歐三國的學說精華，
就在於針對資產階級的制度與意識形態而發的。假使自
由主義代表著有關社會整體的看法，包含整套哲學、歷
史、政治與經濟的話，那麼馬克思主義也涵蓋社會的整
全面，堪與匹敵，同樣也是涵蓋廣闊、無所不包的學
說。因之，馬克思主義爲不同國家的傳統之融合，爲哲
學、政治學、經濟學、社會學的統攝，是以社會主義的
形式對自由主義發出挑戰與回應（Lichtheim 1970：
66-72）。

馬克思與恩格斯都自認爲其所創立與宣揚的社會主
義才是「真的」，甚至是「科學的」社會主義。反之，
他們以前的思想家或社會運動者所推行的爲「假的」、
「烏托邦式的」社會主義。所謂的科學的社會主義是強
調與擴大社會發展的經濟因由，以及其必然的辯證發

展。易言之，給予社會主義的實現以科學的理論基礎。特別是由於恩格斯的鼓吹，使人們得到一個普遍的印象，從而認爲「馬克思依靠著把社會主義建構在科學的指令之上，而表達了一項偉大的事實」（Taylor 1968：10）。顯然馬克思主義挾著其清楚明白的範疇，歷史演展的律則，與邁向社會主義的必然性，使它於贏取革命熱情之餘又多了一份像幾何學那樣的真確性。

與傅立葉和卡貝（Étienne Cabet 1788-1856）等的烏托邦社會主義相比較，馬克思主義似乎表現得更爲合乎理性與敏感。它既不倡說符合現實利益的、但容易被識破戮穿的合作社、工人貸款機構、或模範公社等，而是將它的目標——社會主義的實現，置於未來、更飄渺、更難被否認的理想之上。再說，馬克思本人也拒絕對未來的共產世界提供更具體、更精確的描寫，他說：「不爲未來的廚房提供烹飪的菜單」，以免破綻百出，露出馬腳。因此，馬克思的烏托邦是不愁會失去時效，不愁會變成明日黃花。可是儘管恩格斯再三標榜馬克思的社會主義是「科學的」，但其中的理論也有違反邏輯的所在。例如他既然認爲社會主義的出現爲歷史必然的發展，則人們大可以坐享其成，等待它的降臨，又何必流血流汗參加普勞階級的革命呢？假使沒有革命便沒有社會主義，那麼社會主義的必然性或無可避免性又做怎樣的解釋呢？關於此一矛盾，馬克思的解釋只說明了普勞階級的積極參與，目的在於「縮短世界革命的陣痛期」，而使社會主義提早產生。

　　另一個對馬克思社會主義的批評是問：社會是否只能分成絕對性敵視、對立的兩個陣營：普勞階級與資產階級？是不是兩個階級之外沒有第三個階級的存在？是不是這兩個敵對階級之間的利益彼此完全相反，而沒有彼此共通一致、妥協忍讓、或相輔相成的利益？他描述普勞階級為「純樸的民眾沃土」，不受其他社會各階層的腐爛所汙損。在他的筆下，普勞階級正匍匐在「根本的鎖鏈之下」，受著「廣泛普遍的苦難」，受著「全體的不公」。事實上當馬克思做這種描述時，他尚未接觸任何一位普勞階級的工人。他未體會這些工人的感受，也未曾真正觀察他們的性格。他是先有了這些想法、理論再去尋找事實來予以「證實」或修正。事實上當他提出普勞階級的理論時，壓根兒不知工人階級是否真正被賦予自求解放的使命。如果我們追蹤社會主義或共產主義的痕跡，不難發現它們根本都沒有普勞階級的源泉。這些都是普勞階級之外的貴族、文人、學者、商人等所提出來的說詞。因之，所謂社會主義運動無非是少數上層社會的名流，替下層社會請命的運動。就算工業革命初期工人之間嘗試組織工會，從事工會運動，其目標也絕對不是要革整個社會的命，致力於更改整個社會的秩序。那麼馬克思所說的普勞階級必須靠自己以解放自己的意義在哪裡？馬克思這個念頭乃是有關軍隊與指揮部的想法。普勞階級便是軍隊，領導者便是「理論」、「科學」、「哲學」。普勞階級只需接受指揮當成工具

即足。這也是馬克思稱普勞階級爲「哲學的物質武器」的原因（Schwartzschild 1947：81-85）。

德國社會學家達連朵夫（Ralf Dahrendorf）說：馬克思嘗試把生產力的發展與階級牽連在一起，是構成馬克思社會學理論最弱的一環。原因是社會分工的複雜情形、工藝科技的進展過程，當然對社會產生重大的衝擊與影響。不過這種生產力的進步不大可能藉社群的衝突來加以解釋。無論如何，由於組織良好的群體（例如經營管理人士）與無組織的大眾之代表（工會、商會等）間的社會衝突會導致社會結構的改變，這是無庸疑義的。但這種改變只是社會內在所生變遷（endogenous change）之一種。其他引起社會內在變遷的因由尚多，更何況社會還可因外在因素（戰爭、同化、文化交流等）而造成其外在的變遷（exogenous change）。再說能夠引發社會變遷的社群衝突，其形式經緯萬端，不能籠統地濃縮爲有產與無產階級之間的鬥爭。蓋經驗科學的目的在於精確地描述、分析與評估實在，因之有關社會變遷之解釋必須藉多項理由的探討與經驗的研究而獲得。在此意義下，階級的理論只是解釋社會內在的結構變遷之一說，不能涵蓋社會變遷的其他方面，更不能囊括外在結構的社會變遷之解析。是故馬克思所宣稱的過去社會的歷史爲階級鬥爭的歷史之說法，如非錯誤，即無意義。錯誤是指以偏概全，難以成立；無意義是指強調階級鬥爭存於以往社會演展史之內，蓋此爲自明之理，無須複述（Dahrendorf 1959：34-35）。

　　至於社會主義者之喜用「科學」一詞是司空見慣，
不足爲奇。因爲在以科學代表進步與理性的19世紀，任
何的學說只要冠以科學便會覺得力量無窮，包辦了真
理，因之，當時的各種哲學也被視爲科學。社會主義者
更相信只要藉科學與哲學的方法，必然會尋找到解放人
類的康莊大道。聖西蒙自稱其學說體系爲「萬有引力的
科學」，傅立葉稱他的理論爲「確定的科學」，甚至普
魯東也自稱其學說爲「科學的社會主義」，馬克思則相
信科學可以引導普勞階級進入社會主義之域
（Dahrendorf, *ibid.*, 84）。

3. 政治經濟學的批判

　　馬克思的學說是針對工業革命與法蘭西大革命後的
西歐資產階級社會而發的。這個社會的特徵爲市民階級
之轉變爲資產階級，與勞動群眾──直接參與生產行列
的工人──之淪爲無產階級。一言以蔽之，爲資本主義
形成的社會。是以馬克思分析與攻擊的矛頭乃對準資本
主義的內在矛盾，特別是資本主義的經濟體系及其運作
而發。

　　馬克思自認爲英國古典經濟學說的繼承人與批判
者。他指摘古典經濟學家將資本主義的經濟律奉爲圭
臬，當做一成不變，與放諸四海而皆準。事實上每一個

經濟型態就有其適用的經濟律。例如資本主義的社會之型態適用資本經濟律。其次，經濟型態不能自外於社會結構，因為經濟律乃是社會關係的描寫與表達。依據馬克思《資本論》的說法，資本主義的本質為企業家的追求利潤。其追求方式為透過貨物的生產與交換使小量的金錢變成大量的財富。小量金錢變成大量財富的這種交易過程——賺錢之道——乃是資本主義的祕訣。馬氏自稱是揭穿這種賺錢致富的祕訣之經濟學者。一如前面我們的敘述，要揭開資本家致富的祕訣或謎底，就得應用馬氏聲稱的「剩餘價值論」與「剝削論」。

在價值論中馬克思強調價值是由勞動創造的。他又說勞動者出賣勞力的代價謂之工資。工資的大小取決於勞動者及其家庭為維持生存所必不可少的最低數量。馬氏這個論題遭遇著相當的困難，也招致著非難。蓋每一工人與其家庭的生活情況隨人物時空的的變化各個不同。要衡量或估計每家最低生活程度所需貨物之數量，非常不易，遑論決定工資的大小？是以熊彼得（Joseph Schumpeter 1883-1950）斥之為文字遊戲。

再則，馬克思認為變動資本與固定資本之間的比例將隨自動化而縮小，資本家愈多採用機器（固定資本），愈少使用人力（變動資本）。但他又說：創造剩餘價值，擴大企業家財富的為變動資本（勞力）。那豈不是說資本家愈採用機器操作，愈無剩餘價值可被壓榨，愈沒賺頭？事實剛好相反，這證明馬克思對改善生產機器、改良經營管理與抬高生產力，對財富的創造積

累，估計錯誤。爲此馬克思在《資本論》第三卷（馬氏死後由恩格斯整理出版）中勉強解釋爲：利潤的比率並不是以變動資本爲估量的標準，而是以變動資本加上固定資本一起，也即全部資本，來計算的。不過我們還可以進一步問：爲什麼利潤的形式與剩餘價值的形式所表現極爲不一致呢？換個方式來問：剩餘價值的增加何以不等於利潤的增加？關於此有兩種解釋：其一爲非馬克思派的解釋，其二爲馬克思的答覆。

非馬克思主義者的熊彼得認爲上述利潤與剩餘價值不一致的現象證明馬克思剩餘價值說的錯誤，也即剩餘價值說不能解釋實狀，必須修正或予以放棄。馬克思的解說是利潤如與剩餘價值不成比例，資本主義便不會操作裕如，是故在每一經濟領域中有一平均利潤率被取代。這種平均利潤率乃是由於各行各業相互競爭的結果。競爭壓迫利潤趨向平均，其結果造成各行各業中並無利潤與剩餘價值之間的比例關係底存在。不過就經濟當成整體來看，全部的剩餘價值仍與全部投資於各行各業的固定與變動資本成一比例。

由於資本經營的進化、機械的採用，導致變動資本與總資本比率的趨向減少，是以馬克思提出「利潤比率遞減率」。「利潤比率遞減率」就像黑格爾所稱的「理性的狡黠」，都是非人力所可控制的歷史現象，是導致資本主義必然與自行崩潰的原因之一。這裡我們又碰見典型的馬克思想法：歷史的必然性是受制於人群的活動，但同時又超越個人的作法，導致整個社會的演進，

構成歷史演進的內在發展律。亞宏遂稱馬克思主義的核心與原創性就表現在這個「必然性」之上，一方面爲人類的努力，一方面又超越個人之上而成爲歷史的歸趨。

在哪種的利潤率之下，資本主義停止活動而歸於消滅？關於此馬克思在《資本論》中並沒有清楚的交代，於是吾人必須由其經濟的解說退回到社會學的解說。在馬克思致力於政治經濟學研讀之前，便於1848年與恩格斯共同草擬與刊行《共產黨宣言》。該宣言中以社會普勞（無產階級）化與無產階級貧窮化來預言資本主義的沒落。據此說法，資本主義自我毀滅的機械作用，乃是社會學的說法，而非經濟學的假說。另一項可以視爲經濟學的解釋爲群眾收入偏低與購買力衰退所引起的供給大於需求，造成貨物壅塞，資本體系崩潰。

衡諸史實，自19世紀以來，在歐美工資不但節節提高，工人生活水準也水漲船高，因此馬氏所預言的工人貧窮化也告落空。當然大部份人群淪爲無產階級的普勞化之說法，也同樣的不能成立。由是可知，馬克思企圖藉經濟學的說詞來證明資本主義的自我毀滅，是困難重重，唯一可以勉強加以說明的只剩下社會學方面的說法：群眾的反叛——工業後備軍的成立與普勞革命。

總之，馬克思的資本主義社會觀涉及到以經濟知識去瞭解全社會，也即經濟現象與社會現象之間的關聯，而這種關係在很多方面顯得晦澀不明。另一方面馬克思有關社會的瞭解也透過歷史哲學的解釋，因之牽連到哲

學與社會學的問題，而這方面也同樣困難重重（Aron 125-140）。

4. 唯物史觀的批判

馬克思是由哲學經由社會學而抵達政治經濟學。儘管他反對別人稱他為經濟學家、歷史學家、社會學家或哲學家，但我們卻可以斷言，終其一生，馬克思本質上仍舊是一位哲學家。他始終認為人類的歷史是經由不同的進化階段，而邁向最終的目標──一個無敵對、祥和安樂的社會。因之，歷史具有哲學的意味。蓋人類是透過歷史而達到創造人本身的目的，哲學也是藉歷史以求完成。因此無衝突、無敵對的後工業社會（post-industrial society）不僅是人類有史以來諸種類型的社會之一，而且可以說是人追尋自己的終極目標。

在馬克思的唯物史觀中引起爭論的是有關歷史發展律的性質。事實上我們看到他對歷史的解釋是先行設定一個超越個人的秩序，也即歷史非個人創造或活動的紀錄，而是生產方式與生產關係陷於矛盾後發生變化的社會變遷之順序。例如扮演現代史要角的資本主義，係在階級鬥爭與生產方式和生產關係矛盾難容之際自毀。由是可知馬克思的史觀至少可有兩種不同的解釋方式：其一可稱為客觀主義者（objectivist）的解釋，認為歷

史的發展爲客觀事實的必然，而非人力可以左右。據此則資本主義的崩潰、無敵對社會的來臨乃爲一事有必至之現象，只是吾人無法正確地預言其來到的時間，以及降臨時所呈現的模式（modality）而已。

另外一種對歷史發展律的解釋可稱爲辯證的：也即歷史主體（人與其意識）與歷史客體（歷史事件）的交互、辯證底關係，以及客體各部份之間的交互行動。客觀主義解釋法的困難爲我們無法精確預測歷史必然發展的時期以及其模式。辯證式的歷史解釋法之困難在於無法必然引向「人在資本主義社會一定異化」，以及「資本主義崩潰後，一定產生無敵對的社會」這兩項馬克思的論題。爲什麼歷史主體與客體間辯證的關係，並不必然引向上述兩個論題呢？這是因爲歷史主體既然有解釋歷史的客體的權利，而且解釋又極可能以其所處的情境爲出發點，則我們無法分別究竟馬克思主義者的解釋正確呢？還是無產階級、甚至資產階級的解釋正確？再說馬克思的思想力求科學化，力求對「實然」（是什麼）的解說，可是其思路卻是對「應然」（應該怎樣才對）的指令，是以下達命令的方式爲之。他對歷史的發展是指令其爲革命性的活動，並認爲只有革命性活動才具有歷史分析的合法意義。這就是說馬克思在其少年時代雖然曾爲實然與應然的分辨而深感困惑，但青年以後的他，便把這兩者混爲一談，由是事實與價值、實然與應然也熔爲一爐無從分開。我們可以說馬克思的史觀中有兩種截然相反的哲學源流，其一爲早期康德源流，強調

實然與應然的分離，認為無法由事實分析而邁向價值判斷。其二為黑格爾源流，強調應然與實然的合一，歷史主體一旦瞭解歷史事實，便應參與歷史的塑造。恩格斯與後來蘇聯共黨的官方態度，則在康德與黑格爾之外另樹一幟，這便是恩格斯在《反杜林論》一書中所闡述的辯證的客觀主義者之哲學（Aron, *ibid.*, 150-154）。

此外，馬克思在討論一般歷史與特別情況的資本主義時，喜歡搬出一大堆名詞，像生產力、生產關係、生產方式、下層建築等等。但這些概念並沒有絕對明確的內涵，可資清楚界定。更何況這些概念之間的關係，也並非如馬克思本人所斷言者：譬如私有權的擁有（生產關係）並不排除生產力的高度發展（生產力），再說集體所有制（生產關係）有可能同時發生生產力的倒退現象，這兩點與馬克思所宣稱的私有制生產力不高；在集體制實現下，生產力必定高的說法相左。我們知道馬克思強調生產力是指引歷史發展方向的決定力量，並且不同階段的生產力有其一定的生產關係和階級鬥爭與其搭配。但是假如階級鬥爭隨生產力的發展而減少，又假定在尚未發展的經濟中實施集體所有制，那麼馬克思的史觀又將置於何地？又將怎樣自圓其說？而上述的假定在今日高度工業發展的西歐民主國家或經濟發展很差的前蘇聯和東歐各國都一一浮現，豈不證明馬克思歷史哲學之錯誤？

至於社會可藉其經濟的下層建築——也即生產力發展的程度、科技、知識、勞動組織的情況——來加以理

解,這是正確的。但是我們仍有不同意馬克思者,乃爲
他對下層建築「決定」上層建築這一說法。馬氏本人使
用「決定」一詞也覺得不妥,因此他有意把它解釋爲
「制約」。不過「制約」一字的意義又嫌太寬太籠統,
所以仍舊使用「決定」這一詞謂。事實上他的本意是指
每一歷史發展階段都可由其重大的特徵來加以界定,這
些特徵包括生產力的狀況、財產擁有的方式以及工人與
僱主之間的關係。他在歷史上所辨識的不同社會類別,
便是以財產擁有者(擁有土地、奴隸、生產工具)與勞
動者(奴隸、佃農、工資支領者)之間的關係而形成。
因此,社會實狀之間不同部門的關係的確爲一種辯證的
關係。但對他而言,最重要的是社會類型可以藉某些決
定性的事實來加以界定與區分。問題是這些不同的事實
在馬克思的心目中固然是具有決定性與相互關連,但有
可能是彼此分離毫無關連。歷史就把這些事實加以分
開。雖然辯證法又可以把它們綰合,但無法恢復馬克思
理論原來分辨的面目。

再說,何謂上層建築?何謂下層建築?後者似乎專
指經濟結構,特別是生產力而言,但構成生產力除了勞
力之外,便是技術發明及其生產應用。而技術離不開科
學知識,但馬克思卻把科學知識、文藝、哲學、宗教、
道德等歸屬於上層建築。因之,下層建築的生產力事實
上源之於上層建築的意識形態,則上下層建築的分割相
當困難。此外,生產力不僅依賴技術設備,還依靠集體
勞動力的組織──企業管理。集體勞動力的組織本身也

倚靠所有制的法律（規定何人擁有勞力的法律），而法律隸屬於上層建築。因之，我們發現要把下層建築由上層建築分離開來，是一樁相當困難的事。當然我們不否認這些名詞有其特定有效的分析作用，我們只是反對它教條式的使用，以為其中一詞可以「決定」他詞（Aron, *ibid.*, 157-163）。

5. 辯證唯物論的批判

依據恩格斯的闡述，辯證法包含下列主要的觀念：

（1）辯證的概念宣稱：自然與社會的實在（實狀）的律則，便是變化的律則，不管是無機的自然，還是人類的世界，事物總是不斷地發生變化。宇宙間並無永恆不易的原則。人群的道德概念隨時代不斷變遷。

（2）真實世界的特徵為含攝發展不同的各種各類事物，依其不同的發展階段由無機的礦物一層層排列上去，直到靈長類的猿人與萬物之靈的人類，這是質的不同排列。就在人類中也由初民或原始部落而走向發展最高也是最後階段的社會主義之完人，依次由下而上地發展。

（3）自然與社會變遷完全根據一定的律則。這些律則中包括由量變而跳躍為質變的躍變律。這一躍變不是毫

無感覺的變化，而是劇烈的、革命性的改變。最後變化係遵循另外兩條規律：矛盾律與否定的否定律，以求完成。

這些辯證律並不曾使所有馬克思的解釋者感覺滿意，甚至有人懷疑馬克思本人是否完全贊同恩格斯這種唯物的辯證哲學。主要的不滿在於一個關鍵性問題：辯證法可資應用於無機的自然與人群世界的程度究竟多大？

在辯證的概念中，首先是變化的觀念，其次是諸觀念與環境之間相對性的觀念，也即對環境所生的相對原則地問題。此外，尚有整體的觀念與意義的觀念。要達致歷史的辯證解釋，有必要將一社會或一時代所有因素統合成一個完整體，然後每個完整體都有其獨特的性質可資辨識，這樣辯證的發展──由一完整體變成另一個完整體──才能識別，也才有意義。其中涉及人群的世界之辯證發展，更需把完整體的特質與順序漸進的識別性質結合爲一。吾人知道在人群的歷史世界中，諸社會構成了整體的單位，因爲社會不同的層面在事實上都相互牽連。社會實狀的不同部份，例如生產力與生產關係，都可以當成最重要的部份來看待，可是在有機的自然界，甚至是無機的自然界，我們能夠肯定何者爲完整體，何者爲非完整體嗎？不要說無機的自然界之發展無從有效識別某一物代表發展的某一階段，我們連它發展的軌序也弄不清楚，遑論對它循序漸進的識別性質？

因此，認識物質世界的辯證哲學，並非瞭解或接受
馬克思對資本主義的分析、或個人採取革命態度所必不
可少的成份。就歷史的眼光來說，某些教條主義者不妨
要求將上述數條論調合併討論，可是就哲學與邏輯而
言，歷史的唯物解釋以及藉階級鬥爭來批判資本主義卻
不需自然的辯證法，以為助力。要之，馬克思的辯證唯
物論，實無異為形而上學的唯物論（metaphysical
materialism）（Aron, *ibid.*, 154-157）。

柏波爾（Karl R. Popper 1902-1994）認為馬克思
所標榜的唯物論並非一元論，相反地，是強調心身並存
的二元論。原因是他師承黑格爾將自由比擬為精神的說
法，追求人精神上的絕對自由，因而肯定人為一靈性的
生物。再說他承認人們在實踐上靈與肉的統一，其中肉
體為靈魂的基礎，尤屬重要。他固然承認物質世界與其
需要為基本的、重要的，但他並不喜歡「必然之域」
（realm of necessity）。反之，他卻嚮往「自由之
域」（realm of freedom）。因之，究其實馬克思的唯
物論為一實踐的二元論（Popper 1966：102-103）。

雖然柏波爾同意馬克思與恩格斯倡導辯證唯物論的
原意──認為社會科學不該奠基於精神或唯心的基礎
上，而只討論理性、心靈諸問題；反之，應效法自然科
學強調人類的物質本性（衣、食等基本需要）──但不
同意他們把辯證唯物論濃縮為經濟主義。原因是經濟活
動固然是人類維生不可或缺的活動，但在某些場合理念
的影響力有超過或凌越經濟力量的可能。再說，不瞭解

經濟背景固然無法瞭解心靈活動，但不瞭解科學的或宗教的理念也同樣難以瞭解經濟的發展。

在討論馬克思的唯物論與經濟主義時，柏波爾指出其中有兩點值得注意，其一為馬克思強調社會學中的歷史方法，其二為馬克思辯證法中反對教條的思想。關於社會學中歷史方法的強調，便是師承黑格爾認為社會的研究應重其因果關係，捕捉其歷史演進的始末，甚至指陳其發展的軌跡與發展的規律，俾能夠預測未來的發展。換言之，社會科學的理念在致力於做大規模的歷史預測，柏氏指陳此為一大錯誤。至於馬克思辯證法重批判、解疑慮、求真確的反教條思想，卻值得推薦，可惜馬克思本人只在理論中加以應用，在實踐中卻遭忽略，而導致馬克思教條主義者的漠視，從而使馬克思主義淪為教條主義（Popper 1969：332-334）。

6. 勞動自我異化說的批判

馬克思並不是歷史上揭示自我異化（外化、異化、疏離、乖離）現象而予以理論化的第一個人。反之，第一位討論這類問題的是費希德，其次是黑格爾，再其次為布魯諾・鮑爾與費爾巴哈。不過馬克思卻把異化論由哲學的思辨轉到社會學的應用方面，從而成為他有關人類學說最重要的論題。

馬克思雖然採用黑格爾「異化」一詞，同認爲人類乃由其所創造的世界所疏離，但他強調這種疏離不是哲學或形而上學的疏離，而是社會學的疏離。也即勞動者由資本主義的社會體系與經濟體系中疏離出來，自外於私人財產關係，自外於社會的階級結構。既然疏離不是形而上學的認識或知識的問題，而是社會實踐上的人類行動的問題，因之，超越異化、揚棄疏離便有賴人類對環境有意識的改變，改變人類社會與經濟制度，這也是馬克思在〈費爾巴哈提綱〉十一條論綱最後一條：「向來的哲學家對世界做了種種的解釋，但關鍵卻在於改變它」，所表達的意思。

在早期的著作中馬克思屢次討論「異化」、「自我異化」，但在其後期的作品中這些字眼頗少使用，這是由於異化的現象附屬於資本主義社會經濟的形構裡頭，不需複述。只需把階級鬥爭、階級統治與資本主義的生產方式加以分析，則其內在矛盾以及勞動者的異化現象便已暴露無遺。在馬克思的晚年，他甚至懷疑異化現象是否隨著私有財產與階級關係的消失而化除。在《資本論》第三卷最後幾章，馬克思認爲由於人不能不勞動，不能不工作，是以異化現象如影隨形，永難驅盡（Jordan 14-21）。

貝爾（Daniel Bell）指出馬克思的異化觀念比較其他德國哲學家（黑格爾、鮑爾、費爾巴哈等）的異化觀念進步的所在，是後者視異化爲一本體論的事實（ontological fact），爲人們最終所必須接受的事

物。反之,馬克思卻把異化當成社會的事實,人們只需靠改變社會體系便達成超越異化的目的。不過,馬氏把這個異化觀念縮小時卻冒了兩個危險:其一,錯誤地把私有財產制指認為異化的源泉;其二,引進新的烏托邦,誤認一旦私有財產制廢除,異化便跟著消失。

要之,黑格爾認為人的異化,是無法實現自我,其原因在於自我的主體與外在的客體無法合一。馬克思則在早期哲學著作中反對這種說法,強調異化的源泉在於工作,不僅是工作,就是工作的組織(勞動中的人際關係)使人淪為他人的手段而不是目的。異化的勞動包含雙重的損失;人喪失了對勞動條件的控制,人喪失了對其勞動產品的擁有。這種雙重喪失的異化觀念在馬氏後期著作中再度出現:工作條件的無法控制便是由於分工所致,而造成「非人化現象」(dehumanization);產品的喪失便成為僱主榨取勞工剩餘價值的「剝削」。

關於勞動的非人化現象以及工作的瑣碎化,馬克思未曾詳述,他也覺得無法解決科技操作中自我喪失的問題。他只能寄望未來共產主義實現時,分工制度一旦廢除,人的各種潛能獲得發揮,人變成無所不能、無所不為的完人之際,非人化的現象才會消失。只是這種說法太富虛幻,無異於烏托邦。事實上,人類的未來社會不但分工不會廢除,連上下隸屬的統屬組織(hierarchical organization)可能還會存在(Bell 1970:123-137)。

阿克頓（H. B. Acton）也認爲未來的共產主義社會中，分工的消失與人的隨心所欲，沒有實現的可能，因爲共產理想是以徹底的計劃爲其先決條件。那麼計劃要實現，必須採取某些步驟。但採取任何的步驟，都不能爲全體社會成員所同意：有些人贊成它，有些人反對它。另一方面既強調人的隨心所欲，則贊成者固然可喜，反對者也得尊重，於是步驟無從展開，計劃也變成畫餅。反過來說，如果爲避免任何人的反對，而不採取任何行動，則計劃也不用推行（Acton 1972：234-235）。結論是認爲除非未來社會的人群完全免除犯錯的可能，完全成爲新人，否則異化的超越、疏離的揚棄、烏托邦的建立，都無從實現。

替馬克思辯護的人卻說：隨著無產階級的社會之出現，新的社會形式，足以改變或擴大我們對人的看法，過去或現在認爲人力做不到的事，屆時說不定輕易達到。紐約大學教授歐爾曼（Bertell Ollman）認爲馬克思對實在所採取的關係性看法（relational view of reality）也即其辯證法，討論人性所使用的概念架構與其異化的理論，是對自然、對社會與對人生非常有用的理解工具。在今日資本主義的社會中，勞力仍舊是替別人服務的生產活動，它滿足勞力持有人——勞動者——的需要少，受制於外面的壓力多。在生活的每一角落裡，人至今還是別人操縱的對象，也是受自己產品所操縱的目的物。當做一個生產者他被指揮去如何工作，在何處工作，在何時工作；當做一個消費者，他被人吩咐

去購買何物,怎樣使用該物。他常是魂不守舍,任由外力擺佈。是故人的異化現象並不因工資的抬高,生活程度的改善,人的知識的增長而改變多少,減輕多少。在這一意義下,在今日討論馬克思的異化論仍有其意義(Ollman 1976:239-255)。

第三章

馬克思原創性的人學

——人本思想的轉變

一、資本主義社會下人性的墮落

在18與19世紀之交，隨著產業革命的成功和資本主義生產方式的擴大，社會分工愈來愈精細，機械的運用也愈來愈普遍，從而迫使多餘的人力被當作相互競售的廉價商品在賤賣。當此活跳跳、生機活潑的人居然淪落為商品之際，人不但從別人那邊異化出來，也從大自然

異化,更從人自己本身異化。換言之,工業化、商業化給出賣勞力的群眾帶來了分裂、疏遠、異化和剝削。

不錯,工業化、城市化、現代化曾經為資產階級帶來財富、權力、繁榮、奢華,但也帶來貪婪、狡詐、兇狠、狂妄,這點與勞苦大眾的貧困、折磨、苦難、疾病、怨懟同樣都是人類的墮落。社會一旦分裂為資產階級與無產階級,則當代人類不過是重覆有史以來階級社會發展的老套,是人與人關係緊張的表現。造成近世階級的對峙、仇恨、衝突和鬥爭,無疑的是社會分工與私產制度在作祟。是故有異於亞丹‧斯密視分工為社會進步與複雜化的動力,馬克思認為社會分工造成人與人的異化與疏遠,更造成每個人分崩離析,只能權充社會大生產機器的一個螺絲釘,是人的自我分裂、無法統一的原因,也是人原子化、雞零狗碎化的緣故。至於私人所有權的法律制度,則無異在使資產階級藉由投機倒耙與壓榨剝削而取得財富(特別是生產工具),獲得國家與法律的保障,促成資產階級財富累積愈來愈大,斂財貪心也愈來愈囂張,導致此一階級的階級屬性愈來愈鮮明,甚至與統治階級相互奧援沆瀣一氣。

針對著工業化、現代化所帶來負面影響——人的物化、商品化、拜金主義、弱肉強食等社會現象——的出現,受到浪漫主義衝擊的德國知識界企圖在文藝、哲學、人文、思想等方面有所振作,俾迎擊來自進步的歐洲近鄰之挑戰。在很大的意義上,德國的浪漫主義和觀

念（唯心）哲學是對英國工業革命的反彈，也是對法國大革命後產生的恐怖政治與帝制復辟的抗議。

德國的浪漫主義至少可以粗略地分成兩派：一派是認為要遏阻人類的墮落，防止非人化的加深，人必須返璞歸真，回到原始樸素、雞犬相聞的田園社會，因為太古時代民風純樸、人際關係親密，素朴簡單的自然生活提供人們母土的慰藉、鄉里的扶持、人群的和諧以及個人的尊嚴。這種回返過去多少有點保守主義的味道。另外一派則主張改變現狀，將現實不合理、違逆人性人情的典章制度，大刀闊斧地加以改革、揚棄，而另建一個符合人性的社會秩序，使人類生活在統一、富裕、自由的領域裡。因之，他們的眼光是投向未來，指望在將來重建人間樂土。

深受德國浪漫主義洗禮的馬克思打從青年時代開始，便企圖要消滅人的自我分裂、自我異化，希望人不但成為一個完整統一的動物，也即一個完人或整全的人（*Totaler Mensch*），更成為真正的人（*Eigentlicher Mensch*, authentic man）。是以恢復人作為一個整全的人，成為馬克思人學的最高要求，這也就是青年馬克思所言：「對人而言，沒有比人更崇高的事物」（*FS* I ：497，504；*CW* 3：182，187）。

馬克思在《經濟學與哲學手稿》（1844）中指出：

> 人，尤其是他作為一個特別的個人（正因為他的特別性質，使他成為與別人有異的特殊個

人，也即特殊的社會動物），不過是一個總體
（Totalität），理想的總體而已，是他對社會
本身想像與經驗的主觀上的存在。正如同在現
實裡、在省思裡、在享樂中，他意識到社會的
存在，他是一個人類生命表述的總體（*FS* I:
597-598; *CW* 3: 299）。

　可是被馬克思所宣稱的人的總體或整體，在人類存
活於地球數十萬年中並未落實過，這是由於有史以來人
類都生活在階級社會裡，這時人是不完整的、片段的、
被扭曲、被割裂的。只有當人類打破階級的框架和侷
限，營造一個自由的王國、一個理想的共同體，他才能
發展他的感官、精神、智慧，提昇他的能力，而把外頭
的世界重新吸納到人的本身，他才會變成多才多藝、全
面發展而又復歸統一的全人。馬克思說：

　　人以一個無所不包的方式擁有他多才多藝的
　　本質，因之他是一個完整的人。他同世界所有
　　人的關係——他的視、味、嗅、舔、觸、思、
　　觀、感、欲、行、愛——簡言之，他個體的所
　　有 感 官 ， 就 像 所 有 社 群 性 質 的
　　（*gemeinschaftlich*）器官一樣有客體、有對
　　象，也即將客體對象攝入他自身，人對實在的
　　佔有，也就是說他與客體之關係，是對人實在
　　的證實。人實在的多樣性，就表現在對人規定

屬性的多樣性，也表現在人活動的多樣性。人
的有效性〔主動性〕就像人的受害性〔被動
性〕相似都是多重的、多樣的，因為即便是人
所理解的受害性〔受難〕也是人自我享受的一
種（*FS* I: 598; *CW* 3:299-300）。

這裡年輕的馬克思強調人實為一個社會動物，人產
生社會，社會也產生人。人的活動、人的享受基本上都
是社會的，如果自然還殘留在人身當中，那就是指人的
天性而言。人性就是人的社會性。在這種瞭解下，社會
是人與自然合一的表現，是人性的復歸、是人自然主義
的完成，也是自然的人本主義之完成（*FS* I: 596; *CW*
3: 298）。

二、黑格爾、費爾巴哈和馬克思對人 觀點的同異

早期的馬克思曾經受著黑格爾的影響，認為整部人
類的歷史便是人類自由史，也是人的解放史。人的特質
為勞動，是勞動的動物（*animal laborans*；*homo
laborans*）。與黑格爾不同的是，馬克思認為所有歷史
的起點、社會的起點是人而非精神、非國家之類，更不
是普遍的寰宇的體系。黑格爾喜談普遍性、寰宇性，彷

佛把那個龐大的體系當作宇宙的重心，但對馬克思而言，整個宇宙的重心就是人——具體的、真實的、個別的人。他早期思考的對象便是人、整體的人、人的現實，也即正面的人本主義。

那麼人究竟是個什麼樣的動物？只稱人是理性的動物、合群的動物、勞動的動物夠嗎？對此，馬克思顯然受到費爾巴哈的影響。後者視人為寰宇的動物（*Universalwesen*）、為種類的動物（*Gattungswesen*）、為社群的動物（*Gemeinwesen*）、為客體的動物（*gegenständliches Wesen*）（Hung Lien-te 1984: 12-18）。

然則，在探討人究竟是什麼樣的動物時，一個更重要的先提疑問便是人性是什麼？馬克思在後期並不像青年時代以哲學的觀點奢談人性，而是以政治經濟學的方法來剖析人性之常，也即一般性，以及人性之變，也即特殊性。因之，他說：

> 要知道什麼對狗有用，就要研究狗性。這種性質並非由功利的原則上抽繹出來。應用到人之上，凡藉功利原則來批評人的各種行動、運動、關係等等的人，都必須討論一般的人性和歷史上各時期經過修改過的人性（*Capital* I: 57/n.）。

　　儘管馬克思並沒有對人性之常與人性之變做過系統性的分析，我們不妨稱人性之常為其生物學上的人性觀，而人性之變則為其歷史過程上的人性觀。

　　在生物學上，青年馬克思視人為自然的、客體有關的、異化的、種類的動物。這是時不分古今、地不分東西所有人類所擁有的通性。在歷史模型中，成年的馬克思視人為社會的、歷史的、被剝削的、或被貪婪制約的生物。換言之，人是在不同的社會和不同的時期受其本身自我創造（self-creation）之產品。

　　馬克思對人性之常和人性之變的說法同黑格爾和費爾巴哈有異，都是建立在「真實前提」之上，這正是他與恩格斯合著的《德意志意識形態》（1845-46）一稿件上所指出的：「我們出發的前提絕非任意隨便的，也不是教條，而是真實的前提，在此前提中，任何的抽象只存在於想像裡……我們的這個前提是可以在經驗裡得到證實的〔那麼這個真實前提是什麼呢？〕它們乃是真實的個人、他們的活動、以及他們生活的物質條件…」（*FS* II: 16 ; *CW* 5: 31）。

　　因之，我們在討論馬克思的人性觀時，不妨先考察他怎樣看待人與自然、人與人類（種類）、人與社會、人與歷史等幾個主題（Hung Lien-te 1984: 20-38）。

三、人與自然

人是自然的動物（*Naturwesen*），自然是人「無機的身體」（*unorganischer Körper; unorganischer Leib*），原因是自然提供人生存所不可或缺的直接資料或手段。自然也是人活動的物質、對象和工具。人與自然的交往，無論是形體上或是精神上的接觸，都是「自然與其本身的聯繫，因為人也是自然的一部份」（*FS* II:566; *CW* 3: 275-276）。

作為自然一部份的人，也即自然的動物之人，是擁有自然的力量、生命力。因之，人乃為能動之物。這種力量存在人身上，成為他本性本能的一部份。由於人擁有軀體和感覺，他必須靠外物來滿足他本身新陳代謝的需要。因之，人也是一個有限的、受苦受難的生物。這是說滿足人類本身欲求所需的客體物存在他身體之外，而他又需要靠這些客體物的滿足才能存活。因之，這些客體物成為他基本的、必需的對象，對這些對象與客體物的攝取，成為人基本能力的展現與證實（*FS* I: 650; *CW* 3: 336）。

凡是不靠外頭的對象或客體而存在的事物，對馬克思而言，是為沒有客體關連之物，也即非物，也即幻想的、不實之物、抽象之物。換言之，一個事物的存在必是人的感官可以感受其存在的事物。人能感受外界事物的存在，乃為感覺的動物（*sinnliches Wesen*）。但感

受也是能接受、能忍受，被動的意思，故人類除了是主動的、能動的動物之外，也是一個被動、受動、受苦受難的動物（*FS* I: 651; *CW* 3:337）。

黑格爾把自然看做精神之外的事物，是一種徹頭徹尾抽象之物。反之，馬克思是認爲人在自然當中，是自然的中心，與自然應當合一。人在生存方式、意識樣式中可以表現的事物也可以透過人類全體、或透過別人而應用到自然之上。這種說法表示意識和心靈都隸屬於物質，心物的互依，也顯示人與自然的契合。

馬克思認爲黑格爾把思想從自然的人那裡割開是不對的。須知思想是作爲自然主體的人心靈的活動，而人是具有五官，活在社會、活在現世、活在自然裡頭的動物。在此吾人可知青年馬克思浸淫在德國浪漫主義的思潮裡，視自然主義與人本主義是一而二、二而一的東西。

四、人與人類

馬克思早期的著作中一再出現費爾巴哈哲學人類學（philosophical anthropology）的用語，特別是種類本質（*Gattungswesen*; species being）、種類生活（*Gattungsleben*; species-life）、種類活動

（*Gattungs-tätigkeit*; species-activity）等等名
詞。藉著這些名詞，青年馬克思企圖界定人社會的性格
和社群的（communal）性格，也界定人生產的活動，其
最終的目的在說明未來理想社會中人如何重獲失去的自
由，達到真正解放的願望。

在《經濟學與哲學手稿》中，馬克思指出：

> 人是種類的動物，不僅是因為在實踐與理論
> 中，他採用人類（他自己和其他事物）當成他
> 的客體物…並且還因為他看待自己是真實的、
> 活生生的種類〔人類〕，也是因為他看待自己
> 是一個普遍的〔寰宇的〕動物，也即自由的動
> 物之緣故（*FS* I:566; *CW* 3:275）。

> 就像其他動物一樣，人要靠無機的自然存
> 活、要靠自然的產品維持其生存。不過與動物
> 相異的是：動物和動物的活動是合一的，動物
> 無法從其生活中分別出來。動物就是其生存活
> 動的全體。人卻把其生活當成他意志和意識的
> 標的物，他擁有充滿意識的生命活動。有意識
> 的生命活動把人從其餘動物的生命活動中直接
> 分辨出來。就因為如此，他才是一個人類的本
> 質，或者說由於他是人類的本質，他才是有意
> 識的動物…他的生命成為他的客體物（*FS*
> I:567; *CW* 3: 276）。

換言之，有異於其他動物，人類是一種特別的種類
──靈長類，不但擁有理性、能夠思想，並藉語言和符
號彼此溝通。人還能根據事先的想像，畫出藍圖，而造
就其生存所必須的條件。人是唯一懂得勞動，把勞動當
成展示個人才華特質的第一需要，是一個生產創造的動
物。正因爲人無所不知、無所不能，其活動不限於某一
特定範圍，而是展示他樣樣都能精通、行行都成狀元的
寰宇性動物。只有人類不受本性本能的束縛，可以自由
進行各種活動，這是人有異於禽獸之處，也是人爲自由
的動物的意思。

人的生產活動是人類營生也是繁衍之道，也即一個
生命生產另一個生命的活動。這種活動的特質是作爲人
類的人自由與有意識的活動。生產勞動首要的目的在滿
足人的需要，俾維持其生存，因之，勞動被視爲「一種
人與自然共同參與的過程，在此過程中人本身發動、調
節和控制人與自然之間的物質反應」（*Capital* I:
173）。

藉由他的運作，人勘天闢地開物成務，既改變自然
又利用自然，以達厚生的目的。人改變了自然，也改變
了本身，改變了人的天性。「他發展那隱晦沈睡的〔生
命〕力量，強迫這些力量聽從他的方式〔意志〕去發
揮」（*ibid.*）。

人透過實踐的、生產的活動，透過對無機的自然之
型塑，創造了一大堆文明與文化的典章制度。這種創造

正顯示人是有意識的，也是自由發揮的種類之物。人之創造世界，改變世界，根據的就是美的原則、美的律例。人在尚未創造發明之前，早就在其腦海中便構思各種圖案、程式、藍圖。他「不僅對他使用的材料之形式有所改變，他還實現其本身的目的，使其操作方式符合規律，甚至他的意志也要配合這種規律的要求」（*Capital* I:174）。

事實上，人有異於禽獸之處為人自由的、有意識的、開創的、生產的勞動，這些特質的勞動合在一起就叫做實踐（*Praxis*）。實踐使人與動物分開。實踐是人改變環境，跟著人本身也起變化的人類活動（Petrovic 1967: 78-79）。

儘管早期經常使用費爾巴哈「種類本質」、「種類生活」等詞彙，可是到了1845年馬克思終於揚棄費氏哲學人類學的玄思。他在〈費爾巴哈提綱〉第8條批判費爾巴哈把感性（*Sinnlichkeit*）只看成為省思的偏狹，而不知感性含有「實踐的人類感覺的活動」之意。此為馬克思指摘費氏把人的本質看作存在於個別人內心的抽象物，「當成內在的、靜默的，把諸個人自然聯繫在一起的普遍性」，也即看作人的「種類」（*Gattung*）。也在這裡馬克思宣佈「究其實際它〔人性〕乃是社會關係之總和」（*FS* II: 2-3; *CW* 5: 4）。

這一改變，使馬克思放棄以本質論（essentialism）方式討論人的本質、人的本性。取代這種看法是研究人在「社會關係」、「生產關係」、

「階級關係」中的作爲。換言之，在＜費爾巴哈提綱＞之前，馬克思大談人的自然的種類本質和社群本質。由於人的本質與人的生存發生重大矛盾，再談本質，而忽略其生存的方式——勞動、社會關係、階級關係——是違反現實，也是與積極尋覓科學（政治經濟學）來理解人與社會的成年馬克思之心願相左。

五、人與社會

在《德意志意識形態》一巨著中，馬克思與恩格斯強調生產了生存所需的資料是人異於動物之所在。生產是人活命的手段，可是生產不能排除社會的影響，蓋爲了生產人人必須來往，這便發生社會的互動。馬、恩這樣寫著：

> 爲生活而進行的生產含有兩層意思，其一爲靠勞動去幹活；其二人的生殖後代之新生命的製造。這種生產活動〔營生與生殖〕以兩重的關係展示出來：一方面是自然的〔開物成務、利用厚生〕，他方面是社會的——所謂的社會是它指涉勞動必然是數位個人的合作，不管是處於何種條件下，以何種的方式，或爲何種的目的進行合作（*FS* II：30；*CW* 5；43）。

　　顯然，在此馬克思強調物質連繫作爲社群從事生產活動的基礎之重要性，而不再像早前論述人種類的自然結合。因爲他接著說：「很清楚明白的是一開始人與人之間存有物質的連繫，這種連繫是受到他們的需要和生產方式所規定的。這種連繫幾乎是與人類出現在地球之日一樣古老。這種連繫卻不斷改變，而經常披上新的形式，而自具『歷史』。不管政治上或宗教上無聊的話題之存在，後者認爲人的成群結黨是靠政治或宗教的力量」（*ibid.*）。

　　換句話說並非宗教的信仰體系、教義、教規，或政治上的典章制度、意識形態，使人類過群居集體的生活，而是人的物質連繫把人群緊緊綁在一起。所謂的物質連繫並非一成不變，它本身也受到人的需要與生產方式的規定。談到生產馬克思說：「生產是個人通過或在特定的社會型態下對自然的佔有（*Aneignung*）」（*Grundrisse* 9；*G*：87）。至於什麼是社會呢？馬克思在《政治經濟學批判綱要》（1857-58）中指出：「社會不是由諸個人所組成，而是表述了諸個人相互之間形成的關係、關聯之綜合」（*Grundrisse* 176；*G*，265）。

　　換言之，只有在社會裡頭人方才能夠發展，也方才能夠表現他的能力與需要。是故馬克思說：「人所以是一個嚴格定義下的『市邦居住的動物』（*zoon politikon*）[1]，並不因爲他是一個群居的動物，而是一個只有在社會中使自己個體化的動物‥‥自外於社會孤獨的個人進行生產‥‥是荒謬的，其荒謬的情形何異於個人們不住在一起、不相互交談而能夠發展出一套語言來」（*Grundrisse* 6；*G* 84）。

要之，自古以來人人必須經營集體生活，成爲社群的動物，這並非如費爾巴哈所說是由於「種類」在發生作用，人擁有種類的本質，這種種類的本質自然地把個人們連繫在一起。反之，此時的馬克思則認爲是由於人類爲追求生存、追求繁衍，不能不從事生產活動，而生產活動及其關係——生產關係——把人推向社會或社群裡，使他們過著集體、群體的生活。

但社會的關係、社群的關係卻非固定不變，而是隨著社會與經濟的形構（socio-economic formation）和歷史階段的變遷而變化。因之，社會關係乃取決於社會形態與歷史遞嬗，在《政治經濟學批判綱要》中馬克思指出：

> 這是愚昧的觀點，去把僅僅是外觀的連繫看成為內存於諸個人之間自動自發、自然的特徵，而無法與自然分開‥‥這個連繫是諸個人的產品，它也是歷史的產品‥‥普遍

---

[1]*Zoon politikon*是亞理士多德對人類的稱呼。過去譯爲政治動物或社會動物都不甚嚴謹，應譯爲住在城邦（*polis*）的動物。

〔向各方〕發展的諸個人，他們之間的社會關
係，正如同他們社群的關係，是隸屬於他們社
群的控制，〔因之〕這些關係並非自然的產
品，而是歷史的結果（ *Grundrisse* 79 ； *G*
162）。

假使人性是在社會關係中呈現，而看作人物質條件
的產品，那麼再談人性之常或一般的人性便非妥善。因
之，馬克思不再言經常不變的人性、一般的人性，而改
談在歷史過程中人性的變化與修正，這也就是成年馬克
思在具體的、實際的歷史情況下討論具體的、真實的人
群及其關係。換言之，他討論了人性的歷史變遷的兩個
面向：人怎樣發展需要，以及發展滿足這些需要的能力
（LeoGrande 144）。

至今為止的人類歷史顯示，人的需要在量的方面不
斷擴張，在質的方面不斷提高。為了滿足這種持續增大
的人類需要，人也不斷改善其生產能力，從而生產能力
也水漲船高，節節跟進，一部人類史可說是人的需要與
能力的交互競爭和辯證發展。是故馬克思說：

　　正像野蠻人必須與自然搏鬥，俾滿足其需
　要，保持其生命與繁衍其後代，同樣文明人必
　須在各種社會形構中與各種可能的生產方式下
　進行同樣〔謀生〕的活動。在他發展中，物理
　的必然領域之擴大，這是他需要擴大的結果，

可是在此同時滿足這些〔擴大的〕需要的生產力也增長（*Capital* III：820）。

　　利用人的需要與勞動生產力這兩種概念，馬克思在其後期的作品中描述資本主義時期市民社會真實的人（工人）他的實際性格，在資本主義體制下，人的本性是被異化、被扭曲。資本主義的關係阻卻人發展他真正的能力，同時也損害人從歷史演進以來的真正需要。這何異說資本主義社會的基本矛盾爲生產力與生產關係的衝突，而表現在資產階級與普勞階級之間的階級鬥爭。
　　資本主義社會的矛盾表現在資本家對工人的剝削、壓榨。剝削的出現乃由於社會分工與私產制度，它允許資本家在交易過程中搾取勞工剩餘的價值，這也是成年馬克思多談剝削而少談異化的緣由。當成一項社會事實，根植於特定的社會經濟形構，也即資本主義的體制，要克服剝削，只有透過取消私產與化除社會分工一途，也即訴諸普勞階級的革命來推翻資本主義。一旦私產制度和社會分工消失，那麼人將重獲自由，也真正得到解放。

六、人與歷史

　　馬克思對社會的看法是動態，而非靜態，因之他的社會觀同他的歷史觀是分不開的。德國著名的馬克思學專家費徹爾（Iring Fetscher）就指出在討論馬克思的人性觀時，一個不容忽視、而事實上十分重要的面向便是馬克思講究人的「歷史性」（historicity）（Fetscher 1973：454）。事實上，馬克思就說過：「歷史〔人文史〕本身是自然史真實的部份——有關自然〔人〕發展為〔文明〕人的史實」（*FS* I：604；*CW* 3：303-304）。那麼人怎樣由自然人變成文明人呢？那莫非人開物成務，利用厚生，藉由勞動與生產，把無機的自然轉化成有機的組合——社會、社群。因之，馬克思接著說：「對信持社會主義的人而言，所謂世界的整部歷史，莫非是透過人的勞動由人所創造之歷史。也莫非自然為人類演變的歷史，人終於擁有可資目擊與確證，也即透過他本身而生成的記錄，這就是他的生成過程（*Entstehungsprozess*）的記錄」（*FS* I：607；*CW* 3：305）。

　　同樣馬克思便視近世文明發展史，特別是一部實業史，是人類展示其「本質力量」（*Wesenskräfte*）翻開的書，也是一部可以感受得到存在的人類心理學著作（*FS* I：607；*CW* 3：302），論述實業對人類帶來的外表功利與內心創傷的實狀。

　　顯然對馬克思而言，人所以成為人的歷史過程，是透過矛盾、逆反、否定、異化，經由痛苦錘煉的歷程而回歸到人的本質。換言之，在歷史過程中，人的本質與存在由早期的合一，變成其後的分開，而展望未來的再度合一，只有當未來共產主義實現之後，本質與存在的矛盾、客體化與自我確認之矛盾、自由與必然的矛盾才可以解開，屆時歷史之謎也才可以破解（*FS* I：593-594；*CW* 3：296-297）。

　　這種把人類的生成變化當成歷史來看待，是青年馬克思仍受到黑格爾觀念哲學與費爾巴哈哲學人類學影響下之觀點，當他進入成年時期後，已揚棄哲學的思辨方式，而宣稱至今為止的人類歷史都不是人類有意識、按照人的理想所創造的歷史。因之，只能當成人類的「前史」（*Vorgeschichte*）來看待。根據《政治經濟學批判》（1859）的〈前言〉，在「前史」中由於「經濟的社會形構」（*ökonomische Gesellschaftsformation*）之有異，人類的歷史可分為亞細亞、古代奴隸、中古封建主義、目前資本主義等不同的社會發展階段。馬克思認為資產階級的社會之形構，將為人類社會的前史譜上句號而宣告前史的終結（*SW* I：504）。

　　的確，歷史是人類所創造的，但馬克思卻指出：「人類創造歷史，並非按照其喜歡來創造，也非按照其選擇的情況來創造，而是在直接面對的情況、給予的情況，以及過去所傳承下來的情況下，從事歷史的創造」（*CW* 11：103）。換言之，在前史中人類無法按照其心

願、理想而創造一個富有人性、人道的歷史。要創造這種理想的歷史——有意識、有計畫、符合理性，爲人們所開拓、所原創、所營構的活動及其記錄——只有在資本主義體制被推翻，而代以社會主義以及更高階的共產主義之落實後才有可能。

　　不過，共產主義理想一旦落實，會不會是人類歷史的登峰造極，而不再向前向上發展？不再變遷，真正造成「歷史的終結」呢？對這點馬克思所持的看法是非常特別的。他不認爲共產主義是人類的最終目的，事物最後的狀態。原因是共產主義並不是一個靜態的社會，而是變動不居的「發展形式」（Entwicklungsform）。

　　馬克思固然承認黑格爾之功勞在發現歷史運動與產生的原則是「否定的辯證法」（Dialektik der Negation），但卻指摘後者用心靈、精神之生成變化來解釋歷史的遞嬗。馬克思說：

　　　　黑格爾的歷史觀…莫非是把精神和物質的對立、上帝和現世的對立之基督教與日耳曼教條，加以玄學的表述。這種對立之出現於歷史意味少數知識菁英對抗著廣大的人群，也即對抗著當成物質的沒有精神〔無知〕的群眾。黑格爾的歷史觀預設一個「抽象的精神」，或稱「絕對精神」。這個精神的發展使人類成爲或多或少意識的群眾跟著跑、跟著變化。黑格爾把經驗上可被認知、外觀上可以闡明的歷史，

　　轉化成玄思的、內蘊秘義的歷史。於是人類的
歷史變成人類「絕對精神」之歷史，因之，這
種精神也就變成與真實的人群渺不可測的彼岸
精神（*FS* I: 766-767; *CW* 4: 85）。

　　把黑格爾的頭足顛倒的辯證法翻過來重加扶正，馬
克思不以精神為歷史探索的出發點。反之，他以活跳
跳、生機活潑的真實個人及其社會與經濟的條件為人類
歷史的前提與基礎，而追蹤人所生活的場域——階級社
會，以及造成階級社會的條件，也即生產方式——之變
遷，其結果得出「至今為止存在的社會之歷史乃為階級
鬥爭史」的結論（*FS* II: 817; *CW* 6: 482）。從而強
調至今為止的人類「前史」，都是社會必須分裂為兩個
相離開、相敵峙、相對抗的階級（奴隸主階級對抗奴隸
階級；地主階級對抗農奴階級；資產階級對抗普勞階
級）。人一旦隸屬任何一個階級，便無法同時為另一對
立階級之成員。其結果就是人的割裂。在今日資本主義
盛行的時代資產階級與普勞階級的對抗不啻為資本與勞
動的對抗，都標誌著人類的分裂、不統一。
　　號稱「歷史唯物主義」的馬克思之歷史觀是指出引
發社會改變和歷史變遷的動力來自社會的經濟基礎的變
化。作為經濟基礎的生產力突破了生產關係，造成經濟
力量的湧現（透過科技應用，以及管理技術突破，資本
的累積、擴大、流通，使經濟力量膨脹），從而導致社
會上層建築的典章制度、社會風氣、時代精神（也即所

謂的意識形態）跟著變化。換言之，社會所以轉型和歷史所以變遷都是拜受生產方式的物質因素變化之賜。不僅經濟、生產、勞動、人的營生勞動是物質力量，就是人群形成群眾，形成階級，尋求改變現實的活動，也即改革或革命的實踐，也被視爲是物質的力量。是故，推動歷史變遷不是精神力量，而是物質力量。

依當代一位重要的馬克思主義者柯亨（Gerald A. Cohen）的解釋，一部人類的歷史就是人怎樣改善生產力來克服匱乏（scarcity）的歷史。馬克思的唯物史觀討論歷史上幾個主要階段人類生產方式的起落，由原始、而古代、而中古、而現代，每一個取代前一階段的生產方式都代表了人類生產力的節節上升。透過生產力的提昇來對付匱乏，才是人類自我實現（Self-realization）之途。但匱乏的存在卻經常挫敗人自我實現的努力。歷史進展的動力乃是克服挫敗的勇氣與堅持，也即不斷尋找有利於人自我實現更有效的方法、更佳的環境、更好的世界。在充滿匱乏的世界中，人只要存心達成自我實現，不能不使盡各種手段方法來改善生產力。當有朝一日富裕取代了匱乏（即馬克思憧憬的共產主義社會實現之日），人對改善環境、改造社會的生產力之抬高底興趣，會轉向本身的發展，清除阻卻個人發展的障礙。爲何普勞階級最終要推翻資本主義制度，就是由於資本家到達後期的發展階段，只關心其公司、

行號、階級的利益，而無視於個人求取自我發展、自我
實現的關懷之故（Cohen 1978: 302-307）[2]。

　　此外，柯亨還指出馬克思所理解的整部人類歷史，
乃是「辯證的過程」。他把馬克思的歷史觀作出簡單的
三分法：前資本主義時代、資本主義時代和後資本主義
時代。在前資本主義社會中，人處於「不分別的團結」
（undifferentiated unity）之階段；在現時資本主義
社會中，人處於「分別的不團結」（differentiated
disunity）之階段；在未來共產主義社會中，則將處於
「分別的團結」（differentiated unity）之階段。換
言之，人類的勞動就經歷了「不分別的統一」、「分別
的不統一」和「分別的統一」的三個階段（Cohen
1974-75：26-27，29，235-261）。這三階段辯證的發
展過程與黑格爾歷史哲學三階段之變化生成完全一致
（洪鎌德1995c：72）。

　　要之，馬克思相信人的發展史是愈來愈使個人形成
他的個性，是個人化的過程（individuating
process），也是人解放的過程。所以他有關人的個人
化演變的三個階段為「無異化－異化－異化的克服」，
也是「無剝削－剝削－剝削的揚棄」，人的「倚賴－獨
立－自主」。這就是說明馬克思的人性觀與歷史觀息息
相關，無法分開的道理（洪鎌德 1996c：79）。

---

[2]參考作者國科會專題研究計畫報告（1996c）p.72 註10之註解。

七、結論與批評

影響馬克思對人與人性的看法無疑地是黑格爾的觀念論，或稱唯心主義，也是費爾巴哈以人為中心的人本主義。這由馬克思的反覆使用「勞動」、「異化」、「種類」、「社群本質」、「需要」、「力量」等名詞可知。可是馬克思雖受到兩位前輩哲學家學說的衝擊，卻不是盲目接受。誠如法國哲學家波提傑利（Emile Bottigelli）所說：「馬克思從黑格爾那裡得到人在歷史演化中的理念，從費爾巴哈那裡取得唯物主義、具體的人和『人道主義就是自然主義』等等概念。可是他並非把兩位前輩的說法揉合，而是有他特定的看法。他用原創性的方法把這些思想的元素貫穿揚棄，儘管他使用了激發他思想的前輩哲人之語言字彙」（Bottigelli 1962：lxix）。

事實上，馬克思以哲學家身分首次接觸經濟問題時，大部分是受到費爾巴哈的唯物論對黑格爾哲學之批判的影響，但其後他又回歸黑格爾，利用黑格爾的歷史和社會觀來批評費爾巴哈空洞的哲學人類學（Mandel 154n.）。

儘管歐美馬克思學中傾向於指出馬克思早期與晚期的思想並無斷裂的現象，但我們仍可參酌阿圖舍的說法，就馬克思理論結構的變化對他思想加以分期（Althusser 31ff.，35）。涉及到馬克思的人性觀方

面,我們可以說:他早期偏重於把人當作種類特質、異化的動物看待,後期則視人為社會經濟動物,為一個歷史性的、被剝削的勞動者。早期著作中的人之異化底理論強調的是人的本質與人的存在的相悖離。這一異化概念稍後為馬克思棄置不用(或說少用),那是由於他開始批評費爾巴哈「種類」一名詞的抽象、含糊,牽連更多的自然屬性,缺少關鍵性的社會關連。要之,此時馬克思已擺脫「本質主義」(essentialism),不再奢談人的「本質」,社會的「本質」,國家的「本質」等等,這些涉及本質的推論是一種靜態的理解世界之方式,殊不知哲學本身也是變動不居的文化與歷史之一環。因之,無法為瞬息萬變的實在提供不變的基礎(West 2)。

後期的馬克思少談異化,多談剝削、物化、「商品拜物教」。他這種改變表示他與費爾巴哈的人類學決裂,而回歸到黑格爾的歷史哲學。更重要的是成年馬克思人性觀的轉變是由於他掌握了政治經濟學的知識,深切瞭解人在階級社會裡的無助境況,而思考怎樣來幫忙人獲得解放。

馬克思人論和和人性觀有幾點缺陷,值得吾人加以檢討。首先,馬克思雖然批判了黑格爾「糟粕」的純觀念論,卻保留後者「精華」的辯證法,也即對辯證法無批評地全盤接受。當然黑格爾的辯證法早經費爾巴哈利用主體與客體的「翻轉」(inversion),由神的辯證變成人的辯證。費爾巴哈把基督教的上帝和黑格爾的絕

對精神轉化爲人異化的意識。有了費氏這個「轉型批判法」，馬克思便可以把「翻轉」、「顚倒」、「扶正」的方法之應用，從宗教、哲學推擴到政治、社會、經濟等方面，由是精神的辯證法變成了物質的辯證法。於是人的意識、人的心靈逐與自然、與社會、與歷史統合起來。換言之，人與自然、心靈與物質、本質與存在都合而爲一。人的歷史變成自然歷史的一部份，這是由於自然終於發展爲人類的緣故。至此馬克思企圖對物理客體（自然）進行哲學的思考，把隨機變化（contingent）的現象附屬於哲學辯證法之必然範圍中（後來導致恩格斯索性演繹一套《自然的辯證法》），把哲學附屬於科學，把實然同應然統一。這一切造成其跟隨者和批評者之困惑，這是馬克思人學引起的第一個困擾。

其次，由於馬克思對黑格爾辯證法深信不疑，使他在考慮人和人性時，視人的生成變化爲整個變動不居的過程中的一部份，不斷地產生矛盾、否定、綜合（正、反、合）而沒有一點正面、肯定、積極（positive）的性質可言。這麼一來必定會把外頭的自然和內心的天性看作是人類的社會產品，有朝一日可被人類徹底掌握、完全吸納。其結果是成年的馬克思對人性的特殊性質加以忽視，而把人只當作社會關係的反映，或社會關係的結果。因爲馬克思後期思索探究的現象，其潛在的實在不再是人，而是社會之緣故（Kamenka 1972：131）。

再其次，馬克思人性論的瑕疵表現在從人的種類自我異化轉變到工人階級受到資產階級的剝削之上。把個

人的自我異化轉變為人受到他人的剝削，是由於馬克思
理論結構從注視個人轉到形成階級的眾人之改變底緣
由。早期談到異化的人去除異化的努力，含有個人爭自
由、爭解放的道德意涵，可是後期談到被剝削的工人要
掙脫身上的枷鎖時，強調的是推翻現存資本主義體制，
也即改變人的處境，以為環境的改變自然會影響人的改
變。於是後期中馬克思有意無意間解除了無產階級工人
的道德職責。這種說法是基於他後來的主張，主張人內
心的自由與統一可以擴張到未來社會與自然的重歸合
一，在未來理想的共同體中人類將由必然的領域躍進自
由的領域。但個人的自由與社群的自由卻是兩碼事，前
者在強調人本身的一致（能力與表現一致，本質和存在
一致），後者卻要求分歧（人人按其本性本能來發揮，
社會充滿多才多藝的個人，也形成多彩多姿的蓬勃氣
象）。因此，像馬克思那樣存心藉「革命性的實踐」，
由人本身的自我實現轉變為社會整體的劇變，不但會使
社會遭到損害，也可能造成個人的解體（Chamberlain
316-320）。

　　儘管有上述的瑕疵與問題，馬克思涉及人的哲學、
人的概念仍舊是相當博厚與精深。他視人在與自然接
觸、在與人群來往中為一個自我活動、自我意識、自我
創造和自我解放的動物的觀點，標誌著西方人本主義傳
統中最富創意、最能引人遐思的理論。此外，他對人類
經由主動、自由的勞動，以及經由批判、革命的實踐來
揚棄異化與剝削的說法至今仍舊憾動人心。在此評價之

下，馬克思的人本主義仍舊有其研發開拓的價值（Hung
Lien-te 1984：38-41）。

第四章

馬克思批判性的社會學說

——人性論

一、社會科學與批判理論

　　馬克思的社會學思想中，有兩個明顯相反相對、但又相輔相成的主流。其一爲他對社會的產生、演變，所作客觀的描述、精詳的解說，甚至企圖掌握社會生成變化的規律。換句話說，他嘗試去建立一項「社會的科學」（*Wissenschaft der Gesellschaft*）。其二爲他對社會現狀的弊端不但口誅筆伐，也以號召群眾、組織工人、推動革命，來改造社會、「改變世界」。在這方面

他強調「實踐」（*Praxis*）的重要。爲達成革命的目的，「社會的科學」應建立在「批判的理論」（*kritische Theorie*）之上，而批判的理論目的在於縮小「實然」（*Sein*）與「應然」（*Sollen*）的分別，跨越理論與實踐的鴻溝，排除理念與政治的分歧。關於實然與應然的區別或對立，早在馬克思1837年聖誕節致其父親的信上便提起。這種對立所造成的困惑，一直到他臨終之日尚未解除。馬克思的一生可以說花了很大的力氣，用了不少的心血，試圖解開哲學與實踐的衝突（Chamberlain 1963：304）。

由上述我們可知：馬克思的社會思想，係包含實證科學與批判理論兩大部分。前者涉及自然科學與實證主義盛行下，馬克思對聖西蒙、孔德及其黨徒學說的批判與迴響，也是對法國唯物主義的研讀與深思。更是涉及中年以後，馬克思所受英國政治經濟學與經驗主義的影響與反抗。後者（批判理論）則爲馬克思青少年時代，所受德國古典唯心主義哲學，特別是有關康德、謝林、費希德、黑格爾、費爾巴哈等人學說的浸濡與批判。

儘管我們認爲青年時代與成熟時期的馬克思，並沒有造成他的學說一分爲二的現象，而是前後融貫自成一完整的體系。雖然如此，我們仍舊可以指出：青少年時期的馬克思比較醉心於哲學的沉思冥想，那是由於受黑格爾唯心論影響甚深的緣故；反之，成熟時期以後的馬克思，則專心一志研讀他所處的時代——資本主義時代

——社會運作的規律，企圖給予現代工業社會一個科學的、客觀的、完整的闡述。

二、黑格爾的辯證法及其批判

中年以後的馬克思，似乎較少受到黑格爾的影響。唯一的例外是黑格爾的辯證法，它始終吸引著他的注意力。在1858年，馬克思經過一段相當長時間的停頓之後，重新進行科學的研究。他在該年致恩格斯的信中，告訴後者：他在一個幸運的場合下，發現了黑格爾的《邏輯學》（*Logik*），加以閱讀的結果獲益良多。特別是在選擇方法以表達馬氏本人的作品時，黑格爾的方法論起著重大的作用。他說：「假使我能夠獲取開暇來重讀此書的話，我將（在一群短篇的著作中）把黑格爾所發現的、但又加以神秘化的方法，特別是其中含有理性的部份，介紹給一般人理解」（*SC* 93）。

他認為黑格爾的辯證法非常優越，雖然這個辯證法本身籠罩在神祕的氣氛中，「它在黑格爾的手裡，剛好頭尾顛倒。假使我們要發現藏在它神祕外殼的內在理性底核心，就必須把它倒轉扶正過來」（*Capital* I：29）。

那麼什麼是辯證法理性的核心？馬克思指出：

它對小市民階級的制度，以及其頑固的教授

們而言，是一種令人深惡痛絕的醜聞。原因是它不但理解，且正面肯定現存事物，但同時也否定現存事物。指出現存事物無可避免地必定分裂變化。這是因為它認為歷史發展上每一社會形式都處在流變中，所以既肯定社會形式的瞬間存在，也重視它過渡時期的特質。其理由為它不讓任何事物強加在它身上，可是它的本質卻是批判的、革命的（*ibid.*）。

顯然黑格爾的辯證法之所以本末顛倒，是由於他把存在與意識的關係弄錯的結果。依據他的說法，意識決定了存在。馬克思將其扶正過來，指稱存在決定意識。馬氏說：

我的辯證方法不但與黑格爾的不同，而且剛好是與它相反。對黑格爾而言，他把人類大腦的活動過程，也即人的思想，他所稱呼的「理念」，轉化成獨立的主體，轉化成真實世界中發號施令的神明，同時卻把真實的世界當做「理念」的外在、現象的樣式來看待。我剛好反其道而行，理念之類的事物，是物質世界被人心所反映的，也是物質世界轉化為思想而已（*ibid.*）。

　　可是在其後25年的餘生中，馬克思不曾把黑格爾的
這套方法演繹或清楚地解釋出來。他只利用黑格爾的語
法與文體，去探討他《資本論》中有關價值的理論。

三、黑格爾國家觀的批判

　　早在1843年，青年馬克思即曾撰一篇長文，批評黑
格爾的法律哲學大綱。他曾仔細分析過黑氏的政治概念
，進而描繪國家社會學理論的大要。當時他反對黑格爾
的地方為將立憲君主視為理性國家的典型。他也批評黑
格爾認為一旦把國家的權力三分化（君主、官僚、國會
），便可以滿足一般民眾的需求。依據黑格爾的看法，
政治國家（*politischer Staat*）為人類自由獲致與自
由實現最高的階段，而自由乃為歷史發展的終極目標。
人群的各種制度，是由家庭而擴大到市民社會，然後由
市民社會擴展為國家，也使人民由追求私利、競爭擾攘
的市民，轉化成以集體的繁榮共存為目的之公民。國家
成為人群排難解紛、調解各方利益衝突的工具（洪鎌德
1986: 138-139；洪鎌德 1997d: 175-178）。
　　可是黑格爾這方面的論述，卻遭到馬克思有力的反
駁。後者指出黑格爾想要賦予國家以普遍性與和諧性，
但其造成的結果恰好相反，而是國家產生了特殊性與衝
突性。馬克思認為，補偏救弊之道在於建立「真正的民

主」。由是可知此時的馬克思尚未提出共產主義，作為心目中理想的政治兼社會制度。時年25歲的青年馬克思顯然尚未接觸社會主義運動，是以主張「真正的民主」，來當作完善國家的最高目標[1]。

四、黑格爾人性觀之批判

馬克思雖然批評了黑格爾的國家觀，卻讚賞他的人性論。他讚美黑氏在《精神現象說》中，對人的起源與發展有正確的分析。依據黑格爾的說法，人之異於禽獸之處，在於人具有「精神性」（*Geistigkeit*）。因為人類是所謂「主觀的精神」（*subjektiver Geist*），必須生活在「客觀的精神」（*objektiver Geist*）的社會制度中：這包括家庭、社會、國家等。其中國家為人類經營群居生活中，組織最為善、範圍最廣闊的組織。由國家的公民生活，個人可與神——「絕對的精神」（*absoluter Geist*）——相溝通。

---

[1]參考洪鎌德＜青年馬克思的國家觀＞，刊：《思與言》，第18卷第6期，1981年3月15日，第47至74頁；及同作者1995a ＜馬克思和恩格斯對民主理論與實踐的析評＞，刊：張福建，蘇文流主編，《民主理論：古典與現代》，南港：中研院社科所，第93至121頁。

　　換句話說，人必須透過社會制度、政治體系才能獲致完整的精神，變成神的鏡子。在歷史的盡頭神透過人類回歸到他的自我意識中。我們不妨把黑格爾的說法列表而簡化其本意：

精神：主觀精神　　　客觀精神　　　絕對精神

主角：人　　　　家庭、社會、國家　　　神

　　由是可知，人類由冥頑不靈回歸到意識，必須經由兩途：鬥爭與勞動。前者是置個人生死於度外，來求取光榮與名譽。後者是藉工作，勞心或勞力，來開物成務、利用厚生。是故鬥爭與勞動爲證明人類是「精神事物」（*Geistwesen*）之兩大特徵。

　　一個人能夠置生死於度外，不計個人安危，只求別人對其榮譽的承認，而不惜與他人進行決鬥，這豈不意味著榮譽的價值高於生命的價值。不過戰鬥、或戰爭都是短暫的人群衝突現象，一旦成爲過去，人的光榮跟著褪色，人又沉沒於默默無聞中。換句話說，他又要返回其動物性的生存裡頭。他超越於自然的那一部份，成爲短暫的、瞬間的明日黃花。

　　人追求榮譽與不朽的另一條途徑，則爲披荆斬棘、篳路藍縷、開物成務、利用厚生。這是用人類的勞力與智力來征服自然、改變自然，表現人類遠勝於自然的持

久永恆之道。由這一途徑所顯示的人超過自然底精神優
越性，是最可靠，而又歷久不衰的。在此人類明顯地改
變自然的形成，而賦予自然以新貌，俾迎合人類的需
要。人類勞動的結果，也即經由人類心靈、體力、血汗
塑造的產品，含有人類精神成份在內。由於人類的製品
並非全部屬於一次消耗便告用罄或消失的東西，而常是
在一段相當的時間中，仍可以再度使用、觀賞的製品。
因此在長期使用當中，人類的精神不斷由製品中湧現，
人也不斷意識到自己精神的存在。換言之，人類只有藉
勞動而意識到其做為人類的存在，意識到他自己有異於
禽獸，而為萬物之靈。馬克思遂指出：「他〔黑格爾〕
終於理解勞動的本質，也理解勞動的人——真實的人，
因為是實實在在的人——乃是他自己勞動的成果」（*FS*
I：645；*CW* 3：333）。

　　人類一旦以理解瞭悟的方式，將外界的實在加以轉
化，便也把實在的本質表露無遺，便超越實在無可測量
的外觀，而直透其本質。這種經由瞭解以掌握外界實在
的方式，無異是一種精神化的過程。人經由理解而精神
化，遂打破人與物之間的隔閡，化除人受物的限制，人
的本身因而獲取自由。

　　人只要不受陌生無知的事物所壓迫，不受陌生外在
的事物所拘束，便是人獲得自由之時。更何況透過我們
的理解，萬事萬物都化成精神時，便與我們人類本質的
精神若合符節，我們便可以神遊萬物之間，人遂獲得完
整的自由。

　　由是可知黑格爾是把人看成爲精神（主觀精神）。
不過精神中最高的、絕對的，不是人，而是神（上
帝）。神是無限的，人卻有限。有限的人只成爲無限的
神祇一個面向（一部份）。黑格爾這種過份捧高神、貶
低人的說法，等於是說絕對的、無限的神，對相對的、
有限的人構成一種威脅。是故費爾巴哈、施特勞斯與馬
克思等遂認爲黑格爾的體系，是尊重神的、反對人的。

　　依據黑格爾的說法，當精神與外物相遇時，此一外
物以敵對、陌生的身份來對抗精神。它「否定」了精神
的無限性、絕對性。是故精神因碰到陌生、敵對的外
物，而「乖離」（ *entäussert* ）自己、異化
（ *entfremdet* ）自己。只有藉認知、瞭解的過程——這
就是精神的整全活動——，作爲主體的精神，才可以毀
滅敵對的外物之客觀性，從而恢復到精神的絕對性與無
限性。

　　當黑格爾認爲人是處在自我異化（乖離、疏離）狀
態下的神時，費爾巴哈批評：這是黑格爾對宗教的誤
解，以「神祕的形式」來解釋宗教。費氏說：人不是被
疏離的神；反之，剛好相反，神是人處在異化或疏離情
境下的心像，也即現世受害受難的人類企求解放，把希
望投射在天上的幻象而已。是故神是自我疏離中的人。
人在宗教生活裡，只有使自我更形異化、更爲疏離
（Fetscher 15；Tucker 83ff.）。

　　根據黑格爾的看法，就像哲學家或智者，經由精神
化與瞭解過程，而由整個實在中解放出來，公民也可以

藉精神化與瞭解的活動，從國家的權力壓迫下獲取解
放。國家及其制度（憲法、法律等）乃是超個人的、客
觀的精神底品，因此也必然回歸到永恆的、絕對的上帝
底精神裡。

　　政治生活的形成是由於公意有所表示，而公意乃是
具有理性的人類意思之凝聚與表達。人如果只耽溺於生
理慾望與自私自利中，則與動物無異，必然也感受到國
家這一社會制度所施加的壓力。反之，如果人能從事德
性方面的潛移默化，也即從事精神活動，而沉潛於理性
的追求中，則其本人的意欲必然與國家的意欲相輔相
成，乃至完全契合。這就是黑格爾所稱追求自利的市民
階級怎樣演變成具有公德心的公民底精神化過程。是以
黑格爾心目中的理想國家，必然化除眾人自私自利的念
頭與做法，使人群普遍意識覺醒到公德心加強的必要，
從而化特殊為普遍，融小異而為大同，在國家這一體制
下經營圓滿和諧的集體生活。以上我們介紹了黑格爾的
人性論與國家觀，特別是指明他的人性論與國家觀的關
連，同時也指出青年黑格爾門徒對他人性觀與政治觀的
批評2。

2Marcuse, H. 1941 *Reason and Revolution*, N. Y.; Grégoire, F.
1947 *Aux sources de la pensée de Marx: Hegel, Feuerbach*,
Paris; Hook, S., 1962 *From Hegel to Marx*, 2nd ed. Michi-
gan; Löwith, K., 1965 *From Hegel to Nietzsche*, London;
Hyppolite, J., 1967 *Studies on Marx and Hegel*, London;

五、馬克思人性觀的出發點

　　受到黑格爾哲學深遠影響的馬克思，藉著費爾巴哈的唯物論，企圖把黑格爾本末倒置的說法改正過來。他與費氏持相同的見解，都認為絕對的精神不屬於神，而是人的自我意識。黑格爾貴神賤人，馬克思則重視人而輕視神。馬克思認為黑格爾所說精神與外在世界的敵對遭遇，應改為哲學與外在世界的敵對遭遇。哲學的任務在於實現它的實在，並由其非哲學的外在世界中解放出來，其方式為把哲學帶進行動中，將思想轉成為實踐。在＜費爾巴哈提綱＞第11條中，馬克思說：「至今為止的哲學家只高談闊論來解釋世界，其實最重要的是改變它（世界）」（FS I：4；CW 5：5,8,9）。

　　對馬克思而言，人基本上為受到「客體牽連的事物」（gegenständliches Wesen）。這種客體牽連的本質，有異於禽獸之處，在於後者生成什麼就是什麼，它只受到本性本能的驅使，而作出反應；不像人類可以意

McLellan, D. 1969 *The Young Hegelians and Karl Marx*, London; 1970 *Marx before Marxism*, London; Lichtheim, G. 1971 *From Marx to Hegel*; Waetrofsky, M. W. 1977 *Feuerbach*, Cambridge.

識本身的存在，並且由意識的作用，去改變環境，進一步也改變人類的本身。換言之，個人不但是父母生成的生理人，也是自我創造的心理人、經濟人、社會人、政治人、文化人。個人不但願意變成他本人想要做的那一種人，有時也必須變成他應該成為的那一種人（譬如捨生取義的志士仁人）。原因是只有人類才會經營「有意識的生命活動」，也即工作、或稱勞動。動物是與牠的運動一致的、分不開的。人卻能夠分別他自己（行動者）與行動這兩椿事體，而且能夠在行動中做出決定，而有所選擇。簡言之，人是勞動的、生產的動物。人經由勞動而改變週遭的事物，進一步塑造他本人，可以說人改變環境，同時也改變他自己。有異於黑格爾把人當成精神事物，馬克思（如同費爾巴哈）視人為具體的、感性的（*sinnliches*）動物。

人不但是一個具體的、感性的動物，更重要的是人還是群居的、社會性的、隸屬於種類（*Gattung*）的動物。是故青年馬克思指出：「人不是一個抽象的事物，蹲坐在世界之外。人是人類的世界、是國家、是社會」（*EW* 9）。他又說：「費爾巴哈把宗教的本質溶化在人的本質中。不過人的本質，並不是內在於每個單獨的個體、抽象之物。在其實際中，它（人的本質）是社會關係的總和（*das Ensemble der gessellschaftlichen Verhältnisse*）（*FS* I：3；*CW* 5：4,7）。

人如何可以說是「社會關係的總和」呢？那是由於馬克思人性論的出發點為有血有肉的人類活生生的個

體。這種血肉之軀無異為生理上的組織，自然具有生理上的需求。就像其他自然界有生命的組織一樣，人為了要生存，必須在自然中吸收營養、新陳代謝，也即進行謀生的活動。結果不僅人與自然環境之間構成一種互動的關係（人利用自然、改變自然，也受自然的制約、限定），人與人之間還組織家庭、部落、社會、國家等人為的組織，創建人造的環境——社會。因此，社會便是人與人互動由之制度化的產品。

　　基本上人與其他動物一樣，必須覓食、避風雨、遮蔽身體、尋找棲息場所展、進行生男育女、傳宗接代的種族繁衍工作。工作，也即勞動，成為個體生命與種族生命延續的主要手段。「人類在生產勞動過程中，也即生產生活必需品的過程中，間接地生產（創造）他們的物質生活」（FS Ⅰ：17；CW 5：31）。

　　不過有異於其他的動物，人不會單單取用自然所供應的現成物質，他還會加工製造，生產他生活的必需品。人類經由勞動、開物成務、利用厚生的這一生產活動，使人類減少對自然環境的直接依賴。在這種說明下，人的勞動並不只是改變自然、適應自然，而是有意識地、有目的地把自然條件加以轉形變化。人使用自然的材料，加以修改轉化，遂創造了一個超機（超越有機）的世界，在此世界中事事物物都是人工製造的。由是人不僅是「勞動性的動物」（*animal laborans*），還變成了「製造與使用工具的動物」（*homo faber*），

也即人活在雙重的世界中——自然的世界與人為的世界
當中。

六、人是社會動物——生產活動社會化

對馬克思而言，勞動過程，不僅是自然的，也是社
會的。人不是在離群索居孤獨之下從事生產，而是在與
別人交往、合作、甚至競爭之下經營生產與交易活動。
換言之，人與人在互動下改變了自然。

馬克思說：「事實是這樣的，從事生產活動的特定
個體，以特定的方式，進入特定的社會與政治關係
中」；「個體們從事物質的生產，必然受到他們（所處
環境的）物質限制，也受到先決條件與一般條件的限
制。這些限制是獨立的，不受人們的意志所左右轉移
的」（*FS* I：21；*CW* 5：35-36）。

易言之，人們從事生產時，常常身不由主，而取決
於週遭環境的物質限制。這種物質限制不僅牽連到自然
環境的限制，也牽涉到社會條件的限制。儘管這些限制
可由人力加以改變、消除，但在人剛剛要投胎出生時，
這些物質（自然與社會）的條件業已存在，而不容輕言
改變，是故馬克思說：「......生產方式不可單單被看
做個體外形存在延續的產品，而應該看成那些個體活動
的特定形式，他們生活表現的特定形式，他們特定的生

活之道。眾多的個人怎樣來表達他們的生活方式,他們便屬於那一類的人群。因此,他們究竟是怎樣一種人,便與他們的生產若合符節。也即與他們生產何物、如何生產若合符節。由是可知個人的特質取決於物質條件,從而決定了他們的生產」(*FS* I:17;*CW* 5:31-32)。

在這裡馬克思引進了「生產方式」(*Produktionsweise*)一詞,來總括人類生產活動的物質條件。生產方式同時也是「經濟的社會形構」(*ökonomische Gesellschaftsformation*)之基礎,是社會的「下層結構」(*Unterbau*; *Basis*)。

易言之,「生產方式」便成為馬克思用來涵蓋人類與自然互動、人與人之間物質交易關係底概念。這兩種(人與天、人與人)不同的互動之間存在著一項辯證的關係。人與自然(天)之間的互動決定了人與人之間的社會關係。他們(人與人之間)的社會關係又決定他與自然之間互動的生產方式。上述這些論題對馬克思而言並非什麼教條,而是自明之理。因此,他堅持一個人必須「不摻入任何神祕的意味,也不摻雜任何猜測冥想,經驗性地把社會和政治結構與生產之關連陳述下來」(*FS* I:21;*CW* 5:35)。

他更在《政治經濟學批判》一書的<序言>(參看本書第二章首段)中指出:人們在特定的時期與特定的社會形式(「經濟的社會形構」)中,不期然進入某種特定的「生產關係」(*Produktionsverhältnisse*)

裡。生產關係與「生產力」（*Produktionskräfte*）之
總和稱做生產方式。生產方式是獨立於人們意志之外，
不受人類意識的左右，是構成社會的物質基礎，也是前
述的社會下層建築。其上面矗立著社會的、政治的、精
神的意識形態（*Ideologie*），通稱上層建築（
Überbau）。物質基礎的存在不受意識的決定，反之，
意識取決於存在，受生產方式左右。社會之所以發生變
化，歷史之所以發生變遷，是因為社會裡上下兩層關係
不再融洽和諧，換言之，由於生產力突破生產關係，造
成社會革命，而導致社會面目的改變，歷史跟著也發生
變遷。

　　要之，馬克思與黑格爾相似，強調人是勞動的動
物。勞動也即生產活動，離不開人群的協力合作，因
此，人不但是勞動的動物，還是群居的、社會的動物。
在這一意義下，「生產力」不啻為「社會力」。馬克思
遂指出：

　　　　我們對所謂的「社會的」這一形容詞的瞭
　　解，乃是指數位個人之間的合作而言。不管他
　　們的合作是處在怎樣的條件下，以何種的方
　　式、為何種的目的而進行。因此，某一特定的
　　生產方式，或稱工業階段，是永遠與某一特定
　　的合作方式，或為社會階段相結合的，而且這
　　個合作方式的本身就是「生產力」（*FS* I：
　　30；*CW* 5：43）。

他又說：「人只有藉特定的合作與交易行為來進行生產。為了生產他們不得不聯合與相互連繫。因此只有在這些聯合與關係中，他們對自然所採取的行動，也即生產，才會展開」。「生產者所形成的社會關係、他們因交易運動而形成的條件、他們因參加生產行列而形成的關連，這些都會隨生產資料的變化而改變的」（SW 1:159）。

為著說明生產資料，也即生產力，對社會關係所產生的改變作用，馬克思稱：「勞動力之被組織或分裂，隨著勞動力所使用的工具而不同。手搖紡織機所需的分工與蒸汽紡織機所需要的分工完全不同」（SW 6: 183）。

在《哲學的貧困》一書中，馬克思用了一個著名的比喻來說明生產力對生產關係的影響。他說：「手搖紡織機給您一個擁有封建主的社會；蒸汽紡織機給您一個擁有工業資本家的社會」（SW 6: 166）。

七、資本主義社會中人的異化

馬克思依據人類社會在漫長的歷史中所經歷的變化，粗略地區分五種不同的類型，也即原始共產主義的社會、奴隸社會、封建社會、資本主義社會、未來的共產無階級社會（詳細參考本書第六章）。除了原始與未

來的共產主義之社會以外，剩下來的三種社會中，人總
是喪失自由，也喪失本體。這就是所謂人的疏離、人的
異化。導致人的疏離或異化的原因，主要的是勞動的分
化（*Teilung der Arbeit*），也即通稱的分工。另一主
因則為私有財產制的崛起。在古代社會中，生產方式為
「奴隸勞動」（slave labor），生產活動係在主人與
奴隸的社會分工之下展開；在中古時代中，生產方式為
「農奴勞動」（serf labor），生產活動則在地主（封
建主）與農奴之間展開；在現代的資本主義社會中，生
產方式是所謂「工資勞動」（wage labor），生產活動
則在資本家與工人的社會分工之下展開。由是可知做為
人類本質的勞動，隨著社會的變化、時代的不同，由奴
隸勞動，而農奴勞動，而工資勞動節節變化。但這三種
勞動，都不是人類志願的、自動自發的、創造發明的勞
動。反之，都是被強迫、違反人本身意志的操勞苦工。
因此在這三種階段的社會中之人類，都要備嚐不自由勞
動的痛苦，都是疏離的人、異化的人（Tucker 1969:
10）。

　　在所有的疏離或異化中，以當前資本主義社會中的
人，不管是工人，還是資本家，受創最鉅、受害最深。
原因是包括資本家在內，現代人都被置於「非人的力量
控制之下」（*CW* 3: 314）。現代人之異化，一方面是
他與其工作分離，也即個人與其生命活動脫節；另一方
面他又與其產品分離，這表示個人與其所處的物質世界

分家；第三方面他與其同僚乖離，也即人與人之間關係的脫散。

一個疏離的人無異一個抽象的事物，這是因為他與人類所有的特質失掉聯絡的緣故。疏離或異化的本質為一個整全之物分裂成為一大堆互不關聯的部份。

假使異化是指人性分裂為一大堆畸形的部份的話，那麼共產主義如何可以振衰起敝，把分裂復歸統一呢？馬克思堅稱共產主義是「使人完全回歸到他自己，恢復其為一個社會（也即符合人性）的人。這一回歸變成可以意識到，而且完全恢復早期發展的多彩多姿」。因此，在馬氏心目中共產主義是「對所有異化的積極性超越，也就是說人自宗教、家庭、國家等等制度裡，回歸到人的、也即社會的生存模式」（ *FS* I：595；*CW* 3：297）。

要之，在資本主義社會中，人的異化或疏離可分成四方面來討論，即人與生產活動、生產品、他人、種屬之乖離關係。

在資本主義中的生產活動是一種「疏離的活動」或為「活動的疏離」。馬克思指出構成勞動的異化為：

> 首先，事實是這樣的：勞動乃外在於工人，也即它不屬於他的本性。在他工作時，他並不肯定自己，反而否定了他自己，他不覺滿意，而是悒鬱寡歡，他不發展他身心的能力，而是糟蹋他的身心。在工作時他心不在焉，不覺自

己的存在。當他不用工作時，他覺得自在，當
他工作時，覺得不適。他的工作並不是自願
的，而是被迫。它是被迫的勞動。因此，它不
是需要的滿足，而是達到外在需要滿足的手段
（*FS*I：565；*CW*3：274）。

第二種現代人所遭逢的疏離或異化，為人與其產品
的分開。也即馬氏所稱

工人視其勞動的運用，如同一個宰制他的外
物（*FS*I：565；*CW*3：275）。

他又說：

工人從其製品中乖離的意思不僅是由於他的
勞力變成一個客體，變成對他外在的獨立，也
是由於它在工人本身之外獨立地存在，像一項
外物來對待他，而本身自具力量足以對抗他
（*FS*I：561-562；*CW*3: 272）。

所謂產品外在於工人獨立存在，便是指工人無法使
用這些產品去謀生，或另圖發展，因為這些產品雖是他
製造的，但所有權卻屬於工廠的老板——資本家。人成
為產品的附麗，人變成物，或稱人的物化
（*Verdinglichung*）。

現代人所罹患的第三種異化，乃爲人與人之間的疏離。馬氏說：

> 勞動產品一旦不屬於勞動者，它一旦以外力的面目君臨他，那麼其原因不當他求，這是由於產品不屬於勞動者的緣故.....人只有透過與別人的關係，他對自己的關係才能客觀而又真實。因此，假使他勞動的產品，也即他客體化的勞力，對他變爲陌生、敵對、強而有力、又外在於他而獨立.....那麼他對它的態度就無異擁有這個產品的人，對生產者而言，也是陌生、敵對、強而有力，又獨立於他（勞動者）之外.....人對自己與對自然的每一異化出現在一種的關係中，在此關係中人把自己與自然放置在與別人相對照之下（*FS* I：570；*CW* 3: 278-279）。

工人產品之具有敵對性，是由於產品隸屬於資本家之故，而後者的利益剛好與工人的利益相反。不僅工人與資本家彼此疏離敵對，就是工人與工人之間，或資本家與資本家之間，也爲了爭取工作機會與利潤而相互競爭，其關係也是疏離的、異化的。

現代資本主義體制下，人類所碰到的第四種疏離，爲人由其種類（*Gattung; species*）中乖離出來。這是指個人與人類全體的不協調、不一致而言。馬克思說：「把人從他的產品中撕離.....異化的勞動把他從他的

種類生活撕離，也即把他從其真實的種類客觀性撕開，把他對動物的優越性轉變爲低劣的短處，這樣一來他非機的身體或性質都被拿走了。同樣的情形，貶損他自動自發的運動、貶損他自由的活動，從目的貶低爲手段，異化的勞動把人的種類生活貶抑到只求身體存在的工具底地步（*FS* I：568；*CW* 3: 277）」。他又說：「人的種類本質與人乖離這種說法，其意思爲人與別人乖離，人由其屬人的本性中乖離出來」（*FS* I：568；*CW* 3: 277）。

　　由於人的產品不屬於他，而屬於別人掌握、控制，因此人乃被剝奪其實在，喪失人所以優於動物的特質。再說，人的勞動本是歡天喜地、自由創造、無掛無礙，但現在卻爲果腹療饑，爲「五斗米折腰」，而出賣其心力。勞動一旦成爲強迫性的工作，遂缺乏趣味，甚至無聊、枯燥、苦惱，有時工作本身還帶有高度的危險性，這些在在都使勞動者困心衡慮，痛苦不堪。人由勞動過程乖離，也無異人由人的種類本質乖離。至於人由其同僚或競爭者乖離，更反映人類的分歧擾攘。由是可知馬克思所提第四種的異化，乃是上述三種異化的集其大成，累積聚合而成的現代人底困境（Ollman 131-165）。

八、馬克思人性觀的特質

嚴格地說，馬克思的人性論具有兩個相反的觀點。其一強調人的自我創造與解放，也即展示人的自由。另一為強調歷史發展的必然性、社會變遷的規律性，從而剝奪了人的自我生成與發展的機會。

在馬克思第一種人性論的觀點中，人類的理性佔著重要的地位，可以支配與指揮人類的行動。馬氏認為：在整個人類社會發展史上，將出現一個新的時代，那將是人類的理性克服自然，並且以理性的方法來規範人們的社會生活。在那個嶄新的時代中，人類將自我意識地開始締造他們理想的社會，「創造他們自己的歷史」。

可是馬克思第二種人性論的觀點，卻與上面的說法剛好相反，強調人性或多或少受制於外在物質環境（自然或社會的條件）。換句話說，人無法自外於社會而生存，因此，人性是受現存社會形式的制約，特別是現存生產方式的制約。社會形式也好，生產方式也好，都無可避免地受著社會發展律底規定。既受規定，個人的自由、創造、自動自發便受限制，再也起不了多大的作用。

　　上述兩種論點都可以在馬克思本身的著作裡找到佐證。第一種論點涉及人作為「種類動物」，自我生成與發展，為一富有巧思創意的靈長類。此一觀點在馬克思早年的著作中，特別是1844年《經濟學哲學手稿》[3]中，有詳盡的陳述，前面所提及論資本主義社會下的異化、疏離時，已加引言闡述。就是成熟期的馬克思之作品《資本論》第一卷（1867）中，偶然也可以發現這種強調人類解放與自由創造的看法。

　　第二種論點則在《政治經濟的批判》（1859）一書的序言（見本書第二章首段）裡，他闡明所謂的「唯物觀」，或稱「歷史唯物論」（馬克思本人並沒有使用這類稱謂，都是他的徒子徒孫，特別是俄人朴列漢諾夫，加以引申定名者），而奠下他的歷史看法與社會演展觀點。再說馬克思對當時俄國人評論他第二版《資本論》的話，他本人加以過目，並表示首肯，也可以顯示他對人性受制於社會或受制於歷史發展律的觀點。該評論出現於《資本論》第二版後言上：「馬克思認為社會的運動，就像歷史現象的自然次序一樣，受制於規律。這些規律不受人的意志、意識與智慧所左右。反之，這些規律決定了他們（人類）的意願、意識與智慧」（Adler 1914：13-15）。

---

[3]有關此一手稿之討論參考：洪鎌德〈馬克思《一八四四年經濟學哲學手稿》的版本與特徵〉，刊《中華雜誌》，175期，1979年10月，第24-27頁。

這兩種相反的觀點都出現在馬克思批判性的社會理論——人性觀——裡頭，反映了他在消除人類的疏離、推進人類的解放大業與建立客觀、精確的社會科學、揭開「世界隱秘」（*Entzauberung der Welt*）兩者之間的矛盾。這兩種論點或闡釋能否真正發生作用，端視社會與政治條件的變化。在一個社會變遷激烈迅速的時代中，如果企圖推翻現存社會秩序的種種限制之革命性力量湧現時，那麼解放的說法便振振有詞，遠佔上風。反之，現存社會與政治勢力要求鞏固穩定時，社會發展受制於規律的說法，便大行其道甚囂塵上。個人的自由、創造性、自動自發便被限制束縛，而集體主義則大為猖獗。用現實的例子來說明，前者出現在1966至68年的捷克，以及1980年以後的波蘭；後者出現在史達林統治下的蘇聯，以及毛澤東作威作福之下的中國大陸。在教條主義盛行下，極權的蘇聯政府要塑造「新蘇維埃人」的形象，由官方灌輸新教育、新文化、新濡化。於是蘇聯的領導精英變成了日丹諾夫（Andery A. Zhdanov 1896-1948）所誇口的「人類靈魂的新工程師」。

一如我們在前面所提及，馬克思曾經批評自主的個人底理念（「人不是抽象的事物，蹲在世界之外，人是人的世界、國家、社會」）。他有時甚至走極端，把人性看成社會關係的凝聚（「在其實際中，人性為社會關係的總和」）。他這種強調人群現象的說法，使奧地利社會學家阿德勒（Max Adler 1873-1937）做出一個結論，他說：「馬克思把人當做社會動物來看時，他也強

調『社會化的人類』（ *gesellschaftliche Menschheit* ），這些觀點為一般社會科學提供基礎」（Adler: 13-15）。

不過，我們如果進一步考察，不難發現有關人性論，尤其是反對把人性看做抽象的個人主義底說法，幾乎是19世紀末葉一般社會學家的共同理論，而不限於馬克思及其詮釋者。也即社會學之有異於社會哲學，有異於社會思想，在於強調人的社會性。涂爾幹（Emile Durkheim 1858-1917）甚至強調社會性超越了個體性，因而倡說「社會事實」的研究。與他的觀點相彷彿的有齊默爾（Georg Simmel 1858-1918）、瑪克士‧韋伯（Max Weber 1864-1920）等社會學家。

在衡量個人與社會之間的孰重孰輕，在辨別自由意志說抑環境決定論何者更能說明人性問題時，我們當會逐漸接受多元因素交互影響的折衷學說。這一學說與我們日常的經驗比較接近，也比較符合我們常識的看法。這是指人類的行為中含有諸多因素，彼此糾葛互動。譬如說人生理上、動物學上的遺傳因子；後天的家庭、學校、社團等環境因素；個人生命史、人格結構、人生觀、世界觀等主體的因素；再加上社會制度、文化規範、傳統習俗的影響，使每個人自具其獨一無二的行為模式。

在這種情形下，強調人類完全自由自主、隨心所欲而不踰矩，固然是一種偏頗的說法；強調社會或歷史條件對人類的徹底控制，也失諸片面之詞。事實上，馬克

思後來也承認個人主義與資本主義經濟之間的牽連關係。例如在他1857-58年的《政治經濟批判綱要》（*Grundrisse der Kritik der politischen Ökonomie*）一手稿中，他指出：

> 人與人之間的依賴關係（最先是完全自然生成的）是第一種的社會形式。在這第一種的社會形式中，人類的生產力在有限與孤獨中展開。人類仰賴事物，而謀求人際的獨立，這是第二個大的社會形式。在第二個社會形式中，一般社會的物質交易之體系建立。這種交易使普遍的關係、各方面的需要、與普遍的財產也告成立。第三個社會的形式為自由的個體性。它是建立在個人普遍發展之上，也是建立在把他們社群的、社會的生產力加以控制，俾作成社會的公產之上。第二個社會形式為第三個社會形式提供發展的條件（*Grundrisse* 1974: 75-76；*G* 158）。

從上面的引語可知馬克思已企圖把個人主義與集體主義加以縮合融通。這多少反映了他修正兩種不同、甚或相反的人性論之企圖（Bottomore 1973: 429-442）。

由於馬克思早期手稿在1930年代之後，紛紛刊印付梓，遂引起西方學界對馬克思主義的重估，更在第二次

世界大戰結束後，掀起有關馬克思人性論[4]、異化論[5]、
馬克思主義的倫理基礎[6]、以及有關馬克思人本主義、或

---

[4]Venable, V. 1946 *Human Nature: The Marxian View*, London;
Thier, E. 1957 *Das Manschenbild des jungen Marx*, Gö-
ttingen; Fromm, E. (ed.), *Marx's Concept of Man*, Lon-
don; Plamenatz J. 1975 *Karl Marx's Philosophy of Man*, Ox-
ford.

[5]Pappenheim, F. 1959 *The Alienation of Modern Man*, N. Y.;
Meszaros, I. 1976 *Marx's Theory of Alienation*; Ollman, B.
1971, 1976 *Alienation : Marx's Conception of Man in Capi-
talist Society*, Cambridge; Schacht, R. 1972 *Alienation*,
London; Axelos, K. 1976 *Alienation, Praxis and Techne in
the Thought of Karl Marx*, Austin.; Petrovic, G. 1967 *Marx
in the Mid-Twentieth Century*, Garden City N.Y.; Schaff, A.
1980 *Alienation as a Social Phenomenon*, Oxford and New
York.

[6]Selsam, H. 1943 *Socialism and Ethics*, N. Y.; Dahrendorf R.
1951 *Der Begriff des Grechten von Karl Marx*, (Dissert.),
Hamburg, 1953, 後易名為 1971 *Die Idee des Gerechten in
Denken von Karl Marx*, Hannover; Tucker, R., 1961, 1972
Philosophy and Myth in Karl Marx, Cambridge; Kamenka, E.,
1961 *The Ethical Foundations of Marxism*, London; 1969
Marxism and Ethics, London; Kamenka, E. 1963 *The Philo-
sophical Foundations of Marxism*, N. Y.; Ash, W. 1988

人文主義的討論[7]。這些新的討論潮流自然也會牽涉到馬
克思與黑格爾、以及費爾巴哈等的關係[8]。當然有人也會

Marxist Morality, London; Barker, J. *et. al.* (eds) 1981
Marxism and the Good Society, Cambridge; Brenkert, G. G.
1983 *Marx's Ethics of Freedom*, London; Buchanan A. 1982
Marx and Justice, London; Churchich, N. 1994 *Marxism and Morality*, Cambridge; Cohen, M. *et.al.* (eds.) 1980 *Marx, Justice and History*, Princeton; Kain, P. 1988 *Marx and Ethics*, Oxford; Lukes, S. 1987 *Marxism and Morality,* Oxford; Nielsen, K. 1989 *Marx and Moral Point of View*, Boulder; Neilsen K. and S. C. Patten (eds.) 1981 *Marx and Morality*, Guelph, Ontario; Peffer, R. C. 1990 *Marxism, Morality and Social Justice*, Priceton; West, C. 1991 *The Ethical Dimensions of Marxist Thought*, New York; Wood A. 1986 *Karl Marx*, London & N. Y.

[7]Lubac, H. de 1943 *Le Drame de L'humanisne athée,* Paris; Somerhausen, L. 1946 *L'Humanisme agissant de Karl Marx*, Paris; Bigo, P. 1953 *Marxisme et humanisme,* Paris; Fromm, E. (ed.) 1967 *Socialist Humanism*, London; Hodges, D. C., 1974 *Socialist Humanism,* St. Louis; Sher, G. S. 1978 *Marxist Humanism and Praxis*, N. Y.

[8]其主要作品參考註2。

討論馬克思對宗教的態度，他論人與神之間的關係、乃
至他的無神論等等[9]。

九、馬克思人性論與人本主義的批判

　　就像其他社會學的奠基者（孔德、穆勒、斯賓塞
等）一樣，馬克思對人性一問題，備極關切注意。他特
別留神人與人的關係、人與社會的關係。他可以說是一
位重視人本主義的社會思想家。

　　比起前述幾位社會學開山鼻祖來，馬克思的人本或
人文思想，更富有個人參與的味道，也即表現他個人方
面、身分方面的關懷，這是其他各家望塵莫及的。雖然
他所致力的是政治目標、認知目標，但這些目標都立基
於他對人群深切的關懷同情之上。是故，他的關懷與同
情是個人的、親身的、體貼的。由是可知馬克思主義的
人本主義，基本上含有個人的、親身的性質，這是與眾
不同，而值得注視的。不管我們對他的理念有如何的判
析，不管我們對他理念應用所造成的結果有怎樣的看

[9]Cottier, G. 1959 *L'Athéisme du jeune Marx*, Paris; Desro-
ches, H. 1962 *Marxisme et Religions*, Paris; Desroches, H.
1965 *Socialisme et sociologie religieuse*, Paris; van Lee-
uven, Th. *Critique of Heaven*, London.

法，馬克思敏銳的與果決的人性觀這一基本事實不容否
認。他基本上是以堅決的道德立場，來擁護與支撐人性
的尊嚴與創意，而且在社會日常生活中，不斷地追求這
種人性特質的表露，這點令人讚佩。

馬克思對人性這樣深切透徹的體認，對人本精神不
斷尋求。這種認真不苟的態度，與他本人的嚴正熱誠有
關。儘管他常與別人論爭到面紅耳赤，有時也使用尖酸
刻薄的字句，或斬釘截鐵的判斷，但本質上他是一位好
丈夫、好父親、好同事，難怪恩格斯在馬克思逝世的葬
禮上宣稱馬克思「可能有許多反對者，卻幾乎沒有任何
一位個人的仇人」[10]。

馬克思對資本主義制度下童工、女工、一般工人的
貧困、痛苦、疾病、不公、無助，寄予最大的悲憫與同
情。他所攻擊的是人性的卑微、低賤、以及伴隨這種人
性墮落以俱來的社會弊病。他所追求的自由，則是具體
地縮短工作時日、提供工人休閒日的自由、也是使人能
夠發揮自我、努力創造的自由。他反對「粗糙生硬的
共產主義」（*roher Kommunismus*）。因為在那種制度
下，大家表面上擁有共同的公產，但實際上人只「擁
有」某些公物，而不能使他本身原具的人性之光輝——

---

[10] 1978 *Marx and Engels through the Eyes of Their Contempo-raries*, Moscow: Progress, first ed., 1972; 洪鎌德 1997b
第一部，第5至15章。

愛好自由、尊嚴、創造發明、多才多藝──得以發揮
（*FS* I：591；*CW* 3：294-295）。

　　就像其他社會思想大師一樣，馬克思誕生於工業社
會，也對工業社會及其問題最感興趣。他企圖運用嚴格
的科學方法，理解科技、工藝、理念、文明怎樣重大地
改變社會的面貌，怎樣使封建社會轉化成資本主義的社
會。這種社會的劇變連帶提供人們迥異的生活條件。因
此，馬克思基於對人本主義的關心，自然要充分理解在
變化的生活條件下，人怎樣適應或改變他的生活方式。

　　不過有異於其他社會學家、或社會思想家，馬克思
不僅想要理解社會或世界究竟如何演變生成，他還企圖
加以改革轉變。這也就是他的社會學不肯只停留在一個
知識體系、或爲一套理論體系的階段而已；反之，他還
進一步想要結合理論與「實踐」（*Praxis*），企求理想
圓滿的社會能夠由天堂搬回人間，能夠由烏托邦化成現
實。

　　正因爲他試圖綰合理論與實踐，因此，馬克思的社
會學理論比起其他各大家來，既缺乏前後連貫，也頗難
看成爲一個融圓一致的體系，而是知與行的混合、理論
與實踐的交流、實然與應然的摻雜、政治與倫理的匯
聚。

　　更令人深感困惑的是，馬克思整個學說的建立，是
經由他人之手，才勉強宣告完成的。參與這項馬克思社
會理論的重建、修補、增刪、改正等工作的人，不僅有
他同時代的摯友恩格斯，還有後代的朴列漢諾夫、伯恩

斯坦、列寧、盧森堡、李雅查諾夫（David Riazanov）、史達林等等。這些教條派（間有修正主義）的詮釋者，常在有意無意間扭曲了馬氏的本意，其結果常是「畫虎不成反類犬」，使馬克思本人濃厚的人本主義精神喪失殆盡，使他所厭惡擔心的「粗糙生硬的共產主義」反而猖獗肆虐，爲害當今無數生靈。

馬克思人性論或人本主義最遭詬病之處，爲前一節所提的人的自由解放，與社會（或歷史）的必然發展之間，形成重大的矛盾，也即自由意志論與環境決定論之間的衝突。儘管馬克思後來企圖折衷這兩說的鑿枘難容，卻無法使其學說圓融一貫。

其次，他堅持把哲學轉化成行動，綰合理論與實踐，也即把黑格爾應用在精神界中的辯證法帶進物質界裡。關於此點他不能在他有生之年加以演繹闡述，而把這份工作留給恩格斯來做，後者終於撰寫了《自然辯證法》（*Dialektik der Natur* 1875/76）一書，把馬克思富有哲學、人文精神的人性論變成爲科學的機械觀。

馬克思所討論的人性，是人在自然（天然）中的本性，是自然的中心，也與自然合而爲一，是故人性等於天性、等於自然。凡能夠應用於人的意識者，也可以應用到自然之上，由是意識、精神都被包括在物質裡頭。

馬克思把哲學帶進行動中，他這思想過程無異把所有哲學知識轉化爲科學知識。另一方面他把科學知識置於辯證法之下，又無異把科學知識轉化爲哲學知識。這一來人的科學與自然的科學即可互相轉化、甚至歸一。

馬氏說：「其後自然科學會變成人的科學，如同人的科學併入自然科學一樣；以後會出現單一的科學」（Fromm: 137）。這便是馬克思所謂的「科學的社會主義」。把人與自然結合為一，所謂天人合一這種觀念，導致治絲益棼、矛盾叢生、混亂不清的結果，這是馬克思企圖以「人類學的性質」來建立他「科學的社會學」的重大錯誤。

　　馬克思人性觀的第三個錯誤為人類的異化疏離轉變成階級的疏離、異化。換句話說，人的自我疏離變成了普勞階級的疏離，由種類疏離變成社會疏離。當個人擺脫敵對的外物之壓迫時，他固然去掉異化、疏離的羈絆，但卻也擺脫道德責任的限制。換句話說，在解開人的異化過程中，資本家與工人的分化轉變成資產階級與勞動階級之間的分化。如此，人的自我完成（去掉異化、疏離）只需剷除不同的兩階級的對立，去掉所謂「吃人的資本主義制度」便夠了，不需改變個人內心的想法、看法。易言之，只要改變身外之物（制度），而不必改變身內之物（個人的感受、作風），人便可以獲得徹底的解放。如此一來，個人的道德感、使命感完全落空，沒有其安置的所在。這種說法與馬克思早期所言自我改變為革命運動的起步相違。事實上，個人的自由有異於社會的自由。社會自由的獲致並不必然保證個人自由也能獲致。更何況前者（社會自由）是建立在團結一致之上，後者（個人自由）則建立在人人不同，多彩多姿之上。

　　再說階級鬥爭與人本主義也是彼此排斥衝突的兩個名詞。假使疏離只是一項心理學的概念，則它必然既能應用到工人身上，也能應用到資本家身上。換句話說，人本主義的本質或基礎是普遍性，疏離則只應用到部份人類（工人）、而排斥另一部份的人類（資本家），顯示其為特殊性而非普遍性。反過來說，疏離如果是一項經濟學的概念，是工人自其產品中乖離，則工人為求結束這種異化狀態，訴諸暴力的階級鬥爭，這是符合邏輯的。但此說如能成立，則無普遍的人本主義可言，蓋人本主義必須能使放諸四海而皆準，俟諸百世而不惑。這說明人本主義與階級鬥爭無法並存不悖。這也是馬克思人性論與人本主義的一大缺點[11]。

---

[11]Chamberlain, *ibid.*, pp.316-320. 與姜新立 1980《馬克思主義的貧困》，台北：黎明文化事業股份有限公司，第41頁以後，特別是70頁之後。此書為白色恐怖籠罩下的反共宣傳品，作者今天勢須加以改正或揚棄，否則如何去面對中國大陸的馬克思主義？

第五章

馬克思經驗性的社會學說

——個人、階級與社會

一、人是歷史和社會的動物

　　通常有一個粗淺的看法認爲社會是由眾多的個人所構成的，儘管社會中有家庭、學校、社團、職業團體、階級、商社、政黨、俱樂部，甚至國家等制度的存在。這些中介團體，也是由個人的參與、經營而使其具有社會機構、社會組織、社會制度等等的屬性。由是看得出個人的重要性。不過馬克思並不認爲社會是由個人組成的，而強調社會是由眾多的個人們之關係形成複雜的網絡。這個網絡有空間的範圍，也有時間的綿延。

人不只活在社會中，人更是活在歷史裡，可是「歷史什麼也不做，它並不『佔有龐大的財富』，它並不『進行戰鬥』。反之，只有人，真實的、活生生的人在做所有這類的事情，是人在佔有〔財富〕，是人在進行〔戰爭〕，『歷史』並不是一個外在的人身，把人當成工具來實現它特殊的目的。歷史無他不過是人追求其目標的活動」（*FS* I：777；*CW* 4：93）。以上是馬克思與恩格斯在《神聖家族》（1845）中所說的話。

其實，這種說法，馬、恩兩人又在合撰《德意志意識形態》（1845-46）的長稿中提起：「人類歷史的第一個前提，當然就是活生生的人類個體之存在。換言之，第一項要建立的事實乃為這些個人們軀體方面的組織，以及他們與其餘的自然界之間的關係……所有歷史的記錄都必須從這些〔地質學的、水文學的、氣候學的〕自然基礎出發，也應該從在歷史過程中人行動的改變出發」（*FS* II：16；*CW* 5：31）。

馬克思認為人異於禽獸的所在不僅是人有意識、有宗教、會思想、會講話，更重要的是「人在開始生產其生存資料的那刻間，他便有異於其他動物了……在生產他們生存的資料之際，人間接也生產他們物質的生活」（*ibid.*）。馬、恩認為人如何自我界定跟人生產什麼東西、如何生產有關。這一說法相當引人遐思，其迷人之處正由於這句話的模糊性，使後人可以隨便聯想、自作解釋（Schmitt 14）。

　　當馬克思指出人們透過生產而創造他們本身時，很容易使我們看成「男人和女人，各以個體的身分造就他們本身」。因之，個人的成功固然是個人的好運才能造成的榮耀，個人的失敗也被看作個人的不幸與無能造成的結果，這種說法便是資產階級個人主義的張本：認爲追求個人的成就，打破個人遭逢的阻礙，讓政府管得愈少愈好，完全放任無爲的政府便是好的政府。這麼一來，人的成敗好壞完全由個人負責，彷彿與社會無關。但這種說法非馬克思與恩格斯所贊同的。兩人都在考察與分析個人與社會，指出資本主義體制下，不少勞工儘管才能不低、工作勤快，收入卻很少，甚至難逃饑寒貧病的煎熬。由是可知人儘管追求自我創造，但自我創造的結果未必是符合個人的願望和社會的期許。換言之，自我創造的原則只能應用到人類全體，而不是個別人之身上。

　　另外馬、恩兩人也不認爲任何個人只要自信滿滿便會人定勝天，只要勤勞工作、節儉生活、正面或積極的思考、自信信人、信仰神明，便可無往不利、大富大貴。這是道德家、牧師、醫生、心理分析師的觀點，爲馬、恩兩人所不取。

　　因之，當兩人提及人們透過生產而創造自己時，這些人們不是你我這樣可以分辨獨立的個人。「個人們在軀體上和心靈上各自成形各自分開，而造成彼此，但他們不製造其本身，一如布魯諾〔鮑爾〕的胡說」（*FS* II：44；*CW* 5：52）。

　　換句話說，人要能夠存活，要成就自己，絕非靠個人離群索居，單獨活動，如魯賓遜那樣飄流於孤島上便可以辦到。反之，任何涉及人的活動，特別是生產活動，都牽連到社會上其他的人，也即生產的特色就是帶有群體活動的社會生產，也是在社會關係中進行的生產，馬克思與恩格斯說：

　　　　生命的產生，表現在兩個方面，一方面是透過人的勞動〔俾謀生〕；另一方面靠著生殖而製造一個新鮮的血肉之軀。由是可知生命的產生包含兩層關係，其一為自然的關係〔一個生命產生另一新生命〕，另一為社會的關係。談到社會關係，我們是指數位個人的通力合作，不管這種合作是在何種狀況下進行，如何進行，為何種目的而進行（*FS* II：30；*CW* 5：43）。

　　這就說明不是任何一個孤獨的個人可以進行生產事宜，任何的生產，包括生產一個嬰兒，也涉及男女兩造，更何況生產人類生存所需的資料，更有賴集體創造一個「合作的方式」（*Weise des Zusammenwirkens*; mode of cooperation）。

　　在《政治經濟學批判綱要》（1857-58，簡稱《綱要》 *Grundrisse* ）中，馬克思又指出：「社會不是由

諸個人所組成，而是表述了諸個人相互之間形成的關係、關聯之綜合」（*Grundrisse* 176，*G* 265）。

易言之，只有在社會裡頭，人方才能夠發展，也方才能夠表現他的能力與需要。在這個意義上，我們看出馬克思是贊成在社會中、在歷史裡，人發展其「個體性」（individuality）。但他反對以個人來解釋社會現象，也即反對「個人主義」（individualism）。原因很明顯，他說：「人所以是一個嚴格意義下的『市邦動物』（*zoon politikon*）[1]，並不因為他是一個群居的動物，而是一個只有在社會中使自己個體化（individuate）的動物……，自外於社會孤立的個人進行生產……是荒謬的，這何異於人們不住在一起，不相互交談，而能夠產生一套語言〔一樣的荒謬〕」（*Grundrisse* 6；*G* 84）。

馬克思強調人類的發展是由個人之個性的隱晦，逐漸變成個人個性的彰顯，最明白清楚的表述為他的遺稿，經過恩格斯整理而由考茨基出版的《剩餘價值理論》第二卷（1905初版，英譯版本1968，1975）。

在這一著作的第九章中，馬克思稱：

> 儘管一開始人類能力的發展是在犧牲大部份的個人，或甚至犧牲階級之下進行，可是到頭

---

[1] *Zoon politikon* 過去翻譯為政治動物、社會動物不甚妥切，今宜改譯為住在市邦的動物。

來人類打破這種〔犧牲眾人以成全人類能力發
展的〕矛盾，而與個人的發展相搭配、相符
合。因之，個體性更高的發展，只有在歷史過
程中才能獲致，而在此歷史過程中個人卻要為
人類界全體的利益做出犧牲，這就如同在動物
界與植物界一樣，〔其種類之發展〕以犧牲個
體來達成。蓋種類的利益只同某些個體〔的利
益〕相搭配、相符合。就因為這種搭配與符合
使得這些得天獨厚的個人〔或個體〕獲得力量
（*TSV* II: 118）。

　　這段話也顯示馬克思是認為世界史乃是人類能力的
發展史，它的開展、營運一直要到階級社會消失之時。
這種人類全體發展的趨勢，不是個人可以隨便加入或退
出，隨意促進或阻卻的。這就是所謂的不依個人的意
志，不受個人之左右，「在人的意志之外不可或缺和獨
立的」社會關係（*SW* 1: 503）。

　　不過隨著資本主義的消滅，人類將進入一個發展更
高的階段──社會主義社會，甚至共產主義社會，屆時
聯合的個人，在一個無階級、無剝削、無異化的社群
中，透過社群的計畫、監控、合作，可以使個人發展為
圓熟、多才多藝的個體性，而獲得人的自我實現、人的
解放和真正的自由（Lukes 1991: 256）。這也是馬克
思與恩格斯在《共產黨宣言》（1848）一小冊中，第二
節的結語：

取代舊的資產階級社會，取代這個社會的階級和階級敵對，我們將擁有一個組合（*Assoziation*），在此組合裡每個人的自由發展成為所有人的自由發展之條件（*FS* II: 843; *CW* 6: 506）。

二、個人與個人主義

要之，馬克思對個人的看法有兩種不同的態度，第一種是哲學家的態度；第二種是科學家的態度。正如同19世紀初德法的哲學家都流行談論人性、人的開化、教育、宗教、道德等等問題，馬克思也以歷史哲學的眼光大談個人發展作爲歷史發展的基礎。可是當馬克思揚棄哲學的思辨，而改用科學的分析時，他不再以個人的言行思維，個人的意向、態度、信仰來解釋社會現象。反之，他視人的目的、態度、信仰是一項有待加以解釋的事物（*explanadum*），而非藉此來解釋別項事物之解釋者（*explanas*）。

由於馬克思對意識形態的批判，因之他認爲以個人的觀點來討論社會現象的個體闡述理論（individualistic theories），或以個體闡述的思想方式（individualistic modes of thought），特別是

把這種理論或思想方式擺在抽象的層次，而失掉其歷史脈絡，都是屬於魯賓遜式（Robinsonades）的虛幻想法。原因是這些天馬行空的玄思之背後潛藏著人的社會關係。只有社會關係才能解釋個人的想法和作為。

顯然「人並非蹲在世界之外的抽象物」（*FS* I: 488; *CW* 3: 175）。因之，馬克思就批評費爾巴哈把宗教的本質化約為人性，而進一步把人性視為內在於個別的個人抽象物（*Abstraktum*）是錯誤的。「究其實際，它〔人性〕乃為社會關係之總和（*das Ensemble der gesellschaftlichen Verhältnisse*）」（*FS* II: 3; *CW* 5:4）。既然個人必須生活在社會，那麼尋求良好的社會（the good society），建構一個理想的共同體，成為馬克思與其同代哲人的美夢。認為只有在美好的社群中，一個不再是支離破碎的人、分裂的人，而是人格發展圓熟、可以向多方面求取發展的全人（*totaler Mensch*），也即多才多藝的人便可出現。這種共同體與新人類的夢想，正是19世紀上半葉德國浪漫主義之特徵，而馬克思的想法也脫離不了浪漫主義思潮的衝擊（Lukes, *ibid.*；洪鎌德 1983：2-5）。

像黑格爾或黑格爾門徒把國家、社會當成主體看待，當成一個超乎個人的超人身（superperson）看待，以為國家或社會自具人格，有其需要，有其目標，都成為後來集體主義（collectivism）的張本。集體主義常要求犧牲個人的權益，以滿足國家的需求，或社群的需求，成為壓制個人的自由、犧牲個人的福利之專制

政權施政的手段。在20世紀當中，右派的集體主義就是法西斯主義和納粹主義，左派的集體主義就是共產主義、馬列主義和激進的社會主義。左派師承的是馬克思的教訓，因之，造成人們的錯覺，以爲馬克思所主張的是集體主義。

須知1840年代馬克思與恩格斯便大力抨擊左派黑格爾門徒的意識形態，認爲後者是錯誤的意識，是誤把社會當作超人身看待。可見馬、恩是反對集體主義的。然而，馬、恩對集體主義的拒斥，並沒有使他們掉入另一極端的陷阱——個人主義。儘管近世西洋的政治哲學，從霍布士、洛克、盧梭等社會契約論開始，經過邊沁的功利主義至穆勒的自由主義，都逐漸發展出一套個人主義來。

依個人主義的說法，我們在分析社會體系、歷史傳統、共享的社會生活之道的時候，可以由討論個人的動機、信念和行動來解釋集體的社會現象。換言之，集體性的社會生活可由組成該社群之成員，也即個人之言行心向而得到瞭解。相反地，個人主義理論者反對用社會的脈絡來解釋個人的行爲，認爲此舉既抓不到重點，有時還會失誤。

顯然，馬克思是反對上述個人主義的說法。更何況個人主義隨資本主義體制的產生變本加厲。在這個工商發達的體制裡，個人與個人之間的關係愈趨疏遠，個人與社會的牽連益形淡薄。個人似乎逐漸地從社會脈絡中獨立出來。這種個人獨立於社會脈絡而發展的情形，乃

是近世的現象，爲歷史上所未曾有。在《綱要》一長稿中，馬克思說：

> 我們追溯歷史愈長，愈感覺個人，也就是從事生產的個人，幾乎是不獨立的，愈是需要倚靠。他總是隸屬一個較大的整體：首先以比較接近天然〔血緣〕的方式，他隸屬家庭。然後把家庭擴大爲氏族，之後人隸屬於諸多氏族的對峙與合併所形成的群落社會（*Gemeinwesen*；communal society）。只有在18世紀出現的市民社會中，社會結合的諸種形式以外在的必要（external necessity）底姿態迎擊個人，並成爲個人追求私自目的之單純手段。可是產生這種情景的時代，也就是產生孤獨、零碎的個人的時代，（就一般的觀點而言）卻是至今爲止〔人類〕發展最高的社會關係。嚴格言之，人類乃是「政治動物」（*zoon politikon*），不僅是合群的動物，更是在社會中能夠把自己個人化（*sich vereinzeln*；individuate）的動物（*Grundrisse* 6；G 84）。

三、個人主義與集體主義

換言之，只有在工商業發達的18世紀之後，個人生活在市民（民間）社會中，為了追求私自的經濟利益和財富，使過去隸屬於家庭、部落、社區、社群的個人，相互當作假想敵與競爭的對象，於是過去血緣、地緣、業緣等等自然連結的關係，轉化成競爭敵對的關係。這也是在《綱要》裡，馬克思所言的：「在這個自由競爭的社會中，個人好像脫離自然的臍帶及其他連繫。須知這些臍帶、聯繫在早期是造成個人隸屬某一確定的和有限的人類團體之一員」（ibid.）。

由是可知所謂的個人或個人主義都不是人類歷史上恆常不變的事物；反之，是在時間過程中所呈現的社會現象，這也就是說每個時代、每個族群怎樣來界定本身為何種人底因由。那麼在資本主義制度下，人的本質究其實際不過是社會關係之總和，是以馬、恩說；「例如放高利貸維生的金主、資本家及其他等人並沒有喪失他們的人身（Personen；persons），但他們的人格（Persönlichkeit；personality）卻是被其一定的階級所制約與所決定」（FS II：79；CW 5：78）。

換言之，放高利貸者、資本家都是特定的個人，但卻具有特別的人格特質，這些人共通的人格特質就是敢於冒險、競爭性強、賺錢的慾望特大、貪婪之心凸顯，這都是特定的社會之產物，也是特定的歷史之產物。

　　儘管馬克思與恩格斯不同意社會的團體（社群）可以藉超人身的身分進行社會活動，自具意向與目標，但他們卻也認為社群成員的個人之一舉一動，也會造成該社群的變動。反過來該社群成員——個人們——之行為，也受到該社會環境之塑造、之影響。

　　儘管有人（像Jon Elster）解釋馬克思時而贊成集體主義，時而贊成個人主義（Elster 1985：5），但本人卻同意施密特（Richard Schmitt）的說法，馬克思對兩者都有意見：既排斥集體主義，也反對個人主義（Schmitt 20-21）。馬克思主張的是人應擁有個性（individuality），這種個性的發揮是要靠真正社群（Gemeinwesen）的建立才有可能，而且個性並非限於單一的、獨特的、與群體不相容的個人特質，而是能夠使人在各種方向、各種方面得以發展的完人之特質。早在《德意志意識形態》中，馬克思與恩格斯便指出：

　　　　只有在社群（Gemeinschaft）中，每一個人才擁有資料〔手段、工具〕可以發展他各方面的才華；因之，個人的自由只有在社群中才變為可能（FSII：78；CW5：78）。

　　就在這裡馬克思談到「個別的個人建立了階級，當他們與其他階級進行共同的鬥爭之時，也即彼此敵對而又具競爭的狀態之時」（FS II：77；CW 5：77）。因

之，我們進一步要討論人何以具有階級屬性以及人與階級的關係。

四、階級社會的出現與發展

除了原始公社與未來共產主義的社會之外，無論是古代的奴隸社會、中古封建主義的社會，還是當前資本主義的社會，都是階級社會。由是可知人類大部份的歷史，呈現為階級的歷史，也是階級的鬥爭史。人為階級的動物，也是階級鬥爭的動物，這就十分明顯。

階級成為馬克思學說的中心，儘管馬、恩兩人都不曾對什麼是階級？階級有何特別的屬性？階級怎樣產生？階級怎樣分類？作一個有系統、清楚、確定的解釋。不過從他們浩瀚的著作中，我們仍舊可以理出幾個重點，俾瞭解作為人與社會的中介之階級，是在馬克思主義的體系中扮演何種的角色。

首先，馬克思在大學時代致其父親的信（1837.11.10）上，便指出他在受到康德與費希德觀念論的滋潤之下，發現眾神並不存在天上，而是活在人間。因之他追求「存在現實中的理念」（*FS* I: 13; *CW* 1: 18）。這些活在現世的眾神無疑地隱涵著古今東西方的人類，特別是形成階級、經營群體生活的人類。顯然青年馬克思認為普勞階級的崛起是一股新興的政治勢

力，它致力於人類解放的鬥爭。爲了理解普勞的歷史角色，馬克思開始對現代社會的經濟結構和經濟發展進行研討。就在1843-44年之際，恩格斯由於長期研讀政治經濟學，也得到同樣的結論，而將其觀感發表於《德法年鑑》（1844）和專書《英國工人階級的條件》（1845）之上。正是初期資本主義社會的階級結構以及階級鬥爭構成了馬、恩唯物史觀[2]的一個面向。稍後馬、恩把階級衝突當成歷史的推動力，逐漸擴充發展唯物史觀的理論。以致在《共產黨宣言》（1848）中，兩人宣佈「至今爲止的人類社會之〔有記載的〕歷史乃是階級鬥爭史」（*FS* II: 817; *CW* 6: 482）。

其次，就在《德意志意識形態》一書中，馬、恩發現階級的存在就是資本主義社會獨一無二的特徵，在他們看起來「階級本身是從布爾喬亞誕生出來的」（*FS* II: 79; *CW* 5: 78）。不過，人類在尙未邁入現代資本主義時代之前，其階級的狀況是怎樣呢？

在中古時代，由於個別而又分開的城鎮的公民和個人們爲了反對共同的敵人——地主貴族階級——而進行溝通、串連。其後通商的發達和溝通的頻繁促成中產階級

---

[2]馬克思和恩格斯的唯物史觀或稱歷史唯物主義另外一個重要的面向爲說明社會是由經濟基礎與上層建築合構而成，經濟基礎（特別是生產方式）的變遷，帶動上層建築（典章制度、思想、社會風氣、時代精神）的變化，最終促成整個社會形構變動，也就造成歷史的遞嬗進化。

的產生。他們擺脫封建勢力的羈絆，發展獨立的個性。
尤其是個別城市的相互交通互換產品，也創造了有利於
階級出現的條件。同樣的條件和同樣的矛盾（地主與中
產階級的矛盾）集合了同樣的風俗習慣，於是就有一個
新興的階級——布爾喬亞——的崛起。它雖然最先分成各
種派別與小單位，最終還是把所有擁有財產的階級
結合起來、吸納下來，但在同時也就創造了一個與布爾
喬亞完全對立的無產階級、普勞階級。這些階級的成
員，或是本無恆產，或是原有財產喪失而淪落爲普勞階
級。其結果是在大型工業化起步走動的時刻，使布爾喬
亞把他們的財產轉化爲工商業的資本。

馬克思和恩格斯認爲分開的個人所以形成階級，乃
是當他們爲了對抗其他的階級而進行共同的鬥爭之緣
故。不然的話，個人們彼此還是在進行敵對的競爭。階
級一旦形成便以獨立的姿態來對抗其成員——個人們——
於是成員發現他們的生活條件早已被階級成分所決定，
階級不但賦予個人社會地位，也決定了個人們的人生途
程。換言之，人便被迫從屬與融化在階級裡頭。這種情
況與個人屈服於社會分工是相似的。換言之，個人如要
擺脫分工，只有從分工獲得的利益之法律保障——私產
——加以取消才有可能。同樣個人要擺脫階級的控制，
也只有取消階級的存在（再也沒有任何階級將其特別利
益視爲對抗統治階級之利益的時候）。但無論如何，個
人一旦隸屬於階級，那麼所有與階級有關連的理念、制

度、意識形態也把個人收編進去（*FS* II: 77-78；*CW* 5: 76-77）。

工商業、分工、生產與交換日用品決定了社會階級的分佈和結構（*FS* II:26-27；*CW* 5: 40）。特別是社會分工和財產的形式導致社會階級的分化（*CW* 5: 32-33，46，52-53）。個人既隸屬於一個階級，則私自的個人和階級的個人有何不同呢？只有當階級出現之後，個人所遭逢的生活條件成為一種非必然的，而是偶然的特質。個人生活條件之偶然性本身就是產自於布爾喬亞。原因為就是布爾喬亞階級成員，也即諸個人為了追求金錢財富利潤，而不惜渾身解數，展開與別人的奔競和鬥爭，於是其生活條件隨時都有發生意外的可能，這種布爾喬亞生活不穩定，更表現在同普勞階級的敵對之上（*FS* II: 78-79；*CW* 5: 78-79）。

儘管在《共產黨宣言》中，馬、恩談到至今為止的社會都是階級社會，其實他們也知道真正的階級是在當代資本主義社會崛起之後才出現的，才強化的。因為他們知道在早期、特別是初民社會，人與人之間的分別、對立和衝突可能多半是社會地位群體之爭，而非真正的階級鬥爭。他們說：「在歷史的早期，我們發現差不多到處都有社會複雜的安排，將社會分成不同的層級，也即社會上下階層的多層分別……。只有至布爾喬亞的時代，社會才有明顯的特徵顯示逐漸分裂為兩個敵對的陣營，也即相互面對的兩大階級——布爾喬亞與普勞階級」（*FS* II: 818；*CW* 6: 482-485）。

五、階級屬性與類別

　　馬克思在《路易‧波拿帕霧月十八》（1852）一書
中曾對階級有比較清楚的界定，他說：

> 　　當百萬個家庭生活在生存的經濟條件下，造
> 成他們生活型態、他們利益和他們的文化從其
> 他的階級分開來，而且造成他們與別的階級相
> 對敵之時，也就是他們型塑階級的時候。不過
> 如果他們只像〔法國〕小農夫們之間的地方聯
> 繫，而他們的利益之認同並不產生團結一致，
> 沒有全國性的聯合，也沒有政治性的組織，那
> 麼他們並不在型塑〔建造〕階級（*CW* 11:
> 187）。

　　從上面的引言可知馬克思所指的階級牽連到人群的
經濟生產形式、利益的認同和文化的表現，而全國性的
聯合與政治組織更是形成階級的一個重要因素。
　　至於在資本主義的社會中，個人是以何種的身分或
面目出現在社會中呢？對此問題馬克思的回答便是《資
本論》第一卷開頭的話「在這裡〔資本主義的社會中〕
個人們是這樣被看待的，只要他們是經濟範疇的人身
化，也是特殊階級關係和階級利益的具體化」
（*Capital* I: 20-21）。換言之，在資本主義社會中，

每個人都是以經濟範疇（直接生產者、控制與擁有生產資料的有產者），或是階級關係和階級利益持有者之身分出現。這表示當代人無法拋棄階級的屬性。

此外，馬克思在《哲學的貧困》（1847）中為階級的存在與分類作了另一番說明，他說：

> 經濟條件首先把全國的民眾轉化為工人群眾，資本的宰制為這些群眾造就一個共通的情況、一個共通的利益。於是這個群眾變成了反對資本的階級。但這時尚非自為〔階級〕。只有在鬥爭中（先前我們已指出鬥爭經歷幾個階段），群眾才會團結，並把自己構成自為階級。他們所衛護的利益就變成階級利益，但階級反對〔另一〕階級的鬥爭乃為政治鬥爭（Marx 1975c: 159-160; *CW* 6: 211）。

由是知馬克思分辨了自在階級（class-in-itself）和自為階級（class-for-itself），前者只具階級的客觀屬性，只知與別的階級有分別，乃至敵對。後者則把這種分別與敵對轉變成政治組織與政治鬥爭。

在《資本論》第二卷最後一章（第52章）中馬克思問什麼構成階級？他的回答是先要問三個社會階級──勞工、資產和地主階級──靠什麼收入維生。這就是三個大的社群，其成員是由個人形成的，尤其以收入來源來規定他們隸屬何種階級。換言之，靠薪資維生的工人

階級；靠利潤維生的資產階級和靠地租維生的地主階級
（*Capital* III: 885-886）。

　　基本上馬克思把資本主義社會兩個針峰相對的階級
——資產階級（布爾喬亞）和無產階級（普勞階級）——
概括化、兩極化。其實他並非不瞭解除了這兩大敵對階
級之外，尚有其他中間階級的存在。因為就在《資本
論》第三卷的末章討論收入作為階級分劃的依據之時，
馬克思說：

　　　在英國，現代社會中論經濟結構毫無疑問是
　　發展到最高階段，也可以視為古典的〔可以權
　　充模範的〕。可是在這裡階級的層化並沒有出
　　現在其純粹形式裡。中產和其他中間階層
　　（strata）甚至處處還把〔階級的〕界限混淆
　　（儘管鄉下沒有城市那般明顯的混淆），這不
　　是可提供吾人分析的資料（*Capital* III：
　　885）。

　　以上的引言，表示連階級分化最明顯的工業先進之
英國社會，也有中產階級和中間階層的出現，這點證明
馬克思不是只看到社會兩個極端趨勢的階級之存在。同
樣地在《資本論》第四卷，也即所謂的《剩餘價值理
論》第17章中，馬克思坦承為了他初步研究的方便，不
得不拋開其他的考慮。不過他也承認「社會的建構，絕

非只有工人階級和工業資本家的階級而已」（*TSV* II：
493）。

六、普勞階級與階級鬥爭

在批評李嘉圖忽視中產階級的壯大時，馬克思說：
「他忘記強調中產階級的數目在經常增加中，蓋中產階
級是處於工人同資本家和地主之間。中產階級是靠著其
收入的不斷增加以維生，他們倚靠勞動的基礎，但同時
增強上層社會高層者的社會安全和權力」（*TSV* II：
576）。又在同書的第19章，馬克思嘲笑被譽為「深刻
思想家」的馬爾薩斯「最大的希望‧‧‧‧就是中產階
級能夠大量增加，而工人階級則在全部人口的總數中比
例下降（儘管人數不斷增加）。事實上，這就是資產階
級社會的趨勢」（*TSV* III：63）。

儘管中產階級的存在與坐大，卻沒有使馬克思輕忽
對社會發展為兩大敵對陣營、兩種相互對抗的階級之注
意，尤其他特別關懷無產階級、普勞階級。早在青年時
代，他批判黑格爾哲學的導論（1844）中就指出何以普
勞階級可以取代黑格爾把官僚階級視為普泛的、寰宇的
（universal）階級，他說：

一個階級必須形成，它身上繫有沈重的鎖鏈。它是在民間社會中的一個階級，卻非民間社會的階級，是一個促成所有階級融化消失的階級。它是社會的一個圈圈，卻具有普遍、寰宇的性格，蓋外頭加給它的冤枉，不是一個簡單的、特殊的冤枉，而是罪孽深重的冤枉。它構成了社會的一圈....這一社會圈最終如不打破3：其他種種的社會圈，不使其他的圈圈得到解放，它本身就不得解放。換言之〔必須置於死地而後生〕，這一社會圈〔之存在〕乃是人類的徹底喪失，只有當人類獲得徹底的救贖，這一社會圈才能得救，這個造成社會解放的特殊階級，乃是普勞階級（*FS* I：503-504；*CW* 186）。

除了普勞階級是當代資本主義社會受害最深最重，飽受冤枉虐待的人群之外，馬克思所以站在普勞階級反抗的立場，不僅是基於他的人本精神和人道主義，也由於「過去歷史運動都是為了少數人的利益所推行的少數人之運動。〔但如今〕普勞〔革命〕運動卻是自我意識、廣大多數人的獨立的運動，也是為多數人的利益而展開的運動。現代社會最低層的普勞階級無法不騷動，不出人頭地，假使官方的作威作福的上層社會不加以爆破推翻的話」（*FS* II：831；*CW* 6：495）。

　　除了認爲普勞階級人數眾多、值得同情之外，馬、恩兩人視工業時代的普勞階級具有以下幾個特徵：（1）認知論上，普勞在社會中提供一種理解社會崛起的整體之觀點（perspective）；（2）政治上，在民主時代中，普勞人數的增多可以產生更大的力量；（3）社會上，在資本主義生產方式下普勞擁有結構上的主導勢力，可以改變社會；（4）歷史上，普勞的物質利益難以滿足其需要，而思社會秩序之改變（Meister 24）。從而馬、恩支持普勞對抗布爾喬亞。

　　因之，馬克思與恩格斯遂號召各國的普勞階級，起來鬥爭其本國的資產階級。

　　在階級社會中，不僅有剝削，也有宰制之存在，因而引發了階級間的敵對、衝突和鬥爭，階級鬥爭是存在於擁有與不擁有生產資料的兩個重大敵對階級之間。在古代爲奴隸階級與奴隸主階級之間的鬥爭；在中古則爲農奴階級與地主階級的鬥爭；在現代則爲資產階級與普勞階級之間的鬥爭。

　　階級鬥爭乃爲歷史進程中直接的推動力量，尤其是布爾喬亞和普勞階級之間的鬥爭成爲現代社會轉型的權力槓桿。階級鬥爭穿戮階級社會經濟、政治和意識形態諸領域，而且具有各種各樣的形式。顯然階級社會任何的部份無法能夠爲人們明瞭，假使我們不從階級鬥爭的觀點來加以分析的話。就連宗教、藝術、哲學、科技的發展與變化之背後也隱藏階級鬥爭的影子。不過在所有的階級鬥爭中最明白、最直截了當的莫過於政治權力的

搶奪。難怪馬克思和恩格斯要在《共產黨宣言》
（1848）中指出「每項階級鬥爭都是政治鬥爭」（*FS*
II 828；*CW* 6：493）。

七、個人、自然、社會

正如前面我們談到個人時，指出馬克思引用亞理士
多德的話，強調個人不能離群索居，人是一個住在城邦
中的社會動物，也即個人必須進行勞動與生產，而勞動
與生產是人類集體的活動，也就是社會活動。「只有在
社會當中人類才能呈現其個體（*sich vereinzeln* 個體
化）」（*Grundrisse* 6；*G* 84）。

不過，社會是不是外在於個人而又對個人產生脅
迫、強制的一股力量呢？馬克思在《經濟學哲學手稿》
中稱「正由於社會產生了作為人的〔個〕人，社會也是
由人產生的。無論就內容與存在形式而言，〔生產〕活
動和享樂都是社會的：社會活動與社會享樂。自然所呈
現人類的面向完全表現在社會人之上....社會乃為人與
自然完全的結合，也是自然的真正復活，乃是完成的人
類自然主義和自然的完成之人本主義」（*FS* I：596；
CW 3：298）。在這段充滿浪漫主義而帶有神祕色彩的
話語裡，在企圖把社會視為天人合一的場域之後，馬克
思對社會和個人之關係有比較合情合理的解釋。他說：

就算我單獨在進行科學的研究，與別人的合
作無關，但我的工作仍舊是社會的，因為我是
以人的身分在進行工作的緣故。不只我活動的
資料——就像思想家使用語文去思維一樣——
是社會的產物，我個人的存在都是社會的活
動。我從我自己裡頭造成怎樣的一個人，也就
是我為社會造就自己是何等的人一樣，也就是
社會的意識造就我的意識。我的一般意識其實
就是真實的社群本質和社會意識的一部份，是
它們化成我身上一種理念的樣式....儘管今天人
們把理念樣式看成實際生活的抽象....因之最要
緊的是避免把『社會』再度當成有別於個人，
或與個人相對立的抽象物來看待（*FS* I：596-
597；*CW* 3：298-299）。

從上面的引言我們發現馬克思既不把社會與個人對
立起來，反而是強調個人生活於社會當中，不該把社會
當成一個抽象物來對抗個人。此外，他又把社會同自然
視為一個連續體的兩個面向，彼此並不對立。社會與自
然所以能夠和諧、連貫、通融，是由於人類扮演中介的
作用。人是自然的產物，本身仍具自然的屬性（天
性），人的存活完全依賴自然。作為自然的一部份，人
的開物成務、利用厚生都與自然息息相關。但人又是社
會動物，其活動是社會活動，其結合的社群也靠自然提
供場域和方便，馬克思所強調的人之生產（無論是謀生

幹活，還是生殖繁衍）都是自然的活動也是社會的活動，是結合自然與社會爲一體的活動（*FS* II：30；*CW* 5：43）。

馬克思這種強調社會與自然爲一體的說法，是與向來社會學家只討論社會不計及自然的主張完全不同。也就因爲傳統社會學把社會當成一個自主獨立的現象加以研究，因之，不像馬克思在討論社會時，必定把生產活動、經濟過程、財貨關係等等當成主題來考察。這就造成寇士（Karl Korsch）認爲馬克思有關社會的科學，不是社會學，而是政治經濟學（參考 Bottomore 1991：504）。

馬克思討論社會，除了強調個人與社會之不可分，以及社會與自然爲一體之外，還有第三個特點，那就是認爲「社會的型態」（types of society）是隨著人的勞動，也是社會與自然之間的關係之歷史變化而改觀（*ibid.*）。社會型態一旦改觀，人類的社會關係也告改變。所謂的歷史變遷之過程包括兩個方面，其一爲生產力，也即科技的進展、管理方法的改善等等；其二爲人分工的繁雜精密，也即人際社會關係的變化，這也構成生產的社會關係。

這兩種方面的發展，在一個社會中常出現或快或慢不等的現象。由於生產力的變化比生產關係的變化來得快，於是兩者發生齟齬，社會的矛盾加劇，而造成生產方式的改變，也即可以分辨出亞細亞生產方式、原始公社、古代奴隸、中古封建和當代的資本主義之不同的生

產方式，由是社會的型態也跟著改變，由奴隸社會變成封建社會，再發展為資產社會。這就是馬克思在《政治經濟學批判》一書的＜序言＞中所提及的「社會經濟形構進化的階段」（ *SW* I：504）。社會由一個階段進化到另一個階段都是因為生產力突破生產關係所造成的暫時穩定（平衡）狀態，這便涉及了馬克思的唯物史觀。

八、社會經濟形構

值得注意的是社會既然因為在歷史過程上產生不同的變遷，而呈現不同的型態，那麼人們就不該把社會當作一個一成不變的事物看待。在此情形下再使用「社會」（ *Gesellschaft*; society ）、或社群（ *Gemeinwesen, Gemeinschaft*; community），似乎不若使用社會形構（ *Gesellschaftsformation*; social formation ），或愈加明確地使用社經形構（ *ö konomische Gesellschaftsformation*; socio-economic formation）一詞更能表達馬克思對變化多端的社會之理解。

有史以來的人類社會可以隨著生產的方式之不同，而分為原始公社、奴隸、封建、資產和共產（其初階為社會主義）五種循序漸進的社會型態（偶然馬克思又增

加亞細亞的生產方式之亞細亞社會，於是社會型態共有
六種）。

依據馬克思的譬喻，社會可以視為兩層樓的建築，
那就是包括經濟基礎（ *ökonomische Basis*）和意識
形態的上層建築（*ideologischer Überbau*），試以金
字塔的圖樣來表述出來：

圖 5.1　社會結構略圖

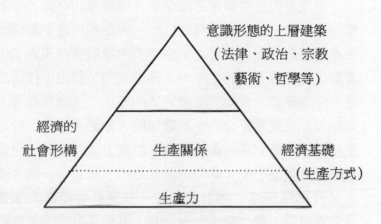

意識形態的上層建築
（法律、政治、宗教
、藝術、哲學等）

經濟的
社會形構　　　　生產關係　　　　經濟基礎
　　　　　　　　　　　　　　　　（生產方式）
　　　　　　　　生產力

資料來源：Marx 1859，1969
SW 1：503-504　**由作者設計繪製。**

生產力是指生產的工具、器材、資料（土地、資
金、人力、原料、科技、管理方式等）而言，目的在藉
這些力量之存在而創造財貨與勞務，滿足人的需要。生
產關係則牽涉到在貨品生產過程中，生產者（包括流通

者、分配者、消費者在內）之間的互動關係。由於生產
者分為直接生產者與間接生產者，也因為是否擁有生產
資料的所有權，故在法律上生產關係也是一種財產關
係。生產力和生產關係的結合顯示貨品生產的方式，是
故兩者又構成了生產方式，顯然生產方式與社會形構並
非一而二，二而一之物，兩者還是有所分別，也即社會
形構包涵了生產方式，此外也包括反映生產方式的上層
建築。

　　生產力與生產關係之間存著一種辯證的互動。有怎
樣的生產力，就會有（與之搭配、與之相符合）怎樣的
生產關係之存在。換言之，生產力的進展情況規定了生
產關係的性質。由於生產力（通過發明、發現、技術改
進、知識提昇、大規模生產方式的使用）大幅度激增，
以致與原來配套符合的生產關係陷入齟齬矛盾中。於是
生產力與生產關係的衝突，導致生產方式的改變，也是
造成社會動盪不安，革命爆發的原因。社會由一個生產
方式變化為另外一個生產方式，就是社會結構的基礎
（下層建築）發生動搖變化之時，其結果社會的基礎整
個發生變化，連帶造成上層建築的變化，整個社會形構
也隨之發生變化，這就是何以我們發現人類歷史上出現
了五種至六種社會型態的因由（以上參考洪鎌德
1983：151-169）。

九、社會與社群

　　至於馬克思是不是分辨社群與社會的不同，在閱讀他的著作中，作者的感受是他對這兩個詞彙雖常混用，但仍有分別。馬克思對社會一詞當作普遍的、歷史的人群集體之通稱。他使用社群則是受到浪漫主義思潮影響下，為原始的人群集體與未來理想的共同體所給予的稱謂。換言之，整部馬克思學說的重點在敘述人類由原始的社群，經由階級社會而指向未來共產主義的社群（參考洪鎌德 1996c）。

　　在《德意志意識形態》長稿中，馬克思說：

　　　　透過分工將個人的力量（關係）轉化為物質的力量，是無法靠把人腦中的一般理念消除就可辦到。反之，只有靠個人再度掌握這些物質的力量，同時也取消分工。要做到這點非靠社群不為功。只有在社群裡各個個人才有資料（工具）來發展他各方面的才華。因之，只有在社群中個人的自由才能實現。在以往取代社群的各種集體生活（像國家）中，只有與統治階級條件相配合，或是統治階級的成員，才能享受這種自由。至今為止很多的個人還認為有一個虛幻不實的社群存在其身外，也即把這個虛幻的社群當成獨立的存在，對他們產生關

係。因為一些人群組成階級，而對抗其他的階
級，造成被壓迫的階級誤認虛幻共同體的存
在，而且此一共同體對被壓迫者還是一副新的
枷鎖哩。可是在真正的社群中，個人們通過他
們的組合（Assoziation）獲得他們的自由（FS
II：78；CW5：78）。

馬克思認為社群之出現其因由為出於人的社群本質
（Gemeinwesen），因之，他說：「人的真正的社群是
由人性創造出來。通過對社群的創造，人產生了人類的
社群。這種團體的出現可以說是他人性的落實。人的本
性是一種社群的性質，這不是一種反對個人的一般的、
抽象的權力，而是每一個人所擁有的本性，個人本身的
活動，他自己的心思和他自己的財富」（CW 3：
217）。

馬克思續指出人的社群展現了人的本性，是人過著
種類的生活，相互間截長補短的結果。在政治經濟學的
觀點下這種社群表現為交換和商貿的形式，是故法國經
濟學家兼哲學家戴特拉西（Destutt de Tracy 1754-
1836）把社會當成相互交換的系列，也就是在互易有無
中達到社會的統合（ibid.）。

寫過《卡爾馬克思》（1921）傳記兼其學說之介紹
的德國社會學家杜尼斯（Ferdinand Tönnies 1855-
1936） 分 辨 社 群 （ Gemeinschaft ） 與 社 會
（Gesellschaft）之不同。前者為家庭、鄰里、友伴，

含有濃厚的感情因素,也涉及人的意志;後者像社團、
政黨、國家等組織,係由個人的利益與鬆散的社會關係
組成。杜氏這一分辨顯然也受到馬克思觀點的影響。

十、結論:馬克思個人與社會觀之評
析

　　在馬克思的心目中個人和社會並非截然相反的兩個
極端,而是一個連續體的兩個環節。離開個人無社會可
言,離開社會也無個人可言。這種說法在反駁資產階級
社會學家或政治學者,把馬克思歸類為反對個人主義而
贊成集體主義,甚至視他為極權主義的先驅或擁護者。
事實剛好相反,馬克思認為個人只有在社會(當然不是
在資本主義的社會,而是一個無階級、無剝削、無異化
的社會,或稱做社群)中,才會發展他的潛能,實現他
自己的理想(自我實現)。

　　由於社會不是靜態的人群組織,而是在歷史洪流中
變動不居的社會與經濟形構(socio-economic
formation),它是一大堆結構、制度、組織、運動變
遷的過程(processes)。所以馬克思討論社會,絕對
不會只限於特定的空間上、地域上、國度上的某一特定
人群組織。反之,把它放在世界史的天平來加以衡量。
這就是說要瞭解社會,首先要考察歷史上社會的變遷。

對馬克思而言社會的結構簡單的說可用兩層樓的比喻來
解說，一方是經濟基礎的生產方式；另一方爲典章制度
與意識形態的上層建築。社會的穩定演進主要是這兩者
的搭配適當，也即有怎樣的生產方式便有怎樣的典章制
度（和意識形態）。一旦典章制度發展不若生產方式發
展的迅速，而造成對生產方式的桎梏時，社會便要釀成
巨變，而有暴亂、革命的發生。由於生產方式中起變化
作用的生產力一直掌握在生產資料擁有者的有產階級手
中，因之，有產階級與無產階級之間的社會關係，就形
成社會的階級關係。這種社會關係有和諧或安定的時
候，也有對峙、衝突的時候。配合前述生產力突破生產
關係，社會階級也由敵對而變成鬥爭。是故馬克思視社
會的變遷，在於社會本身矛盾的爆發，也即趨向兩極極
端的兩個主要階級進入決鬥的時刻。整部歷史便是階級
關係和階級鬥爭的記錄。

馬克思的社會觀逐建立在階級的形成、發展、階級
意識的塑造、階級之間的鬥爭、無產階級怎樣在成功的
革命之後消滅有產階級，以及階級消除後，新的社會之
形成、組織等等分析之基礎上。這裡有實然面歷史的、
經驗的分析，也有應然面必然的、理想的、期待的未來
之預測。正因爲由實然躍升到應然，把事實轉化爲理
想，成爲一種「大躍進」，使馬克思的信徒與非馬、或
反馬的資產階級人士發生重大的爭執。當然這也涉及馬
克思主義究竟是「科學的社會主義」，還是另一種新式
的烏托邦的空想之間底爭論。

　　要之，以階級爲核心的社會分析，如以工業化初期之英、法、荷、北美爲例，確實存在著資產階級對無產階級的嚴重剝削與壓榨的現象，而使社會兩極化。不過衡諸工業或壟斷性資本主義之轉變爲金融財政的資本主義，乃至跨國商貿的世界性資本主義，甚至號稱後期資本主義的出現，階級兩極化的現象已有所減緩。加上中產階級的崛起，工會、政黨聲勢的增大，國家角色的改變，科技與管理知識的運用，造成現代工人們階級意識的薄弱，從而馬克思寄望普勞階級發動社會革命來推翻資產階級的呼號逐漸喪失吸引力。而在先進資本主義國家間爆發的是殖民主義、帝國主義、新帝國主義所帶來的國際競爭，乃至世界大戰，戰爭的結果促成原來爲封建社會、農業社會的俄國、中國、東歐、朝鮮、越南、古巴等人民推翻其本國的專制政權，而變成遵照馬克思與列寧的教訓所建造世上少有的幾個社會主義國家。

　　顯然，馬克思的社會觀要應用於當代資本主義國家的社會關係之分析，並非容易。原因是資產階級社會充滿種族歧視、貧富差距、性別虐待、人對自然的濫墾、亂伐、破壞、誤用，一言以蔽之，人的異化問題轉趨嚴重。在社會主義國家則一黨專政的腐化，生產力提昇的緩慢、法制的落後、幹部的專橫、多元主義發展的困挫，社會正義之難伸，在在都無法把馬克思的社會觀，特別是它所期待的有效的經濟計劃與真正的民主參與結合成一體。不僅直接生產者的個人之組合尚未落實，就

是集體經營的公社，其實驗也付出慘痛的代價，而終歸失敗。

　　要之，馬克思強調社會的生成發展之唯物史觀，用以分析過去人類社會的變遷，有其獨到之處，用以提示未來理想共同體和合乎人性要求的社群之建立，也有鼓舞的作用，但用以分析後冷戰時代東西半球的社會、或第三世界國家的社會，便嫌粗糙簡化。在這方面當代社會學的新理論，像杜赫尼、卜地峨、紀登士等人之理論（洪鎌德 1997a），反而有闡述、解析、批判的作用。

第六章

馬克思辯證發展的社會理論

——唯物史觀與階級論

一、馬克思的社會觀與歷史觀

要瞭解馬克思對社會持著何種的看法，對古往今來社會的演變抱持怎樣的觀感，就必須有系統地研究他的社會觀，這也是馬克思社會理論的核心。可是馬克思並沒有系統性的社會學著作。反之，他對社會的興趣，並不是把社會當成靜態的事物來觀察，當成一門死的學問來看待，而是注意人群結合的歷史性演變底軌跡。在這一意義下，馬克思的社會觀，究其實則為社會演展觀，或稱社會形態的歷史觀。易言之，他的社會觀與歷史觀

是緊密結合在一起，不易硬性加以分開的。這也難怪，
人類幾十萬年的歷史，便是人群開物成務、利用厚生的
奮鬥史。每一社會類型都是歷史的產品，都是歷史現實
的一個面向。只有在人類長遠悠久的歷史洪流中，才能
顯示某一特定的社會，時間上前後的關連與空間上的位
置脈絡（context）。也即以歷史的透視來瞭解社會的
變遷動向，這才能掌握有關社會活的知識，或如馬克思
與恩格斯青年時代的作品：《德意志意識形態》（*Die
deutsche Ideologie*），開宗明義所指出的：「我們的
出發點不是隨便的、任意的，不是教條，而是真實的基
礎」。這些真實的立論基礎是牽涉到有血有肉活生生的
人群，也涉及人群的活動，他們生活的物質條件。「這
些立論的基礎可以藉純經驗的方式來加以證實」（*CW*
5:31）。

> 所有人類歷史第一個先決條件，自然是活生
> 生的個人們底存在。因此，第一個要建立的事
> 實是那些個人們身體形貌的組織，以及他們與
> 其餘自然的關係......所有歷史的作品必須由那些
> 自然的基礎出發，隨後則透過人類的活動，而
> 在歷史過程中一一予以修正。

> 人之異於禽獸在於其意識、其宗教、或其
> 他。他們（人群）第一步與動物有別之處，為
> 懂得生產那些維持生命所需之物。這一謀生活

> 動卻受其身體面貌的組織所制約。在生產他們
> 維生所需之物的時候，人群間接地塑造了他們
> 的物質生活（*ibid.*）。

　　人的謀生活動，也就是生產維持生命的必需品之活動，也就變成他的生產方式。每一個人的生產方式也等於他表達其生命的方式，我們不妨稱它爲其生活之道。人生產什麼、如何生產，便成爲他究竟是怎樣的人（農人、牧者、工人、文人等等）之根據。生產的出現與人口的增加有關，而人口的增加則以人際之間的互通有無（交易）爲先決條件，由是可知交易的形式與分配的形式也受到生產的影響。

　　在這裡青年馬克思第一次提及他的歷史觀，這也是後來俄人朴列漢諾夫所宣稱的馬克思之「歷史唯物論」的出處。不過終馬克思一生並未使用「歷史唯物論」這個稱謂。因此，與其稱呼青年馬克思的歷史觀爲「歷史唯物論」，倒不如稱它爲「唯物史觀」（*materialistische Geschichtsauffassung*）來得妥貼。

二、唯物史觀

在尚未進一步闡述馬克思「唯物史觀」之前，我們不妨先拿恩格斯的話來加以說明。他說：

> 就像達爾文發現有機自然的發展律一樣，馬克思發現了人類史的發展律。一個向來為意識形態所遮蔽的簡單事實是這樣的：人首先必須吃、喝、住屋、穿衣，然後才有餘力去追求政治、科學、藝術、宗教等。換句話說，人們必須在某一時代中，首先生產維持生命的必需品，發展某些程度的經濟，然後在這些基礎上才能建立國家的制度、法律的觀念、藝術的甚至宗教的理念。況且這些制度文物有賴經濟活動來解釋，而不是像向來的本末倒置〔用文物來解釋經濟活動〕之類的解釋[1]。

恩格斯又在一篇有關介紹馬克思的小文（寫於1877年仲夏）中提及：

---

[1]參考Engels "Speech at the Graveside of Karl Marx", in: *Marx and Engels Through the Eyes of their Contemporaries*, Moscow: Progress, 1972, 1978, pp.7-8; *CW* 24:467-468.

　　過去所有的歷史都建立在一個觀念上，也即所有歷史變化的最後原因是由於人類觀念的改變；並且認為所有歷史的變遷中，政治變遷是最重要，且居於支配性的地位。但從來無人問及：這些觀念是怎樣第一次走進人腦中，以及政治變遷的主要原因是什麼？……從這一觀點出發，所有的歷史現象，可用簡單的方式來加以解釋——也即有關某一社會之特定的經濟條件……同樣每一歷史階段的看法與理念，也可以藉該時期生活的經濟條件與政治關係，而獲得簡單的解釋，因為後者是受經濟條件制約的。由是歷史第一次被放置在它真實的基礎之上（*CW* 24:189-190）[2]。

　　很明顯地，恩格斯與馬克思一樣，強調人類的經濟活動。特別是經濟活動中的生產活動與交易活動，是構成一個社會有異於其他社會的主因。生產與交易的經濟活動不僅是社會形態的決定因素，更是推動歷史變遷的主要動力。所謂的「唯物史觀」或「歷史唯物論」的「唯物」兩字，就是指人類各種謀生活動的物質基礎。它是人們生活之道，也是生命過程。至於人的思想、意

---

[2]Marx, Engels and Lenin 1975 *On Historical Materialism:A Collection*, New York: International Publishers, 1974, pp. 174-175.

識、制度文物（政治、法律、宗教、藝術、科學等）則
爲生命活動中所反映、所衍生的事物，這也就是馬克思
何以強調「並非意識決定生命，而是生命決定意識」的
原因。進一步他還指出：人的生活不是離群索居的生
活，而是經營群體活動的社會生活、集體生活。是故人
的「社會存有」（Soziales Sein）決定了人的「社會
意識」（Soziales Bewusstsein），而非人的社會意識
決定了他的社會存有。

馬克思與恩格斯寫著：

> 事實是這樣的：從事特定生產方式的特定的
> 個人，乃進入特定的社會關係與政治關係中。
> 經驗性的觀察必須在每一個案中，將社會的關
> 連與政治的關連，用經驗性的方法連結在生產
> 之上，也即把這種連繫不加神祕化、或空思冥
> 想地表露無遺。社會的結構與國家是由一群特
> 定的個人之生命歷程交織而成。但這群個人們
> 既不出現在他們自己的想像裏，也不出現在別
> 人的想像裡，而是他們真正地在特定的物質限
> 制、物質前提、物質條件之下從事活動。再說
> 這些物質的限制、前提、條件，是不受人們的
> 喜怒愛憎所左右的，它們是獨立於人的意志之
> 外的（CW 5: 35-36）。

　　人的觀念、想法、意識的產生，可以說與人的物質
生產底運動息息相關，也與人的物質交易活動息息相
關。因此，人所以會想像、會思惟、會精神溝通，可以
說是由人類物質行為直接溢出來的。同樣地人在政治、
法律、道德、宗教等方面的語言溝通，也是人類的物質
行為的產品。因此，人類是他們的想像的生產者，也是
他們的理念的製造者。至於人的意識，不過是對他自己
存有的一種感受、體會、反射。人群的存有才是他們真
實的生命歷程。人類在大腦中所形成的幻想、雲霧無
他，乃是人的物質底生命歷程昇華的結果。這些結果仍
舊可以在人的物質基礎上尋找其根源與出發的痕跡。在
這一意義下，人的想法、思惟、理念，一言以蔽之，人
的意識形態（*Ideologie*），以及與此相匹配、相對稱
的意識形式（*Bewusstseinsformen*）不可能被目為獨立
自足之物。它們既不能獨立自足，自不會自動發展。既
不發展，自然沒有變遷歷史之可言。反之，只有能夠從
事生產活動、以及交易活動的人群，才能創造實在、改
變實在，從而也改變人的思想與思想的產品。

　　這種唯物史觀的出發點，既然是活生生的人，而不
是離群索居、冥頑不靈的人：反之，則為處在特定的條
件之下，可藉經驗加以覺察的、具有發展過程的實際中
的人。因之，這種活生生、有血有肉的人真實生命過程
之描述便是歷史。

　　當歷史在描述人群的生命歷程時，它就不再是一大
堆死的文字之堆積，而為活的經驗之記錄。當空思妄想

不再捕風捉影、附會穿鑿之時，當真正的生命開始蠕
動，而邁出第一步之時，那麼真實的、積極的、正面的
科學隨之展開。它的目的在描述人的實際活動，人發展
的實踐過程。這個真實的、積極的、正面的科學，便是
馬克思心目中理想的歷史學。以這種的歷史學來衡量與
縱觀人類數萬年的發展變遷，便叫做唯物史觀。

　　因此，唯物史觀的重心在描述生產的真實過程，其
出發點爲生命本身的物質生產。這種史觀企圖瞭解生產
方式，也企圖瞭解交易形式。須知交易形式是由生產方
式創造出來的，也與生產方式連繫在一起。換句話說，
這種史觀的目的在於瞭解社會在歷史過程中變遷的種種
階段與形式。

　　綜上所述，可知社會的基礎爲生產方式。在生產方
式之上則矗立著各種心思活動的產品，包括政治、法
律、道德、宗教、藝術、哲學、科學等等。這些心思的
運用，總括一句爲意識形態，以及與意識形態相匹配、
相對稱的意識形式。再者生產方式包括兩大部份：其一
爲生產力，另一爲生產關係，生產力爲勞力、智力、技
術、可供駕馭的自然力、人使用的工具、土地、原料、
礦產，甚至勞動過程中人群分工與合作的方式、管理方
法，也即企業管理等在內。所謂的生產關係，馬克思有

時也稱之爲社會關係、或物質關係（*SC* 31）[3]，事實上則爲生產過程中勞動者與擁有生產資料的人之間的關係。其在法律上則稱爲財產關係。我們根據馬克思的唯物史觀與社會觀，可以繪成下列一簡圖，並分成五點加以扼要說明：

圖 6.1　社會經濟形構示意圖

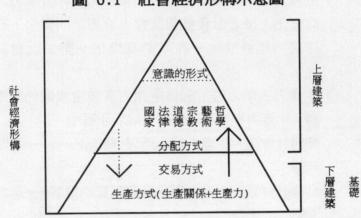

記號說明：　　⟶　制約　　⋯⋯⟩　反射

資料來源：馬克思1859《政治經濟學批判獻言》〈序言〉（*SW* 1:503-505），由作者設計繪製。

---

[3]見馬克思致安念可夫（P. V. Annenkov）的信(28, 12, 1846)，收於：Marx, Karl, 1975 *The Poverty of Philosophy*, Moscow: Progress, 首版 1955, pp.167, 176.

說明：

（1）社會的真實基礎在下層建築＝人的謀生活動＝生產方式。

（2）生產方式創造了交易方式與分配方式，這三者（生產、交易、分配）構成經濟運動的核心。

（3）生產方式一旦發生變化，則帶動交易與分配方式的變化，接著引發整個社會上層建築的變化。換言之，經濟變化→典章制度變化→整個社會變化。

（4）生產方式變化的主因為生產力突破生產關係的束縛，生產力與生產關係兩者陷於矛盾中。

靜態社會觀＝生產力與生產關係和諧一致──平時狀態

動態社會觀＝生產力與生產關係鑿枘難容──革命之時

（5）歷史＝社會變遷史＝經濟變化帶動社會變化的過程＝經濟決定論＝唯物史觀。

三、社會的變遷——人類開物成務的 歷史

馬克思為著要瞭解資本主義的社會如何產生、如何運作、如何崩潰,因此傾其後半生之力,專心一志研究資本主義所牽涉的各種問題,特別是分析這種資產階級社會的生產方式。為了研究資本主義的生產方式之發展律、進化律,他不得不多少鑽研「前資本主義的社會」(*Vorkapitalistische Gesellschaft*)的歷史發展。可惜關於這方面的研究,他與恩格斯所做的努力有限,成績平平。原因是兩人並沒有把這些前資本主義的社會發展史闡釋成一套系統的學問之故[4]。

馬恩兩人重視資本主義社會與經濟的形構(*Sozio-ökonomische Formation* 以下簡稱社會形構),這一部

---

[4]唯一的例外為馬克思與恩格斯在世之日未曾刊印,而於死後才在本世紀初出現於 *Neue Zeit* 摘錄的馬克思1857/58 年的手稿。也即著名的《政治經濟批判綱要》(*Grundrisse der Kritik der politischen Ökonomie*)。該書由東柏林共黨書店於1953年出完整書。英文節譯有 trans. by J. Cohen, edited and introduced by E. J. Hobsbaum, Karl Marx, *Pre-Capitalist Economic Formation,* London; Lawrence & Wishart, 1964; 全譯本Martin Nicolaus, *Grundrisse: Foundations of the Critique of Political Economy*, Pelican, 1973.

份反映了他們把研究的重點放置在現代,而比較少留神
過去的歷史。這並不意謂他們對過去的歷史懵懂無知;
剛好相反,他們兩人都是好學深思之士,具有豐富的歷
史知識,爲同時代的學者、思想家望塵莫及的。馬克思
是站在資本主義發展的頂點,來觀察以往社會的形構,
目的在比較資本主義與前資本主義諸社會的互異對照。
他也考察過去的經濟形態,俾指陳資本主義是在那種情
況下產生的。他這種強調資本主義歷史性的特徵,無異
顯現了資本主義在人類歷史潮流上載沉載浮的片斷性
格。易言之,資本主義如果在過去的人類史上不曾存在
過,則它目前雖然浮現,但無法保證它有朝一日不再度
消弭於無形(Shaw 1978: 114)。

依據《德意志意識形態》一書,馬克思區分人類在
「前資本主義的時代」主要的社會形構共爲三類,也可
以說人類的社會,包括原始公社在內經歷到三個階段,
那 是 指 原 始 的 部 落 的 (*Stamm-*)、 古 代 的 奴 隸
(*Sklaven-*) 與 中 古 的 封 建 (*Feudalistische*
Gesellschaft) 三個社會而言(*CW* 5: 32-33)。可是
根據他著名的《政治經濟學批判》一書的<序言>(見
本書第二章第一節),他則指出四種的生產方式,即:
原始公社的、亞細亞的、古代奴隸的、與中古封建的。
這四種生產方式與現代的資本主義的生產方式是截然不
同的(*SW* 1: 504)。我們且按馬克思在《德意志意識
形態》一書中的社會分類,逐項探討他所提及的原始公

社、奴隸社會、封建社會、貧產階級社會、共產主義社
會。

1. 原始公社

馬克思認爲在文明肇始之前，人類的社會是原始的
共產主義底社會，又稱爲原始公社。根據《綱要》
（*Grundrisse*）一書的敘述，人類原是逐水草、喜遷徙
的動物，後來才定居下來。最先從事漁獵，後來耕田種
作。初期的部落團體是爲著佔領與使用土地，以及生產
生活必需品的先決條件。這時期的人群與土地建立著
「素樸」的關係，而且視爲土地的共同持有者。由是可
知部落團體爲生產的先決條件，在此社會（部落）中，
群體爲生產的單位。它簡單的、物質的再生產與繁衍，
也成爲群體活動最終的目的。在部落中，人與別人的關
係益形密切，是故馬克思說：「人在原始的部落社會
中，人與其同伴之間的臍帶連結尙未切斷」（*Capital*
I: 79, 334; *SW* 3:267）。

在所有文明人的早期歷史中，勞動不是單獨進行，
而是「直接的聯合」，這成爲早期勞動的特徵。其中有
三種基本的形式：第一爲亞細亞型，其中人群的原始團
結重於一切。這種原始團結的象徵爲大權在握的統治
者，其下爲官僚。百姓則介於自由人與奴隸之間。在各

種早期團體中，以亞細亞式的部落團體維持的時間最
久。第二種的形式為古典的、初民的公社形式，它不立
基於鄉村土地上，而是立基於市民聚居的城市中。這種
形式的勞動結合，不是耕種，而是手工、工藝、商業。
這種團體是以國王為其中心，國王之下轄有軍事僚屬，
其下則為平民。在這種團體裡私有財產與公用土地並
存，不過要擁有私產必先取得團體成員的資格。第三種
為日耳曼式，在此一形式下，團體是一種的「組合」
（association），而非「聯合」（union）。不像第二
種形式，財產並不由團體來加以規定。反之，團體是由
個別擁有土地的人組合而成。經濟單位是以家庭為主，
也即家計式的生產活動。

　　以上三種皆為原始的公社制，其團體建立在「公社
的、部落的成員對部落的土地底關係上」。其中第二種
社團的形式已較為進步，而開始脫離原始的形式。在這
三種的原始公社中，生產力大部份仰賴自然環境所提供
者。關於原始公社與生產力的連繫關係，馬克思與恩格
斯受到美國社會學家摩爾根（Lewis Henry Morgan
1818-1881）影響極深[5]。不過原始公社中這三種類型的

---

[5]摩爾根著有《古代社會》（*Ancient Society*）一書，馬克思曾抄
　錄了摩氏的著作而成98頁長的筆記，後來以《民俗學筆記》（*The
　Ethnological Notes of Karl Marx*, ed. Lawrence Krader, A-
　ssen. 1972 ）於1970年初出版。馬克思本有意思把摩爾根的書介

社會形態，並非個別存在，有時是犬牙交錯疊床架屋，
相互並存或連續。

2. 奴 隸 社 會

　　古代社會提供馬克思一個思惟模式，認為它是人類
進入階級社會與文明的前奏。在這個變化的過程中，奴
隸扮演重要的角色——被壓迫的階級、有產階級的附屬
品、勞動的實際操作者。一項顯明的事實，奴隸是由早
前平等的社會中產生出來的，它的出現等於破壞了早期
平等社會相安無事和平相處的秩序。造成奴隸的兩個原
因，其一為部落之內好戰的傾向。定居後的部落必然與
其他部落比鄰而居，雙方為競取自然資源，遂短兵相接
大起干戈。戰爭的結果有勝有敗，勝者稱王稱霸，敗者
遂淪為奴隸，淪為生產工具，成為戰勝的部落公產與公
共勞役的一部份。

　　第二個造成奴隸的原因為物質生產上的必要。野蠻
人不需要奴隸，原因是奴隸消耗的食物，比其所生產的
生活必需品還多，不具生產價值。只有當古代人懂得飼
養牲畜、紡織、製造金屬器具時，他們才會發現多餘的
勞動力之可貴。這也是人類歷史上的第一個分工（即農
牧的群體與野蠻群體的分離）。起初奴隸是屬於於社會

紹給德國人，可惜沒有實現。見恩格斯致考茨基信

　（16, 2, 1884）。

體的，其後由公共的奴隸轉化爲私人的奴隸。由於對奴
隸的擁有造成人類的第一個私產。是故初步的分工與奴
隸的私產標誌著人類由原始的社會進入古代的社會。

對於生產工具的私人擁有，以及經濟的進一步分
化，有助於人類的第二次大分工（手工藝與農耕的分
開）。可是第二次分工造成對奴隸工作更迫切的需要。
在第二次分工中，私產發展得更快，剩餘的產品之交易
也大爲增加，同時貨幣也開始做交易媒介來使用，使貨
物流通更廣更快。與私產制度的出現密切不可分的是
「父權制度」（patriarchy 家長制、「頭家」制）的
產生。父權與一夫一妻制的相率出現，使團體傾向於以
家庭爲生產的單位，從而爲私人擁有的關係大開方便之
門。

最後，以土地的多寡做爲財富大小的標準，也牽涉
到私人的佔有中，那已是由奴隸社會轉型到農奴社會、
或封建社會的開始。階級的出現事實上包括兩項可資識
別、但在時間上卻相互重疊的前後階段。第一階段爲對
土地的私人擁有。私產是針對社會生產力激增的一種反
應，也是對不平等擁有生產力與財富的一種承認。不過
私產關係的出現導致古老團體的舊生產方式之式微，也
破壞了原有社會與政治的組織，這便是階級社會演展的
第二階段。

3. 封建社會

古羅馬帝國的式微標誌著古代力役的奴工之生產方式，既不符合省時省力的經濟原則而又陳舊過時。依靠奴隸來耕作的農業，逐漸爲世襲的佃農所取代。因此，中世紀並非始於城市，而是肇其端於鄉村。一開始封建制度便隨羅馬的土地征服與農業推廣而發展。隨著蠻族的入侵與古羅馬社會秩序的混沌，戰爭、騷亂、劫掠、動盪綿延不絕。農民爲了避免兵連禍結之苦，紛紛走避求庇於權貴豪門，由是農奴制逐告形成。

馬克思與恩格斯都強調封建社會的財產，對當時存在的生產力的依賴關係。在連年征戰中，以農業爲主的生產力受到打擊，故其發展頗慢。封建社會的財產，便在這種情形下展開。在《德意志意識形態》一書中，馬恩兩人曾經指出：「準備安居的征服者所採用的團體底形式，與他們當時所能找到的生產力相匹配。如果一開始兩者不相稱的話，那麼團體的形式必然改變，俾能夠配合生產力之所需」（*CW* 5:85; *SW* 1:72）。這些生產力要農奴與地主建立長期的佃農關係。

對馬克思而言，與土地連結的、非獨立性的勞動，構成了中世紀的物質基礎。於是農奴以及強迫性的耕作，成爲當時的生產關係。這種封建社會的生產關係是指農人儘管使用、但並非擁有生產工具，也即他須把其多餘的勞力貢獻給他的地主，然後才能被允許耕種自己

部份的田地。封建社會中土地租借的代價（力役、實物、租金）各個不同，但農奴貢獻其多餘的生產品給予地主，則是明顯而一致的。封建體系仰賴農奴的操作才能運用自如。

在封建社會中，個人的依賴性與不獨立，成為該社會生產關係的特徵，而且這種依賴關係還推展至整個社會的人際關係上。結果每一個人必然仰賴他人。不僅農奴如此，就是地主、貴族、封建主、俗人與僧侶也莫不如此。因此，中世紀的世界，本質上乃為農奴制的產品。就是政治體制也反映了經濟上的需求。換言之，生產與貨物的連結關係予以政治形式化，便是封建制度。

在封建社會中，手工藝的飛黃騰達有賴行會制度的推波助瀾，蓋行會制度保障手工藝生產力的存在與發展之故，行會制度的核心為師徒間的授受與技藝的增益。師徒的關係與佃農的關係相彷彿。

以上原始公社、奴隸社會、封建社會都是前資本主義的社會形構。在這種形態的社會中所進行的經濟活動，被馬克思稱為自然經濟。蓋其生產方式為「自然」的緣故。所謂的「自然」，根據他的解釋是完全受到自然條件的限制，生產力不高。因此，在這三種前資本主義的社會中，生產的價值只供直接使用，很少供交易之用。也即這三種社會只生產使用價值，而不生產交易價值。這三種自然的生產方式都有其共同的特徵，即不鼓勵生產力的擴大，這點與資本主義體制下大力鼓吹生產力擴張乙節大異其趣。前資本主義生產方式的普遍現象

爲生產力低，完全以土地爲生產力的源泉（有土斯有
財）。生產活動則爲農業的耕作，其剩餘產品則進貢給
統治者，使統治者得以高高在上發號施令。

4. 資產階級的社會

馬克思並沒有建立一套理論來說明封建社會怎樣演
展爲資本主義的社會。在《資本論》中，他說：「資本
主義社會的經濟結構是由封建社會的經濟結構成長而成
的。只有當後者解體時，才會使前者獲得自由解放的機
會」（Capital I: 715）。此一引句可有兩層的意思，
其一爲封建制度下的經濟結構解體；其二爲由封建經濟
結構下解放的某些因素，逐漸形成資本主義的生產關
係。

至於由封建主義蛻化爲資本主義，每一國家所經由
的發展途經與時期各自不同，並不是每一社會必然經由
原始公社、奴隸社會、封建社會、而至資產階級的資本
主義社會。他所指陳的這幾個階段的發展，是針對西方
（特別是工業發達的西歐）社會而言的。有時一個更高
發展的經濟形態，有可能影響一個發展較低的經濟形
式，造成「前封建社會」──早於封建社會之前的奴隸
社會──，直接躍進資本主義社會之可能（Shaw 1978：
141）。一般而言，封建制度的式微，使得在封建秩序

上生成發展的經濟力獲得解放，這就是造成資本主義制度的先驅。

由於馬克思的後半生完全致力於資本主義的制度之生成、操作、衰落底研究，因此，資本主義興盛的資產階級社會，成爲他的社會學說、特別是經驗性社會學理論的核心。

資本主義制度的出發點應是利潤的追求。由於資本家追求利潤，而不惜與他人進行拚死拚活的競爭，並且把資本多餘生產出來的那部份實益不加消耗；反之，把剩餘產品轉化成新資本，再予投資擴展。再投資的結果，使資本像滾雪球一般愈滾愈大，此即資本的累積。資本再生產擴大、資本累積的結果，導致社會出現兩種人：一類是大資本家（佔極少數），一類是靠工資維生的勞動者（佔極多數），於是資本家與勞動者的對立形成。

在資本主義制度的生產方式下，工資的增加率與資本累積率成爲反比。其結果會使「勞工被剝削的程度之縮小」成爲不可能。在資本主義生產方式下，「工人並不是爲滿足把現存的價值加以擴大之需求，而是現在的財富只供工人維持其生存，滿足其勉強維生的需求」。這便是馬克思認爲資本主義生產含有內在矛盾的原因（也即產品的使用價值與其交易價值的衝突）。這也是他何以反對改革資本主義制度內在弊病的因由，蓋任何的改革或改良，只有使資本與勞動不合理的關係保持不

變。這種的關係是一種壓榨剝削的關係，強迫工人做超過他生命需求以外的多餘工作。

在資本主義體制下，社會勞動生產力的增加，成為資本累積最重要的原因。生產力的擴大，表現在生產工具的突飛猛進，擁有人工最多、資本最雄厚、機器設備最好的大資本家，便容易打敗其競爭敵手的小資本家。工業經營範圍的擴大（資本的集中），以及以前獨立而又分散的資本之聯合（資本的統一），使資本構成的成份發生變化，其結果造成變動資本──勞動力──（與固定資本──廠房、機器、資金、原料等──相比之下）節節下降。接著資本的累積造成社會部份人工的多餘，這些多餘的人工便面臨失業之苦，也即形成所謂的「工業後備軍」──失業的工人群。

由是可知，資本主義在兩項相反相成的趨勢下運作：其一為減低產品生產所需的時間；其二為它儘量榨取工人剩餘勞動力。在生產力發展到某一階段上，只有聘用更多的工人，才會把多餘的勞動力作最大的利用。因此，「資本的一個傾向在於增加勞動人口，以及經常保持某些多餘的人口，俾資本可以適時來利用這些多餘的人口」。是故資本主義的生產必然鼓勵勞動人口的增加，其結果卻創造一個人為的過剩人口。

工資的升降完全受到工業後備軍伸縮的影響。工人名義上的工資，或稱絕對工資，可能不見得下降，但其實質上的工資，或稱相對工資，卻隨資本的累積而下降。其結果社會造成兩個極端：一端不斷地增加財富，

所謂富可敵國；另一端則日趨赤貧，所謂貧無立錐之
地。由是可知資本往前跨一大步，則產生了「大眾的日
趨貧困、受壓迫、奴隸、貶抑、與被榨取」。工人在忍
無可忍之下，將由工業後備軍轉變成革命後備軍，參與
暴亂、進行社會革命、推翻了資本家及其支持者，也即
埋葬資本家，把剝削階級加以剝削。

　　總之，在資本主義的體制下，生產方式必然為少數
人帶來巨大的生產力，以及龐大的社會財富，也為多數
人帶來貧窮困窘。這就是這一體制的內在矛盾。這種矛
盾不僅是使用價值與交易價值之間的矛盾，也是資本制
度的生產與社會需要之間的矛盾。這種矛盾顯得更形尖
銳，這是由於勞動過程業已社會化，但交易與分配過程
遺留在私人自行處理的階段，而非公眾共同所關懷、所
決定的。要之，社會生產的產品，截至目前為止不供全
社會享用，卻歸少數人把持。在這一意味下，資本主義
的生產方式未曾發揮其應有的作用，反而受到層層束
縛。易言之，生產無法達成其功用──滿足社會的需
要，蓋生產係在特殊的社會形式──資產階級社會──下
進行的緣故。資本主義犧牲了生產者的人性與社會的福
利，而未曾使生產力發揮其作用。這便是生產力受到生
產關係的拘束，導致兩者無法和諧，終於爆發了社會革
命，而把資本主義制度推翻。

5. 未來共產主義的社會

馬克思指出:「社會的整體必然分裂為兩個階級,其一為有產者,另一為無產階級的工人」。由是可知在資本主義的社會中將是有產與無產階級的對立與矛盾,也即資本與勞動的對立與矛盾。

由於資本主義社會內在的發展律導致其無可避免的崩潰,更由於無產階級改變其命運的意識大增,他們逐加入革命行列。共產運動與共產主義的世界革命終告爆發。不過為什麼資本主義的結束,便是共產主義的抬頭呢?關於這個問題馬克思的解答是這樣的:「要想改變私產之觀念的話,共產主義的觀念便夠了。不過要改變真實的私產,則需要真實的共產主義底運動。歷史將會證實這種說法。我們在思想中醞釀已久要改變私產的這一運動,將在很長與艱困的過程中成為實在的行動」(*FS* I:618;*CW* 3: 313)。換言之,資本主義制度的中心為私產,一旦私產廢除,則共產主義隨之興起,這便是資本主義崩潰後,共產主義崛起的原因。

在1844年的手稿中,年輕的馬克思曾經在一章題為<私產與共產主義>的稿件上,寫下他對未來共產主義的社會底看法。他首先討論共產主義的革命,以及革命後的情況,其次討論最後共產主義社會可能的樣子。馬氏並沒有像他人所預期的討論未來社會的經濟計畫、貨物分配、公共服務的組織、社區的安排等等,而是假定

未來共產主義的社會完全建立在物質供應不虞匱乏之上。這也是他後來所說「自由的領域」係建立在「必然的領域」之上，且加以超越（*Capital* III: 820）。

他未來的共產主義之觀點，基本上可以說是哲學的、甚至宗教的。這是他的世界史底整體哲學，也是他模仿黑格爾的《精神現象學》，而應用到社會發展方面。對馬克思而言，假使歷史是人類的「生成」（becoming）演展的變化歷程，那麼共產主義將是變化完成後，定於一的「存有」（being），也可以說是人類歷史終結之端。易言之，未來的共產主義的時代，將是人類的「真正創造歷史時期」。在這一意義下，共產主義的世界革命不啻為人的自我改變，未來共產主義則為人類新的生活之道。假使以往的人類生活在歷史中，而且過去的一部人類史乃是人的「異化」（*Entfremdung* 疏離、乖離）史，則未來的共產主義不啻為「異化」的克服，人將重新掌握他自己、回歸到他本來的自我（*Selbstgewinnung*），也即「人的恢復統合、或為回歸，超越了人的自我異化」（*FS* I: 593-594; *CW* 3: 296-297）。

馬克思認為無產階級革命甫告完成後的社會，是一種「粗糙生硬的共產主義」（*der krude Kommunismus*），其追求的目標並不在改善社會的弊端，而是鼓動社會中各階級之間的嫉恨鬥爭，只把私產與女人充公，供大家揮霍運用而已，其結果並不廢除私

產,也不克服人性的貪婪、不解除人勞苦的束縛,這是人格的全面否定。嫉妒、自私、貪慾仍舊大行其道。

至於經由這段「粗糙生硬的共產主義」之磨練,人類將進入最後的共產主義中。這便是馬克思所討論的「積極的人本主義」。在這一歷史的終站,人類將自受苦與異化的勞動中獲得解放。其內在的生產能力將會與落實在外在工業界的生產力結合。人在沒有貪求之下享受他自我活動的樂趣。人不再為敵對、陌生的外人而操勞,其產品也不致變成陌生怪異之物,對他虎視眈眈,反而成為他心血的結晶,有如藝術品之於藝術家。因之,馬克思說:「所謂私產的廢除意指外物世界異化性格的消除」(*FS* I: 595; *CW* 3: 297)。

在這種情形下,過去造成人類生活方式偏頗的「宗教、家庭、國家、法律、道德、科學、藝術等」通通受到一個普遍律的管轄。也即「私產的正面超越,就是人的生活底重現,也即所有異化的正面超越,使人類從宗教、家庭、國家等制度脫離出來,而回歸到人的、也即社會的生存。宗教的異化,只有產生在人內在生活的意識裡,可是經濟的異化,則產生在人實際生活裡」(*ibid.*)。

經濟異化的結束,意即國家、家庭、法律、道德等等隸屬於異化的次級範圍之結束。社會人之返回自我,乃是由於過去歷史所通稱的「社會」回歸到人的本身,由各種社會制度——異化的生產方式中——回歸到無拘無束的人之本體裡。

　　這種回歸到人本體的生活，乃是藝術的生活、科學的生活。因之，馬克思心目中最終的共產主義，基本上具有美學上的性格。他的烏托邦是未來人與自然的關係美學上的理想。這種烏托邦無異人自我創造美麗的環境，在此人造環境中，人可以用美學的觀點締造與欣賞他自己的製品。過去歷史上貪得無厭以及異化乖離的人將由歷史後期講求美學、科學的人所取代。生活在烏托邦的人將是「富裕的人，稟賦深沈的感受」，是一位「發展人類生命活動整體」的人。於是經濟運動將轉變爲藝術活動，異化的世界將變成美學的世界。

　　人類感性的解放，將使他五官的感覺毫無遮蔽偏失，而能使欣賞人造環境的優美，不像早前人類只企圖佔有事物、或濫用事物。對馬克思而言，在未來共產主義中獲得解放的人，不僅是沒有貪婪佔有慾的人，也包括操勞生產的勞動者，他們將不再侵佔或蹂躪真實的世界，而是懂得分享與欣賞世界之美的人。這種人才是他所稱呼讚賞的「社會人」。

　　人之變爲社會人，表示他將與人造的世界產生「美學上的融通」（aesthetic communion）。他將根據美學的律則發展他五官的潛能，俾與萬物相交接。如此則「萬事萬物對他而言，成爲證實與實現他個體性的客體物，變成他的客體，而他本人也融化於萬物中成爲物我合一……於是人不僅藉其思想而活在客體物當中，也藉感官而達到物我兩忘的地步」（FS I: 595-596; CW 3: 297-298）。

　　我們不妨說，對馬克思而言，未來的共產主義不啻
人重新掌握他自己。未來的人與世界的關係，事實上將
是人與人的關係，是人在客體的世界中，自己與另一個
自我（alter ego）的關係所形成的共同體。因之，共
產主義乃為「完全發展了的自然主義，而完全發展的自
然主義也即人本主義」。未來的共產主義也即是一種新
的「社會」，一種使美學上的人與其業已超越了疏離底
世界所形成的共同體。「這種社會成為人與自然的完全
結合，是自然的真正復活，也是人達致的自然主義，自
然達成的人本主義」（FS I: 596; CW 3: 298）。

　　在未來的共產社會中，不但階級可廢除，連國家也
被超越（Aufhebung des Staats），也即連國家這種所
謂的統治機構與社會制度，也消失於未來人類的歷史創
造期中。對馬克思而言，國家最高的理想，應是代表全
民的、普遍的利益。由是可知國家與社會之間的對立與
爭執，造成兩者之間的緊張關係。要把這兩元論打破，
要克服國家與社會之間對峙的緊張，顯然無法在現存的
政治體系中達成。只有讓國家消失於無形
（abstirbt），人在共同體中所追求的普遍性才有實現
之可能。

　　那麼未來的社會究竟是一個怎樣的共同體呢？馬克
思在與恩格斯合撰的《共產黨宣言》（1848）中指出：
「代替舊的資產社會、代替它的階級與階級對立，我們
將擁有一個組合體，在這個組合體中一個人自由的發

展，將是其他所有的人自由發展的條件」（*FS* II: 843;
CW 6: 506）。

四、馬克思社會進化觀的圖解與批評

　　把馬克思上述五、六種不同社會的演展，加以圖解
說明，有助於對他唯物史觀的概覽，更有助於對他經驗
性社會理論的瞭解：

圖6.2 馬克思唯物史觀圖解

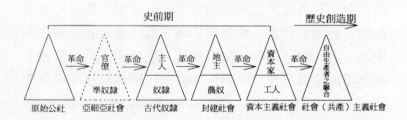

說明：
（1）除了原始的共產主義（原始公社）與未來的共產
　　　主義（也即社會主義往上發展的更高階段）之
　　　外，人類一直生活在階級的社會中。
（2）階級社會包括古代的奴隸社會、中古的封建社會
　　　與現代的資本主義底資產階級的社會。

（3）造成社會變遷的主力，仍舊是生產力與生產關係
（合稱生產方式）各自發展速度之不同，以致造
成兩者的矛盾衝突。經由這兩者的辯證發展（否
定之否定、量變轉成質變、社會革命爆發），而
改變了社會的形式（也即「經濟社會形構」發生
改變）。

（4）所謂亞細亞的生產方式之特徵為官僚政治、土地
國有，國家是最高的地主，它向全國生產者——農
民——徵收租稅，國家依靠農民的租稅養活一大批
官僚。因此官僚在亞細亞式的社會裡，就如同地
主一樣屬於剝削階級。亞細亞生產方式一如上文
所指隸屬於原始公社，也可能介於原始社會與奴
隸社會之間。一度被目為不發達之奴隸社會，此
可當成獨立的生產方式來看待[6]。

（5）在奴隸、封建、資本主義三個社會中，生產方式
的基礎之勞動都是不自由的、強制性的勞動，分
別稱呼為奴隸勞動、農奴勞動與工資勞動。反
之，未來社會主義社會之勞動則為自由勞動，也
即非疏離、非異化的勞動，而為創造、發明、跡
近美學與科學的活動。

---

[6]參考齊辛：＜官僚政治的根源＞與吳大琨：＜關於亞細亞生產方式
研究的幾個問題＞，刊：《七十年代》（香港），1980年7月，第
24至28頁。

　　如純以理論的眼光來看，馬克思的唯物史觀比較其他唯心史觀，能夠全面照顧到人類歷史發展的各個面向：包括人類在各種社會制度之下，其個人生存的各個方面，也注意到個人組成的集體——社會——之多樣性發展。也即這一史觀顯然已概括政治學、法律學、經濟學、社會學與人類學諸理論，企圖綰合各種學問，並給予邏輯性與全面性的處理，俾能徹底瞭解人類由蒙昧無知，而進入科學文明的整個辯證過程。這是唯物史觀比其他史觀，更具綜合性、廣包性、融貫性的原因。易言之，這是歷史過程的理論化，爲唯物史觀值得重視的所在。

　　此外，唯物史觀另一重要的意義在於強調理論與實踐的合一，也即企圖結合理論認知與革命行動，俾純描寫性的功能轉化成規範性的方法，鼓舞人們採取革命行動，改變自己，也改變世界。由於唯物史觀是行動指南，所以恩格斯在致宋巴特（Werner Sombart 1863-1941）的信（1895年3月11日）上，曾經指出：「馬克思的整個世界觀不僅是學說，也是方法，它不產生教條，而是爲未來的問題提供出發點，也是爲未來問題的獲求答案提供方法」[7]。考茨基（Karl Kautsky 1854-1938）也說過：唯物史觀「教給我們不僅去『瞭解』過去的歷史，還教給我們去『創造』未來的歷史，不帶任

---

[7]Rosental,M.M.　1967 "Die Methode des 'Kapitals", in: *Pädagogik*, 22, S. 679.

何的神祕，也不受任何索鏈的束縛，去承受事件的降臨」（Kautsky 1927: 845）。

不過這一史觀如僅回顧以往，而不展望未來，如僅當做人類過去歷史的綜覽，而非未來發展的憧憬，則其經驗性與客觀性的主張，或比較能夠為學者所接受。可惜唯物史觀卻投射於未來，而做大膽的預測。譬如說有關未來共產主義社會的來臨，固然是由於資本主義的「必然」崩潰，但也涉及無產階級發動武力革命，引發階級鬥爭，從而廢除私有制、剷除階級的區分，乃至使國家消弭於無形，使階級統治完全終結。這裡頭牽連著歷史必然發展與人群有意識的革命行為，兩者之間如何取捨、或相互融通的問題。再說，馬克思終其一生，對未來社會主義的社會只能輕描淡寫，不敢做確定的描繪，蓋深懼這種過度的預測有落空與掛一漏萬之虞。由是可知唯物史觀仍舊是一種烏托邦式的人類幻想，或一如塔克爾（Robert C. Tucker）氏所稱馬氏學說是一部人類的救贖史，一部人類由犯罪失樂園，經由煉獄，而重登衽席，獲救的歷程（見本書第十章）。在這一意義下，唯物史觀雖經馬、恩強調是「科學的社會主義」，是經驗的社會學說，卻無異一部新的宗教救贖書、或一部新的啟示錄。

對唯物史觀最基本的批評是認為：究竟人類的知識可否掌握到社會變遷過程的律則。因為只有當律則清楚而易於被識別之時，人類才能認識其存在，也才能瞭解律則發展的必然性本質。其次，既然有這些社會演進的

律則底存在，人類的行為只能依法行事，則自由意志根本沒有發生作用的可能，一切勢必成為命運。這點豈非與馬克思所強調的改變環境、俾改變人本身的說法相違背？這也與他強調歷史的盡頭是人的徹底解放、是自由的重新獲得之說法相乖離。易言之，唯物史觀強調的是社會發展的必然性。這種注重必然性發展的說詞遂與人類自動自發自由創造相左，也即命定論與自由意志論相衝突，這是馬克思唯物史觀最遭物議批評的所在。

五、馬克思的階級論

對馬克思而言，當做人類社會與經濟群體的階級，並不是以它的工作功能、收入多寡、消費多少來做為階級界定的標準；反之，是依賴這一群體與生產方式的關係來界定階級的意義與類別。易言之，界定階級不能訴諸生產過程，而是藉剩餘生產之關係，特別是對於剩餘生產品之控制加以界定的。另一界定與區分階級的方法為：對生產資料以及財產之擁有與否，從而分類為有產階級與無產階級。

有產階級不僅擁有財產與生產工具，尚且也享受高度的獨立與自由。這類階級常是社會中發號施令的權力者，常與統治階級的利益相一致，也可以視為統治階級的一環。反之，無產階級既不擁有財產或生產資料，在主觀感覺上也沒有獨立自主的感受，其勞動操作也聽命於人，受制於統治階級的權威與權力。

根據馬克思的看法，歷史上階級的區分肇始於生產力的發展，導因於剩餘產品的出現。所謂的剩餘產品是維持直接生產者生存與繁殖之外，不供即刻消耗掉的貨物與勞務。至於階級的崛起，則爲分工的結果，也與私產的蓄積有關，也即人們行有餘力，能把剩餘的產品轉供再生產之用，且將生產資料佔爲己有。

歷史上兩個針鋒相對的階級爲直接從事生產活動的被統治階級以及控制生產資料與剩餘產品的統治階級。第一個出現在人類史上的階級社會爲奴隸社會，那是當原始公社式微之時，由奴隸社會取而代之。在奴隸社會中，奴隸主爲統治階級，奴隸則爲被統治階級。接著出現在歐洲中古世紀的封建社會，其中封建主——也即地主成爲統治階級，農奴成爲被統治階級。降至近世資產階級社會興起，資產階級也即有產階級成爲統治者；反之，普勞階級——也即勞動者成爲直接生產者，前者爲統治階級，後者構成被統治階級。

馬克思偶然也指出：在近世資本主義的社會中不乏「中間階層」，也即界於有產與無產階級之間的中間群體。它有時也稱做小資產階級（ *petite bourgeoisie* ）；包括小本生意者、店舖持有人、自我僱傭的手工藝者、工匠、中、小自耕農等等，這些不曾普勞化的群體之共同特徵爲不倚仗工資或薪水維生。

可是在《資本論》第3卷第52章裡頭，馬克思卻一反他向來的階級區分法，倡說階級三分法。他說：只擁有勞動力的人與擁有資本的所有者，以及擁有土地所有

者這三類人代表三個階級。這三種人的收入來源分別為工資、利潤與地租。換句話說，依賴工資為生的勞動者，加上資本家與地主，構成了立基於資本主義生產方式的現代社會之三大階級（*Capital* III: 885）。此外，他也曾經提及一貧如洗、毫無社會地位的「襤褸普勞階級」（*Lumpenproletariat*），認為這類貧困無知的社會最低層人物，無異為乞丐或社會的邊緣人。

　　如前所述，階級的劃分不但立基於客觀事實，也立基於主觀的意義，也即階級意識。馬克思強調被壓迫的階級每思改變現狀，把本身有異於其他階級之處予以消解，並企圖溶化於另一階級當中。要達成此一目標有賴被統治、被壓迫階級的覺醒，以及對本身所隸屬階級之意識體會，才能夠崛起成為歷史發展的主角。換言之，被壓迫的群眾與被壓搾的個人能夠大徹大悟，共同意識到其處境，並瞭解其階級的情況，但階級情況有異於個人的遭遇，必須相似的個人的際遇匯聚成階級的命運，才會產生階級的意識。馬克思認為階級意識是在人群邁向奪取權力之途上自然產生的。也即當人群體會其共同利益，而懂得團結合作時，階級意識便會湧現。

　　要之，在資本主義的社會中階級意識牽連到下列三事：

（1）工人必須能夠分辨其所屬的階級與社會上其他階級有何不同之處；

（2）他們要體會其階級利益與資本家的利益不但截然不同，而且還針鋒相對，毫無妥協疏解的可能；

（3）是故工人必須認識到他們最終的目標在於打倒資
　　本主義的社會，也在於建立社會主義的體制。

　　為此，馬克思分別了所謂的「形成中的階級」（自
在階級 *Klasse an sich*）與「形成後的階級」（自為
階級 *Klasse für sich*）。他在《哲學的貧困》一書中
指出：「這個群眾在與資本相對照時，可說是一個自在
階級，可是並非自為階級。可是在鬥爭中，我們知道這
類鬥爭經歷了幾個階段，這些群眾團結在一起，把自己
構成為自為階級......不過階級對抗階級的鬥爭是一種
政治鬥爭」（*FS* II: 809-810; *CW* 6: 211）。
　　至於階級意識如何來加以量度呢？一般來說是以階
級組織的程度為測量的準繩。馬克思本人有時也把「形
成中的階級」（自在階級）視同為黨團的組成。例如他
把工人或者普勞階級組成一個政黨當做階級意識的發
揚。不過馬克思把黨與階級意識視為同一體曾經受到修
正主義頭號人物的伯恩斯坦（Eduard Bernstein 1850-
1932）的批評。伯氏說：「馬克思沒有必要把階級與黨
的概念相混淆。階級是指社會階級而言，是社會與經濟
的概念；其定義基本上是依賴客觀的經濟與法律之特徵
而下達的。階級的行為（包括階級意識在內）對階級的
存在事實並沒有決定性的作用」[8]。可是現代行為科學研

---

[8]參考 E. Bernstein, "Klasse und Klassenkampf", in:
　Sozialistische Monatszeitschrift, S. 860.

究者都強調社會群體的行為之重要性，因而否決了伯恩斯坦上述批評的可靠性。顯然馬克思不僅關心如何來指明階級的結構，他也強調階級本身的意願與行為，而且企圖解釋他為何相信勞動階級可以改變它自身，甚至改變整個社會。

根據馬克思對人類階級社會的分類，我們可以獲得下列一簡表：

社會類型 / 特徵 階級	奴隸社會	封建社會	資本主義社會
財產(生產工具)的擁有與否 — 有產階級	奴隸主	地主	資本家
財產(生產工具)的擁有與否 — 直接生產者	奴隸	農奴	勞動者
自由的程度與權力之有無 — 統治階級	絕對的權威與權力	高度的權威與權力	相對的權威與權力
自由的程度與權力之有無 — 被統治階級	絕無自由	部份自由	表面上的自由
生產方式	奴隸勞動	農奴勞動	工資勞動

馬克思政治與社會學說的中心為「衝突」、為「鬥爭」。馬克思並不強調國家與國家之間的衝突或鬥

爭，也不強調種族與種族之間的衝突或鬥爭，也不強調
兩性之間的爭執，但卻強調階級與階級之間的衝突或鬥
爭。原因是階級社會中隱含統治、支配、敵對與衝突。
擁有生產資料者與單單擁有勞力的群眾之間的衝突，幾
乎是人類有史以來的基本現象。在階級社會中這種衝突
並沒有解決的可能。是故傾軋、爭執、叛變、暴亂、革
命等等成為衝突與乖離的明顯表現。這種階級的對峙、
敵視或矛盾是永恆的、不斷的，並沒有隨人類文明的進
步而減低或緩和，反而愈演愈烈勢成水火。爭執的兩個
階級被鎖在支配與降服的困境中。只有藉生產方式的徹
底改變，才有可能消滅人類階級之爭。

　　馬克思指出一部人類史無異為階級鬥爭史。階級鬥
爭是推動歷史變遷的主力，也是導致現代社會轉變有力
的槓桿。階級鬥爭深入階級社會的經濟、政治與意識形
態的領域，而且以各種不同的形式表現出來。因此不探
討階級鬥爭就無法瞭解階級社會的本質，也無法瞭解階
級社會中宗教、藝術、科哲等方面的發展。在階級鬥爭
的諸形式中，首推政治鬥爭最為重要。政治鬥爭是為了
國家領導權的爭取所展開的鬥爭，是故馬克思在《共產
黨宣言》中稱：「每一階級鬥爭都是政治鬥爭」（*FS*
II: 828; *CW* 6: 493）。

　　馬克思在致魏德邁（Joseph Weydemeyer 1818-
1866）的書信（5.3.1852）中自稱：他對現代社會裡頭
階級的存在，以及階級之間的鬥爭，並不是第一位發現
者。反之，在他之前資產階級的歷史學者與經濟學者對

階級的問題早已留意及之，且有詳細的描述，不過馬氏自認有三點是他特別指出的，那是「第一、把種種階級的存在連繫到生產發展的特殊歷史階段之上；第二、階級鬥爭必然引向無產階級的專政；第三、這一專政本身只構成了所有階級的廢除，以及無產階級社會的出現之過渡期而已」（SC 64）。

　　總之，馬克思階級理論的特徵為一方估量個人在生產過程中事實上的情況（階級情況），一方探討這些個人們在其真實情況下所凝聚匯合的觀感，以及他們所採取的行動路線（階級意識）。這兩者（客觀實況與主觀覺悟）的相激相盪促成他階級的理論與革命的實踐結合為一體，也即知行合一。至於馬氏所以堅信普勞階級在短暫的時間內，就能在階級鬥爭中擊垮有產階級，這是因為現代大規模的生產方式便利了工人的聚居，容易激發他們同仇敵愾、提升他們的階級意識，從而使社會主義的理念遠播，並促成工人積極參與政治運動之故。

六、馬克思階級論的批評

　　馬克思的階級理論雖然受到其信徒堅決的護衛，但也遭遇劇烈的批評。這些批評大約可以歸納成下列數點：

　　第一、馬克思似乎太重視階級，以及階級鬥爭對人類歷史的影響，從而忽視了社會上人群其他結合的方式，也疏忽了這些團體對歷史變化所起的作用。譬如說國家這一人群的結合體，在人類近世史與現代史中扮演一個相當重要的角色，卻沒有得到馬克思的注意。其結果造成他對當代社會變遷的兩個主要的因素——民族主義與帝國主義——加以忽略。不過衡諸19世紀社會學初創之時，社會學鼻祖的孔德與斯賓塞咸認人類之間的戰爭將隨社會進步與文明發達而消失。馬克思不在意民族主義與帝國主義所掀起的國際戰爭，也許是受其同時代社會科學思想大家的影響之故。此外，馬克思對於當代歐洲國族社群（national community）意識的高漲也少加留神。須知這種膨脹的國族意識對階級之間的敵對或衝突有緩和、抑制的作用。在19世紀中葉的歐洲，每一國家為單位的社會中，兩個不同階級之間的區分固然容易辨識，而被壓榨階級力圖反抗的情形也容易瞭解。可是當時歐洲社會中，不乏新興群體的出現；它們要求更多的政治權力與社會地位，從而出現了新的社會觀、道德觀。藉著「公民」這一概念，他們強調一國之內人民法律地位的平等，與公民利益的一致。這種強調與要求削弱了國境內兩階級的對峙、兩階級的仇視，乃至削弱它們彼此間的爭執、緊張。

　　工業國家階級間的對立，並沒有造成資本主義社會的崩潰。反之，階級的對立或仇視都隨歐戰（第一次世界大戰）的爆發而削弱。甚至連一向信奉馬克思主義的

歐陸社會黨在戰火甫燃之際，紛紛支持本國政府合力對付外敵。同樣的情形也發生在20世紀工人階級的政治參與之上。工人階級所形成的政黨多半放棄馬克思的暴力革命路線，改走溫和穩健的改良路線。這說明國族的呼喚較之階級的意識，對人群的團結一致更具說服力與凝聚作用（Bottomore 1966: 19-20）。

對馬克思階級理論的第二個批評是認為儘管他的理論對於解釋現代資本主義社會勞資關係頗有獨到之處，但應用到社會階層化（social stratification）的其他類型時，他的理論則常有欠缺圓通之處。事實上，馬克思的理論中有關「階級」一詞，含有兩種不同的用法與指謂：一種是在《共產黨宣言》中開宗明義的揭示：「所有至今為止的社會史不過是階級鬥爭史」。這裡所使用的「階級」一詞是泛指人類社會最大的群體而言，也即統治群體與被統治群體。可是他在別的著作中卻談及現代社會中的諸階級。顯然這裡使用的「階級」一詞，與前述歷史上主要的群體的階級有不同的指涉與內涵。在馬克思後半生中，他所致力討論的正是後面第二種使用法的「階級」，也即現代資本主義社會中的兩大階級。如果僅把馬克思的階級理論應用到現代資本主義社會的分析之上，也許不致有太大的出入，偏偏他的信徒在不辨識馬氏用詞的原意之下，勉強要把他有關階級的理論也應用到其他歷史情況裡、其他社會描述與分析上，就會造成混淆不清的結果。

　　第三項批評係牽連到直接攻擊馬氏階級理論在現代
資本主義社會的應用。馬氏預言現代社會兩個主要的階
級——資產與無產階級——之間的鴻溝會愈來愈大，這是
由於生活條件的不平衡發展，也是由於中間階層的兩極
化，更是由於階級意識的膨脹之故。他更預言資產階級
終有被推翻埋葬的一日。可是鑑諸現代工業社會發展的
實況，階級對峙的鴻溝，不但沒有加深或擴大，反而趨
向縮小。此中的原因多端：主要的為生產力的大幅抬
高，遂使生活水準跟著邃升；其次財富收入的分配，也
有相當大程度的調整。就算分配還沒有達致期待中的公
平程度，但至少工人生活水平的抬高，使他們對革命的
呼喚充耳不聞。有人甚至認為國民所得的重新分配，對
工人階級有利，至少在工作保障、安全措施與其他福利
方面有頗大的改善。其結果促使工人傾向保守現實，他
們不再感覺與現代社會完全脫節或乖離。

　　使馬克思階級理論遭受最大挑戰的為「新階級」的
出現。這一新情況的發生，並沒有使馬氏所預言中間階
層的趨向兩極化或消失完全落空。原因是他所提的中間
階層是指小生產者、手工藝匠、中農、和自我僱傭的生
意人而言的。這些中間階層在現代大資本企業中，顯然
多被吸收為僱員，完全應驗了他的預測。不過他所不曾
注意到的是強調現代社會階級的分化，而忽視了真正的
中產階級——辦事員、監督員、經理、技術人員、科學
家等。須知這些新的職業的擁有者所形成的群體無異為
一新階級。它的出現並不完全歸因於生產方式，而是肇

因於社會威望。至於社會威望的產生卻是建立在職業的
高尚、收入的豐厚、工作的有趣、消費的特色、或生活
型態的特殊之上。

　　瑪克士・韋伯即曾識別階級分化與社會威望或榮譽
造成的社會階層分化之不同。此外他還指出在社會中政
治權力的分配，可視為另外一個獨立的現象，不一定非
與經濟權力的分配混為一談不可。依據他的解釋，社會
由於威望而層化，這是導致社會地位不同的群體興起的
原因。這種威望的層化在資本主義形成前便已出現，像
中世紀歐洲封建社會中的貴族、將相或僧侶、學者。在
現代進步的工業社會中，新階級也展示他們優越的社會
威望。他們的社會威望是建立在其知識擁有、才華出
眾、教育文化的特質之上，或是由於其職業的社會評價
較高，或由於他們特殊的生活方式。新階級對現代工業
社會的影響是多方面的，其中有兩點值得人們特別注
目：其一、在兩個主要的階級之間存在著各種不同的地
位群體（status groups），可以減輕社會的兩極化，
也縮短貧富的差距；其二、社會的上下位階關係
（social hierarchy）因為新階級的出現而有不同的樣
貌與看法。過去上下層儼然隔開，現在由社會的下層，
經中層，而上層形成一個連續體（continuum），每一
階層都隨其社會地位之不同，佔有社會位階的特定位
置。此一位置之取得不完全取決於財產的有無多寡，而
是取決於一連串不同的因素：出身、教育背景、人格結
構、知識技術的水準、文化薰陶、職業的類型等等。由

於新階級出現所造成的社會觀，自然與馬克思的階級觀相左，也與他的階級鬥爭理論相違悖。不過這種新階級觀更可以妥切反映現代工業社會的實況。易言之，現代社會中地位群體之間的關係不是階級鬥爭，而是彼此相互競爭、模仿、超越。由於中產階級的成員底數目激增，以及他們在社會總人口中逐漸增大的比例，使按照社會威望而上下排列的連續體造成的社會位階這一看法，在現代社會思想界中成爲最具影響力的社會觀，從而抑制階級意識的散播，也抗拒社會分裂爲兩大陣營的說法。再說，隨著經濟條件的改變與科技的發達，韋伯所稱：現代社會中階級層化與威望層化並行不悖的理論，更爲近世社會學家所推崇。他們咸認：地位群體較之社會階級更爲重要。

這一結論獲得兩項論證的支持：其一、在工業社會中，社會變動的數量極大，以致馬克思所認爲階級凝聚穩固的說法行不通；反之，社會位階的觀念深植人心，人人以攀登社會位階爲個人立志行事的表現。其二、德國社會學家達連朵夫（Ralf Dahrendorf）在其主要的作品——《工業社會中的階級與階級鬥爭》中，倣效韋伯分辨階級層化與政治權力層化，指出在「後資本主義社會」（post-capitalist society）中，經濟衝突與政治衝突並不一定同時產生。蓋在這種資本主義社會中，工業與社會可能連結，也可能分開。工業中的社會關係包括工業衝突，不再主宰或影響整個社會。反之，工業衝突僅僅局限於工業部門內，成爲工業界（勞資雙

方或擔任仲裁的第三者）自行謀求解決的問題。換言之，工業與工業衝突已以制度的方式被孤立起來，被限制在特殊的範圍內，它對社會其他範圍所發生的作用與影響力遂被剝奪，從而工業衝突已不再變成階級鬥爭（Dahrendorf 1959: 268）。

除了上述幾點批評之外，另一項批評指出馬克思把現代社會分析為兩個主要階級是不適當的。不管是資產階級，還是無產階級，都不是團結一致、協同對外的群體。特別是資產階級的結構、成分、穩定等等都隨社會的變遷而大大改觀。此外，資產階級也不一定與統治階級連成一體，其原因有三：其一、有產階級不再是一個團結聚合的群體；其二、現代社會的複雜分化，很難使單一社群獨掌大權；其三、普選制度使政治權力最終掌握在群眾手中。

至於工人階級的分化更為厲害。儘管工人的收入差異逐漸縮小，但由於職業類別與專業化愈分愈細，造成工人地位體系的日趨複雜。再說，中產階級的崛起使工人在整個社會中的人口比例相對減少，其影響力遂告減低。此外，社會變動頻繁，使工人階級的團結盪然無存，一般生活水平的抬高也造成工人「資產階級化」（embourgeoisement），他們多數向中產階級看齊，而傚效後者的生活方式（Bottomore 1966: 20-35）。

再說現代社會的結構受政治權威影響者極多，特別是奉行馬克思主義的共黨國家，還有所謂第三世界的發展中國家，政治跑在經濟的前頭，社群間的關係已不受

生產方式的左右，而是取決於政府、政黨的安排、控制，則馬克思的階級論只能視為19世紀逾時的社會觀點，而無法作為20世紀現代社會的分析工具，這是我們研究他的階級理論與考察當代社會實況所獲得的評斷。

第七章

馬克思論歷史

——歷史唯物論的析評

一、歷史的創造與歷史的理解

馬克思在《路易・波拿帕霧月十八日》（1852）一書的開頭指出：「人群創造了他們本身的歷史，但並非按照他們所喜愛來創造，並不是在他們自己選擇的情況下創造，而是在他們直接遭逢到的、給予的、或過去承繼下來的狀況下去創造歷史」（CW 11: 103）。這段話表示人群是在本身無法自主，也即在特殊的狀況之下去進行歷史之創造。

　　但至今爲止，人類對歷史的創造既是不符合他們的喜歡，也常違逆他們的心意，更不是出於理智的精雕細琢。因之，一部人類的歷史，還談不上是符合人性的歷史。這部人類史在馬克思心目中只算是人類的前史（*Vorgeschichte*）（《政治經濟學批判》〈序言〉1859）。也即當今資產階級社會之生產關係的敵對，將是人類最後一次的敵對，其原因爲資產階級社會的子宮中正孕育解決這種敵對所需的物質條件，新的社會形構會終結人類社會的「前史」（*SW* 1: 504）。

　　那麼馬克思怎樣來看待至今爲止人類的前史呢？由於以往觀念論者、唯心主義者視歷史爲神明或偉人的創造，或是人類心靈、意識、精神的展現，遂被馬克思與恩格斯斥爲怪誕不經、違反科學的一派胡言。對馬、恩來說：「證實整部歷史，我們要有個前提，那就是人類活著是爲了能夠『創造歷史』。爲了生活人必須吃、喝、住、行、穿等等，因此，第一項歷史事實乃爲製造滿足需要的材料，也即物質生活的生產。這一個歷史動作遂成爲所有歷史的基礎。這是自古至今天天必須進行的動作，俾人類的生活得以維持」（*FS* II: 28-29; *CW* 5: 41-42）。換言之，「全部人類歷史的首要前提無疑地爲活生生的個人之存在....所有歷史的記載必須從這個自然基礎出發；也必須從歷史過程中人通過活動而修改這一自然基礎出發」（*FS* II: 16; *CW* 5: 31）。

　　正因爲是人的生活決定人的意識，因之，撇開活生生的、感官上、經驗上可以感知的人，而泛論道德、宗

教、形而上學、人的各種意識，對馬、恩而言是無稽之談，這類意識形態的本身沒有實質也沒有歷史可言，只造成獨立存在的假象。因之，歷史的起步就是活生生的個人及其確實的生活過程。一旦將這種活生生的個人之生活歷程加以描述，歷史就不再是死的事實之彙編，也不再是唯心主義者幻想的主體之虛構的活動（*FS* II: 23; *CW* 5: 37）。

馬克思和恩格斯在《神聖家族》（1844-1845）一書中，曾經說：「歷史什麼也不做，它既不擁有廣大財富，也不進行戰爭。〔反之〕只有人，真實的、活生生的人群，他們在做這些事情，他們擁有財富，他們進行戰爭。不是『歷史』利用人當成手段去達成──就彷彿把歷史當成人身看待──它本身的目的。歷史不過是人群追求其目的之活動」（*FS* I: 777; *CW* 4: 93）。

在1846年年底致俄國作家安念可夫（Pavel V. Annenkov 1812-1887）的信上，馬克思提到社會史，他寫道：「社會史乃為人群個人發展的歷史，不管他們對此歷史是否有所意識。他們之間的物質關係是他們真實關係的基礎。這些物質關係乃為必然的形式，在其中他們物質的和個人的活動才能落實」（*SC* 35）。

馬、恩兩人又指出：「歷史不過是分開的代代之相傳，每代使用前代留下來的物質、資財、生產力。因之，一方面是在完全變異的情況下繼續原有的傳統活動；另一方面則使完全變化的活動來修改古老的情況」（*FS* II：42; *CW* 5: 50）。

　　顯然，馬克思與恩格斯為了「安頓我們曾經有的良心」而批判黑格爾及其門徒的錯誤意識，合撰《德意志意識形態》（1845-46）。此時他們已將發現的唯物史觀（*materielle Geschichtsauffassung*; materialist conception of history）有系統地表述出來。晚年的恩格斯認為唯物史觀是馬克思一生中兩個偉大的發明與發現之一（另一為「剩餘價值理論」）。但對馬克思而言，此一歷史觀並非他獨得之秘，而是恩格斯在同一時刻也已「獨立地」達到相同的結論（*SW* I: 504-505）。

二、唯物史觀的理念泉源

　　一般的說法，是認為唯物史觀為以經濟的眼光來看待社會的變遷與歷史的遞嬗，有時還把它看成為經濟決定論，或把歷史歸結為經濟的化約論。馬克思本人只使用唯物史觀，或有時使用「生產的唯物主義條件」（the materialist conditions of production）等詞謂。他不願意使用歷史唯物主義或歷史唯物論的原因之一，應該是認為這種歷史觀只是瞭解歷史、接近歷史的方法或途徑，而非系統性的歷史哲學（McLellan 1971: 123）。歷史唯物主義（historical materialism）是俄國馬克思主義之父朴列漢諾夫（Georgi V.

Plekhanov 1856-1918）所宣稱，而爲後來正統的馬克
思主義者信守不渝的稱呼與教條。

恩格斯認爲馬克思的唯物史觀是由三個因素構成
的：德國的觀念論、法國的社會主義和英國古典的政經
學說。德國觀念論的肇始者康德醉心於建立一個自由與
和平的社會；費希德視人類的歷史爲理性發展史；黑格
爾認爲歷史乃爲抽象原則——文化、宗教、哲學——之衝
突與發展。黑格爾進一步指出歷史是精神或意識由主體
轉變爲客體，最後達到自知之明的絕對狀態之辯證過
程，也是精神追求自由的正反合歷程。造成歷史變遷的
動力乃爲萬事萬物內在的矛盾，特別是否定、對立的勢
力之拼鬥，亦即爲本質與存在之間矛盾的爆發與調解。
萬事萬物在其本身都有自我毀滅和自我生成的種子，促
成其汰舊更新而轉變爲另一新的狀態、新的形貌。黑格
爾這個辯證發展的觀念被馬克思視爲進步的動力，也是
整套黑格爾哲學的精華。只是馬克思不贊成歷史的變遷
是精神、心靈、意識、理念的變動[1]。反之，對馬克思而
言歷史是一部人類開天闢地、征服自然、利用厚生的奮

---

[1]馬、恩批評黑格爾的歷史觀不過是基督教和德意志教條的「思辨性
　表述」（speculative expression）。這種教條乃建立在「精神
　與物質的對立，上帝和世界的對立之上。在歷史上、在人類世界
　找得到的這種對立便是以主動精神爲名目的少數菁英來對抗精神
　很少的群眾，或被視爲物質的其餘人群」（FS 1: 766; CW 4:
　85）。

鬥史。是故，馬克思揚棄了黑格爾觀念論的精神（洪鎌德 1988： 63-72; 1995c: 65-74）。

　　在法國巴貝也夫（Gracchus Babeuf 1760-1797）曾企圖藉革命性的苦迭打（*coup d'état* 政變）來建立共產主義，卻告失敗而被判死刑。不過社會主義的理念卻因爲傅立葉和聖西蒙的鼓吹，而使19世紀初德國激進的青年，包括馬克思和恩格斯在內，爲之執迷嚮往。

　　至於英國工業化初期的資本主義更是馬克思研究與抨擊的對象，而自亞丹・斯密和李嘉圖以來的政治經濟學，首先吸引恩格斯的注意，其後構成馬克思後半生研讀和批判的主要素材。原來斯密的《各國財富性質與原因之探究》（《原富》）所主張的就是政府放任不管的資本主義（*laissez-faire* capitalism），而李嘉圖的價值理論，後來成爲馬克思一個階級剝削另一個階級說法的張本，也是他所以宣稱「至今爲止的人類社會之歷史爲階級鬥爭史」（*FS* II: 817; *CW* 6: 482）之由來。由是可知構成馬克思唯物史觀的因素，不只有德國觀念論的哲學，也不只是法國社會主義的傳統，更有英國古典的政治經濟學。

三、唯物史觀的要義

除了青年時代的馬克思與恩格斯分別在《德意志意識形態》和《神聖家族》兩書中表明他們對所謂唯物史觀的看法之外，一般而言，有關馬克思對此一史觀最簡賅精要的解釋，莫過於他在《政治經濟學批判》〈序言〉（1859）上所提及的那段話。他首先指出在他批判黑格爾法哲學的導言上，他得到的結論是：法律關係和國家形式既無法從法律或國家本身來理解，也無法從人心的發展來解釋。因為法政的根基在於人群生活的物質條件，也就是黑格爾所說的市民社會（民間社會），但要解析市民社會就要靠政治經濟學。因之，在學習過程中馬克思終於找到貫穿他研究的主軸，這就是他的唯物史觀。他說：

> 在人群生活的社會生產裡，人群進入特定的〔生產〕關係，這是他們的意志不可或缺、而又不受意志牽制〔不以人的意志而轉移〕的關係。這種生產關係與物質生產力一定階段的發展相搭配。這些生產關係的總和構成社會的經濟基礎，這就是真實的基礎，其上面矗立著法律的和政治的上層建築，以及與此相配稱的社會意識之形式。物質生活的生產方式制約一般社會的、政治的、和知識的生產過程。並非人

群的意識決定他們的存有；剛好相反，他們的社會存有決定了他們的意識。在發展的某一階段上，社會的物質生產力與現存的而又彼此協作的生產關係——生產關係的法律表述為財產關係——發生衝突。就生產力發展的形式來說，這些現存的生產關係，變成〔阻礙進展的〕桎梏。於是社會革命爆發的時刻到來。隨著經濟基礎的變動，整個上層建築或多或少地快速變動。在考慮這一變動之時，應該分辨生產的經濟條件之改變....與法律、政治、宗教、美學或哲學——一言以蔽之，意識形態之變動....我們不能以這一時期意識的改變，來判斷這個改變的時期；相反地，這一意識只有從物質生活的矛盾，從社會生產力與生產關係之衝突中來加以判斷。在所有生產力還有空間可資發展之前，社會秩序是不會毀滅的。生產關係的存在之物質條件在舊社會的子宮中尚未懷胎成熟之前，嶄新的、更高的生產關係無從出現....粗略地加以分割，可得亞細亞、古代、封建與現代資產階級的生產方式，這些是社會的經濟形構進展的時期（*SW* 1: 504）。

那麼這種下層建築或稱社會的經濟結構制約上層建築（意識形態、典章制度、國家型態與社會意識）的另一意涵為：「生產條件〔資料〕擁有者同直接生產者的

直接關係——這種關係經常對應某一特定階段的勞動方式和社會生產力之發展情況——透露著整個社會結構最隱密的基礎，也透露著主權與臣屬〔不獨立〕的政治形式。簡言之，也顯示相稱〔搭配〕的國家形式」（*Capital* III: 791）。換言之，上下層建築的關係就是有產者與無產者之間的關係，也是統治者與被統治者之間的關係。

　　除了馬克思這一重要的宣示之外，恩格斯也在他所著《反杜林論》（1882）前面三章所改編的《從空想的社會主義到科學的社會主義》一小冊中，提起唯物史觀：

　　　　唯物史觀是從這一主張出發：維持人生活的日用品之生產以及產品的交換乃是社會結構的基礎。每個出現在歷史上的社會當中，財富怎樣分配，社會怎樣分裂為階級或階層，完全取決於生產什麼、如何生產、以及產品如何分配。以這個觀點來分析，社會變遷和政治革命最後的原因，不在人的頭腦裡，也不在人群對永恆真理與公義的高瞻遠矚，而是由於生產方式與交換方式的改變，這些改變之因由無法在每個時代的哲學裡，而必須在每個時代的經濟學裡去尋找（*CW* 24: 306）。

　　另外，恩格斯更簡要地把唯物史觀作如下的描述：

> 歷史唯物主義標明歷史發展的看法，它尋找
> 重大歷史事件最後的原因和重大的推力為社會
> 之經濟發展，為生產與交易形式之改變，為社
> 會最終分化為明顯的階級，為階級彼此之間的
> 鬥爭（Shaw 1991: 234）。

生產力指的是生產手段，包括工具、機器、設備、工廠等等，也包括人力（技術、知識、經驗、管理技術等等）。生產關係則為生產力和人力加以結合的關係。它可以分成兩大類型：一方面是技術的關係，也就是使生產過程得以進行的工作關係；另一方面為經濟控制的關係（在法律上稱作財產關係），這種控制關係是決定對生產力的擁有、以及對產品的支配之權力。這兩種關係的對照，一方為物質生產（包括財貨與勞務的生產）之勞動關係，另一方為勞動關係所呈現的法律關係，也是社會與經濟活動的外殼。馬克思批評很多政治經濟學家把這兩種不同的關係混為一談。經濟結構之所以有所不同，乃肇因於主控其社會生產的關係之歧異。於是馬克思說：「不論生產擁有何種的社會形式，工人以及生產手段始終都是這種生產的形式之因素....〔可是〕它們〔工人與生產手段〕怎樣結合的樣式，卻使社會結構從其他的社會結構分別出來，而造成不同的經濟時期的因由」（*Capital* II: 36-37）。

圖 7.1　唯物史觀所牽涉生產方式變動

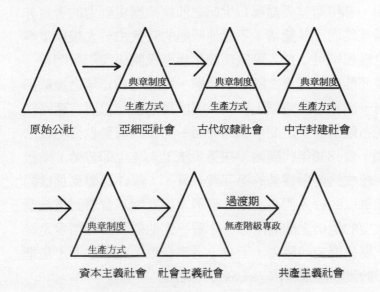

資料來源：馬克思與恩格斯《德意志意識形態》（1845-
　　　　　46）及馬克思《政經批判》＜序言＞
　　　　　（1859），箭頭表示人類進化的方向，由本書
　　　　　作者自行設計。

四、由技術面轉向社會面──階級社會 及其變遷

在〈路易・費爾巴哈與古典德國哲學的終結〉一文中，恩格斯曾經提起19世紀之前歐洲歷史動力的考察非常複雜而不易釐清，不過他所處的時代由於大規模工業之崛起則可以把人際關係簡化為階級關係與階級鬥爭，從而能夠對歷史之謎加以破解。譬如在1815年之後歐洲有一段和平的時期出現，英國成為地主階級與有產階級（布爾喬亞）之間爭霸的局面。同樣的情勢也發生在法國。自1830年代開始，在英、法工人（也即普勞）階級崛起成為競爭權勢的第三股力量。「條件已變到那樣的簡單以致於人們必須閉上眼睛才故意地不會看到這幾個大型的階級之間的廝殺，才看不到他們利益的鬥爭是造成現代歷史的驅力，至少〔這事發生〕在〔歐洲〕最進步的兩個國家境內」（*SW* 3: 368 ）。

那麼階級怎樣出現呢？其出現的早期恰好是大量封建土地的財產由於政治因素而形成，也就是封建地主靠武力而擁有大片的土地，再把私產加以合法化，就造成了地主階級。同樣也是因武力、暴力而形成布爾喬亞與普勞階級。可是後面這兩大階級的出現，一般而言表面上強調其產生與發展是經由純粹的經濟原因。「很清楚的事實是地主階級和布爾喬亞之鬥爭，並不亞於布爾喬亞與普勞階級之爭，其主要的目的在競取階級的利益，至於政治權力便成為一個簡單的手段。布爾喬亞和普勞

階級雙方的崛起都是經濟條件轉變的結果，更精確地說，是生產方式改變的結果。從基爾特（同業公會）手工轉變爲製造業，再由製造業改變爲利用蒸汽與機械的大規模的工業，這些轉變都造成兩大階級的發展。在某一階段上，由布爾喬亞（藉分工和一個廠房裡小工人的結合）所造成的嶄新的生產力（以及由生產力的發展所造成交換的條件與要件），變成和歷史上傳承下來、而受到法律加以保障的現存生產秩序無法相容，這就是說與基爾特的特權和其眾多的個人之特權、地方之特權不相容....布爾喬亞所代表的生產力反叛了封建地主與基爾特主人所代表的生產力，其結果爲眾所知悉：在英國封建的枷鎖慢慢地被打破，在法國則一舉而被打破，在德國這一〔反叛〕過程尙未結束」（*SW* 3: 368-369）。

從上面大篇引用的文字中，不難理解恩格斯和馬克思所以把階級的出現和階級之間的鬥爭引進到歷史的變遷之上，甚至又解釋爲歷史變遷的動力、驅力，就知道他們兩位的唯物史觀，不僅強調生產力與生產關係的衝突，或生產方式與上層建築發展的矛盾，更是由純粹經濟或技術面的變化轉到應用生產力、科技、經濟的人群，以及人群的鬥爭方面。從而可知，唯物史觀另一重大的說詞（*Grundaussagen*）爲階級分別、階級對立與階級鬥爭（Hofmann 59ff.）。

不僅現代史是一部階級的歷史和階級的鬥爭史，就是「至今爲止〔有記載〕的歷史都是階級鬥爭史」（*CW*

6：482）。這包括自由人與奴隸、貴族與平民、地主與農奴、基爾特師傅與學徒之間的階級鬥爭。換言之，壓迫者與被壓迫者常是處於經常的對抗當中。他們繼續不斷的鬥爭之方式或公開或隱晦，但鬥爭的結果卻造成社會整體革命性的重建，或是爭執的雙方同歸於盡。明確地說，在古代羅馬，有貴胄、騎士、庶民之間的鬥爭；在中古有封建主、附庸、師傅、學徒、農奴等等之間的鬥爭。在當代資產階級社會中，階級的分割更爲明顯：社會整體或多或少分裂成兩個敵對的陣營，兩個相互面對的大階級：布爾喬亞與普勞階級（*ibid.*, 485）。

　　把馬克思與恩格斯這種歷史觀加以圖表化可成爲下面一幅簡圖：

圖 7.2 唯物史觀所牽涉階級對立與階級鬥爭之示意

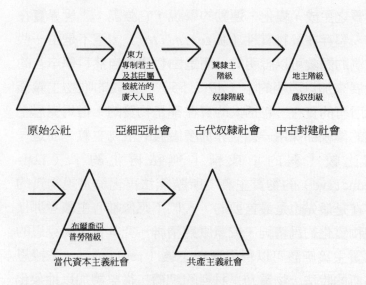

原始公社　　　亞細亞社會　　古代奴隸社會　中古封建社會

　　　　　　　當代資本主義社會　　　　共產主義社會

資料來源：馬、恩《共產黨宣言》（1848）與馬克思《政經批判》＜序言＞，箭頭表示人類進化的方向，由本書作者自行設計

五、唯物史觀中物質或唯物主義之意涵

　　馬克思與恩格斯的唯物史觀所牽涉的唯物、或歷史唯物論，又名歷史唯物主義所牽涉的物質論，究竟何所指？有什麼意涵？都成為馬克思主義者，或非馬派學者討論的焦點。

　　一般而言，馬克思所主張的唯物主義是一種辯證的唯物主義，以別於機械性的唯物主義[2]。唯物主義是有關物質之生成、變化、運動的學說，它強調：「世界實在的一體存在於物質性（*Materialität*），這不是由一些空洞的詞彙可以證明的，而是由哲學與自然科學辛苦的發展來加以證明的」（*AD*：55）。廣義的唯物主義涵括所有的實在，包括人的實在都是物質的，但馬克思主義的傳統卻採用一種並非那麼廣義的唯物主義，而是一種比較「弱的」或稱「無法再化約」（non-reductive）的物質主義。所謂無法再化約是說物質的存在是最先也是最首要的，人們不應像唯心主義者那樣把物質化約爲精神、或還原爲精神。究其實，馬克思的物質主義應該可以目爲實在主義（realism）。依據恩格斯的說法，物質乃是材料的總體，從整體加以抽象化就得到物質的概念：就像運動不過是所有感覺得到運動形式的總和。不管是物質還是運動，都是人們根據共通

---

[2]所謂機械的唯物主義也是形而上學的物質主義，是18世紀粗糙的唯物主義，也是19世紀初葉，像費爾巴哈的人本主義。以感知（*Anschauung*）來理解世界，而不知以批判和革命的實踐，來改造世界。反之，建立在現代科學基礎上新發現的知識，視天體、自然和有機的生物非一成不變，而是靠辯證的運動律而生成變化。這種學說除了有關思想及思想的規則、有關邏輯與辯證法之外，不需更高的哲學（自然哲學）來加以指引，這就是辯證的唯物主義（*AD* 33-34）。

的特性把事物加以掌握理解的精要底詞彙（Engels 1995: 503）。

恩格斯又界定物質為人類思想物（*Gedankenschö pfung*）和抽象的東西（*ibid.*, 503），而非感官可以捕捉的東西（*ibid.*, 519）。由上述可知恩格斯視物質為佔有空間、可被認定、甚至反覆被認定的東西。另一方面，馬克思雖未曾明確界定何謂物質，未曾提及物質、或心靈的問題。整個西洋哲學傳統中強調心靈、精神的那部份學說，都指出心靈為「神經的要素」，為人類的「舵手」，為「理智之光」之類。馬克思不贊成這個觀點，不過他並未完全抹煞心靈之存在，反之有時也會強調心靈創新求變的特質。特別是心靈必須藉人的行動來證實其「實在性」（reality）。人類都能夠擁有「投射的意識」（projective consciousness），在尚未著手進行改變外邊世界之前，心中早有定見，早有高瞻遠矚的本領，這些都是人類異於動物的種類特質。是以一部人類「工業史....乃為人類本質能力的公開書，也是人類心理學五種感官的顯露〔之記錄〕」（*FS* I: 602; *CW* 3: 302）。

與意識相對立的為物質，物質乃是獨立於意識之外，不以人的意志而轉移的客體性事物之總和，也即哲學上的範疇。是故物質與意識（心靈、精神）是一對孿生的哲學範疇，強調物質是首要的、也是原始的，而意識為次要的、為衍生的，這種主張就是唯物主義。

　　從馬克思所撰述的＜費爾巴哈提綱＞十一條，我們知道他所強調的是「實踐的物質主義」（practical materialism）。這種物質主義或物質觀是限在社會界的範圍內（儘管也包括作為社會人之科學家所進行的自然科學之拓展）。因之，馬克思所談的「物質」，多少牽連到「社會實踐」之上（Bhaskar 1991a: 372）。

　　那麼馬克思唯物史觀的哲學意涵是什麼呢？我們可以概括地指出下列幾點（採用Bhaskar 之觀點，*ibid.*, 369）：

1 ·在人類的社會生活中，否認理念有其獨立自主的存在，也不認為理念具有首要、優先的地位（primacy）；
2 ·在方法學方面堅持對具體而微的歷史進行徹底的研究，而反對抽象的、冥思的哲學省察；
3 ·社會生活的生產與再生產之中心觀念為人類的實踐；
4 ·強調勞動在人類歷史中的重要性，因為勞動牽連到自然的轉變和社會關係的中介；
5 ·強調自然對人的重要作用：早期馬克思聲稱天人合一，自然主義與人本主義合一；中年馬克思談人對自然的反抗與宰制；晚年馬克思相信人與自然處於不對等的關係，人仰賴自然，但自然卻本質上獨立於人之外。

六、辯證法和歷史的辯證發展

馬克思和恩格斯的唯物史觀，或稱唯物主義，隸屬於辯證的唯物主義。由於強調辯證法在社會形構變化上所起的作用，使馬、恩的唯物主義和兩人的史觀有異於其他的物質主義和史觀。

如眾所知，馬克思辯證的觀點得自於黑格爾，而黑格爾正反合三階段的變化步驟又得自於費希德。原來黑格爾強調整部歷史是神的自傳，他的學說無異為神藉由宇宙的創造歷程而達成自知自明、證實神存在的神義論（*Theodizee*）。主張汎神論，也即整個宇宙為神明所主宰所統攝的黑格爾，並不認為神明乃具有人樣、人形，或其他物體形狀之超自然的事物，而是一種精神。這就是他何以視神明為「世界精神」（*Weltgeist*）的原因。世界精神本來懵懂無知，也沒有意識，就算是有些意識，也只是主觀意識。只有當世界精神創造了宇宙之後，才發現祂所創造的世界是一個與祂相異的客體，是祂精神的外化、異化。於是這個外在於精神的世界、的自然，成為精神另一對立外在的東西，也即祂的客體意識。神明通過對客體意識的認知，而向上攀爬，這一提昇，便是神達到自我認知、自我意識的境界，這時世界精神乃發展至巔峰，而為絕對意識，也即絕對精神（洪鎌德 1988: 63-72; 1995c: 65-74）。

　　馬克思批評黑格爾這個辯證法，是精神的辯證法，是使用理念的抽象來進行辯證的演繹。換言之，馬克思贊成黑格爾的辯證法，並將其視爲黑格爾學說的精華；但反對辯證的主體爲精神、爲神明。後面這項唯心主義的主張，可視爲黑格爾學說的糟粕。因之，馬克思主張以物質的自我運動來取代精神或概念的自我運動。而這個自我運動的過程，也就是正反合的辯證過程。

　　就其本質而言，辯證的過程乃是一種符合理性的過程，也是一種必然的過程。辯證法本身就構成事物變化生成的動力，也即具有動因性（*Kausalität*）。天下事事物物在其本身便含有隨時必會轉化的因素，這就是事物本身所包涵的兩種因素：正面與負面。負面也即對立面，是隨時都會冒出來，而改變事物現狀的潛在力量。事實上，事物在這一瞬間所呈現的外貌、樣式乃是正面與負面搏鬥所呈現的暫時性平衡。這個平衡狀態在下一瞬間必然發生變化。易言之，事物所含正負兩個對立面的相互傾軋、相互鬥爭、相互否定（*negieren*），是造成天下萬事萬物無法靜定、無法一成不變；反之，卻是不斷花樣翻新、變幻莫測之主因。

　　不僅自然界要經歷這種由事物本身的矛盾、否定而產生的變化，就是人事界的社會和歷史也要依照辯證法的原則而變遷。馬克思主義所以有異於黑格爾學說之處，就是以具體的、現實的社會與政治的辯證過程，來取代抽象的、虛幻的精神、心靈、意識的辯證過程。

辯證過程的追蹤就是實在的掌握（*Erfassung der Realität*），這種實在變遷的掌握有賴科學的方法才能獲致。從而可知探討實在變遷並加掌握的科學方法本身也必然是辯證的。辯證的科學方法不僅探討過去，更可以預測未來，是故黑格爾的哲學含有預先測知未來命運的、或是先行決定的因素（*Elemente der Prä destinationslehre*）。這點與他本人主張哲學是事況發生後才做後思（*Nachdenken*）是大不同的。不過馬克思學說有關共產主義必然降臨的神聖規定，卻是建立在這種辯證法的必然演變之上（Theimer 44）。

要之，黑格爾的辯證法主要在將觀念中隱含於事物內在的、尚未外露的部份彰顯出來，或是把觀念中有所缺陷、不足之處予以彌補匡正。有異於反射（思）或分析的方法，辯證法不以概念的規定因素之歧異，而進行分析，反之，是以體系的相互關連而掌握概念的形式。換言之，不以某一概念構成因素之不同，而指出該概念之特質；反之是視構成概念的因素之前後變化，而決定該概念瞬間的正面，以及下一瞬間的負面，然後透過否定的否定而揚棄（*aufheben*）前一概念之不當，上昇到該概念新的樣式。

由於馬克思的辯證法牽涉到他所受黑格爾的影響，也牽涉到馬克思主義是否為科學的問題，因之，一般將辯證法分成三種來看待：（１）認知論的辯證法，把辯證法當成方法，特別是科學的方法；（２）本體論的辯證法，是涉及實在整體變化的規律或原則；（３）關係

的辯證法，是指歷史的變遷，也即階級與階級的關係之
變化，以及生產方式與意識形態的關係之變化而言
（Bhaskar 1991b: 143）。

　　馬克思對黑格爾辯證法的批判與修正可分為三個時
期：

（１）批判黑格爾「神祕化」邏輯時期：包括《黑格爾
　　　法哲學大綱批判》（1843）、《經濟的哲學手
　　　稿》（1844）、《神聖家族》（1844-45）、
　　　《德意志意識形態》（1845-1846）。

（２）批判黑格爾思辨哲學的時期：從《哲學的貧困》
　　　（1847）以後，馬克思大力批評黑格爾唯心哲學
　　　的內涵，兼及其辯證邏輯。

（３）重新估計黑格爾的辯證法：自從撰寫長稿《政治
　　　經濟學批判綱要》（簡稱《綱要》Grundrisse）
　　　之後，對黑格爾再評估，顯示馬克思放棄早期的
　　　猛攻狠批，而多少肯定黑格爾辯證法的正面價值
　　　（Bhaskar 1991b: 144）。

　　在《資本論》第二版（1873）的＜後言＞中馬克思
指出：

　　　　在黑格爾手中辯證法受到神秘化的傷害，雖
　　是如此，無法不承認他是第一位以廣泛的和有
　　意識的方式來表述運動的普遍形態。他〔的毛

病是〕把辯證法雙腿朝天豎立著，因之，必須
把它翻轉過來，俾發現其包含在神秘外殼中合
裡的內核（*Capital* I: 29）。

七、結論與評估

馬克思的唯物史觀的確是一套嶄新的、饒富創意的
歷史理解方式。有異於唯心主義者或英雄崇拜者所倡說
的心靈或偉人創造歷史，他一直強調是人類在創造歷
史。不過人類創造歷史並非按其意願心向隨意創造，而
是在前人傳承下來既有的條件下進行歷史的改寫。

根據馬克思的史觀，活生生的個人從事勞動生產、
開物成務、利用厚生，就是其創造歷史的起點。但歷史
的辯證發展卻由於生產方式的不同而造成經濟基礎的變
化，由於經濟基礎改變，而促成上層建築的變遷。歷史
的動力必須在生產力與生產關係的矛盾中去尋找。歷史
的發展必然受到辯證的運動之規則的指引、導向。從而
不僅過去歷史的變遷有軌跡可循，未來的發展亦無法跳
脫此一辯證法則。這種鑒往知來，視歷史為貫穿過去、
現在與未來，而可資投射預測的說法正是柏波爾（Karl
Popper 1902-1994）批評馬克思的史觀為歷史趨勢主義
（historicism）的原因（Popper 1962: 255-258）。

　　事實上，唯物史觀中，下層建築（「物質生活條件之生產方式」，也包括生產關係與階級關係）制約上層建築（「社會的、政治的、知識的過程」）的說法也早受到質疑與批評，以致馬克思在《資本論》第一卷第一章中便提起有人聲稱上層建築受到經濟決定只適用於資本主義社會；反之，古代社會受到政治的制約，而中古社會則受到天主教的制約。對這種說法馬克思不以為然。他說「中古時代〔的人〕不能只靠天主教而活，正如同古代〔的人〕不能靠政治存活，人們怎樣獲取生活的方式便解釋〔何以在古代〕政治和〔中古〕天主教扮演主要角色之因由」（*Capital* I: 86 n.）。換言之，馬克思仍堅持其下層建築決定上層建築的說法。

　　在致友人信上，恩格斯強調經濟「最終的優勢」、或「在最後的情況下仍起主導作用」（Engels' letter to Schmidt, 1890.10.27, *SC* 401）。在另一場合，恩格斯乾脆明言，他與馬克思都不是視經濟為唯一的決定因素，「如果有人扭曲它而主張經濟因素是唯一的決定性因素，他就把那個說法轉化成無意義的、抽象的和荒謬的說詞」（Engels' letter to Bloch, 1890.9.21-22, *SC* 349）。

　　由是可知馬克思與恩格斯儘管主張「在最後的情況下」，經濟成為社會變遷的主導力量，但不排除上層建築對下層建築也會發生影響，造成整個社會的改變。

　　歷史唯物主義比較引起爭論的是：生產力除了包括生產資料之外，當然以人的勞動力（勞心、勞力）為

主；但人的心智、觀念中符合理性原則的科學思維，究竟隸屬下層建築，還是上層建築？在馬、恩那裡，這應該是屬於經濟基礎的生產力，但很多學者卻把它看做上層建築意識形態的一部份。

再說，很多學者認為生產關係對生產力發展的動力與方向有很大的作用，像資本主義制度下的生產關係才能把生產力激發到史無前例的高峰。這種說法並不違逆馬克思的唯物史觀，因為他說就是這種的生產關係才能促成生產力的發展，只是他強調最終還是生產力的發展比生產關係的發展快一步，以致現存生產關係變成現存生產力的桎梏。為了排除桎梏社會爆發革命，造成新的生產關係。要之，馬克思賦予生產力一個「解釋上的優先」（explanatory primacy）。社會形構的轉型不以生產關係來解釋，而以生產力之改變作為解釋的因由。

依據馬克思的說法，經濟結構對政治與社會結構的決定與影響是直接的，對社會意識諸形式的影響則是間接的。一個時代中主要的、支配的觀念為統治者的觀念，而法律不過是對現存社會秩序的確認、辯護、正當化。法律只為了避免陷於投機取巧和受到個人偏好私心的濫用，而取得表面上的獨立，其實法律的設立只為現存的經濟結構，特別是生產關係提供服務而已，它無單獨存在、自立自為的可能。

至於把唯物史觀牽扯到階級分析之上，也是馬克思主義歷史理解的獨特之處。在馬克思最重要《政經批判》〈序言〉（1859）之上，儘管討論了生產力、生產

關係、生產方式、甚至五種生產方式的遞嬗演變，但對
階級在歷史上的作用，則沒有扼要的敘述，更不用說有
精闢的分析。可以理解的是在生產的社會組織（社會形
構）中，人們同生產力以及生產關係都有牽連，每個人
也有其特殊的位置（position）。個人的經濟位置必須
從其所處的現存生產關係上去理解。每個人一旦發現他
的經濟上的位置與別人相同，因之，發展出共同的利益
觀，於是階級的意識逐漸形成。在資本主義社會中，因
爲勞動力的購買或出賣，而決定一個人究竟隸屬於資產
階級或是普勞階級。除此之外，對生產資料之擁有與
否，也決定個人究竟是一位資產階級的成員，還是普勞
階級的成員。

　　個人階級的地位會影響他的世界觀、人生觀，正如
同馬克思在《路易・波拿帕霧月十八日》中所說的，階
級在社經基礎上創造一個「分別的和特殊形成的整個上
層建築，上層建築含有感受、幻想、思想方式和人生
觀」（CW 11: 128）。不同的社會地位和物質利益使人
群分成不同的階級，相互對立、相互敵視，乃至相互衝
突、相互鬥爭。階級的成敗取決於它與生產力之關係。
一個階級如果有能力保留現存的生產關係或創造新的生
產關係，俾適應改變中的生產力，它便擁有優勢、擁有
稱霸的條件。馬克思遂認定普勞階級的優勢或稱霸爲歷
史潮流的趨勢，是無可阻擋的，其興起正如資本主義初
期資產階級的崛起是一樣，都爲歷史事實。

　　唯物史觀認為階級統治為必然和無可避免，其目的在強迫直接生產者的生產力超越於生存水平之上，因之，無爭執就無進步，此乃文明發展的規律。資本主義所帶來的生產力的提昇最終又必然消滅階級統治慣例與歷史上的辯詞，最後階級鬥爭和統治都告消失，這是普勞革命成功後階級歷史的終結，也是人類歷史的終結。

　　馬克思的階級鬥爭觀，受到當代學者的批評。或謂人類的鬥爭並不陷於階級之間，而是發生在國家之間、族群之間，甚至兩性之間。或認為社會的紛擾、衝突是由於「文化導向」的緣故，是在文化導向下，個人各顯神通，以其不同的能力，不平等的社會地位，爭取社會規範的控制權。換言之，認為社會鬥爭產生於社會的場域和文化的場域，而非經濟的場域（洪鎌德 1997a: 35）。

　　有人則批評馬克思只留意到金錢、股票、信用、存款等有形的資本，以及對此有形資本的擁有與否，來分別社會階級的隸屬，而忘記除了有形資本之外，尚有無形的資本，或稱象徵性的資本（包括社會地位、人脈、威望、權力、知識、生活型態、文化品味等等）（*ibid.*, 61, 74-75, 77）。

　　英國社會學家紀登士（Anthony Giddens）認為馬克思賦予階級與階級鬥爭這兩個名詞太沈重的負擔，也即太誇大這兩個名詞在人類社會發展史上的重要角色。階級成為社會結構的主要原則，只出現在資本主義時代，而不見於古代的奴隸社會或中古的封建社會，因

之，過度仰賴階級的分析和批判來解釋社會體系的變
遷，便犯著階級化約論的毛病。另一方面把歷史的變化
歸因於生產方式的改變，也是一種經濟因素的化約論
（ibid., 190）。他又認為馬克思的歷史理論在經驗的
層次上是錯誤的。在歷史上根本沒有什麼生產力發展的
一般趨勢、一般規則可尋，當然更不必說生產力與生產
關係的辯證發展。認為社會有發展其歷史來適應某些變
化之要求的說法，是把社會當生物體看待，犯著方法學
上不當譬喻之弊端（ibid., 196）。

　　要之，紀登士批評馬克思忽視國家的角色，也即輕
視政治的力量，而高估經濟的力量，因之，不無經濟決
定論的傾向。反之，紀氏認為歷史是隨意的（隨機的、
機遇的），有各種發展的可能性，不當採取唯物主義單
元的看法，而宜採用多元主義的觀點。紀登士對歷史唯
物論的當代批評，使我們對馬克思的歷史觀有進一步的
認識、理解和省察（洪鎌德 1997a: 200）。

第八章

馬克思的社群觀

——理想社會的憧憬

一、前言

　　在敘述馬克思對社群[1]有什麼特殊的看法之前，我們不妨先檢討他在青年時代（主要為1843至1844年之

---

[1]顯然，馬克思不僅使用「社會」（*Gesellschaft*；society）這個
　字眼，他更樂用「社群」、「共同體」（*Gemeinwesen, Gemein-*
　schaft；community）、「組合」（*Assoziation*；associa-
　tion）、「公社」（*Kommune*；Commune）、「共產主義」「社會

間）、中年時代（1845-1858）和壯年以及老年時代
（1859-1883）這人生三個階段中，對社會、國家、共
同體、社群持有怎樣的觀點[2]。

　　從青年馬克思對黑格爾法哲學的批判，便不難理解
早期的他多麼嚮往國家作爲個人自由的體現，但同時也
看出他多麼不滿意黑格爾以理念來演繹國家，沒有觸摸
到現實國家的實質基礎——生活在政治社群中的個人。
原因是個人生活主要的範圍是家庭與市民社會而非國
家。國家只是異化的社會力量，是人類公共利益與普遍

主義」等詞彙，來代表他心目中理想的社會。在《資本論》中馬
克思把英譯本涉及*community*之處，概寫成德文*Gemeinwesen*，就
不難理解他對「社群本質」（*Gemeinwesen*）這一名詞的偏好
（Megill，1969-70：382-383）。其實，英文community一字，依
據傅利希（Carl J. Friedrich）乃是取材自物理學或生物學，指
涉在物理學中時空連續體所佔有的定點，或是在生物學中生命所
佔據的定點而言。把它引申到政治哲學則爲「政治事件發生的場
域，也即政治情況賴以產生的事物」。（Friedrich 1959:3）。
中研院在1994年所舉辦的研討會就把英文 community 譯爲「社
群」（參考陳秀容，江宜樺主編：《政治社群》，台北南港：中
研院人文社會科學所，1995年〈序言〉）。作者在此也師承「社
群」這一稱謂，有時則兼採用「共同體」這一通俗的稱呼。參考
蕭高彥 1996: 258ff.

[2]參考洪鎌德，1996c，第二、三與四章。

化的幻象而已。在現實的社會中，人過著雙重的生活。一方面是號稱在法律之前人人平等、人人擁有憲法中規定的權利，也享有參政與參與公共事務的權利，是一位公民；但更多的時候人卻展開謀生的經濟活動，特別是進行勞動與生產，而受制於社會的分工與私產制度，也成為社會階級中的一員，不時與他人競爭，完全是一個只顧私利，而很少關懷公益的私人。

易言之，生活在物質利益爭執激烈的市民社會，而又嚮往公共利益得到照顧的政治國家，使得現代人分裂成私人與公民雙重的身分。於是現代人過著雙重的社會生活，這是造成人自我分裂、自我異化，而又不能回歸人性——社群的本質（*Gemeinwesen*, communal nature）——之原因。為此青年馬克思主張改造現存的國家，使它變成一個能發揮個人潛能、講究真正民主、廢除異化與剝削、落實社會公平的團體。這便是他初步的、帶有高度理想色彩的社群觀——一個哲學的共產主義之社會——底浮現（McLellan 1981: 106-120）。

中年與壯年時期的馬克思揚棄哲學的思辨，強調以生產方式為根基的社會演變，從而發現人類及其社會生成變化的唯物史觀。除了原始公社之外，古代的奴隸社會、中古的封建主義社會、乃至當今的資本主義社會都是階級社會。是故，整部人類的歷史，為階級社會演展史，也是階級鬥爭的歷史。在當代資本主義社會中國家的興起固然是在瓦解封建主義，但國家完成將國界之內分崩離析的種族、階級、族群、文化加以統一之後，卻

成為資產階級壓榨與剝削無產階級——也即所謂的普勞階級——的生產工具。由於資本主義內在的重重矛盾和普勞階級的覺悟與反抗，最終，普勞階級爆發了革命而推翻資產階級的統治。於是過去遭受重重桎梏的勞動，終於戰勝資本、打倒資本而獲得解放。在短暫的過渡時期，普勞階級以專政方式廢除市場與貨幣（Moore，1993），從而使役於物、跡近物化的直接生產者——勞工——獲得自主與自由，這便是傳統上國家的消亡，也是馬克思企圖以客觀的歷史發展之鐵律來證明共產主義的社會是由資本主義的社會脫胎而出。

晚年的馬克思一方面印證巴黎公社的組織形態與操作方式；另一方面取材俄羅斯的農村公社（*mir; obschina*）對公有土地的集體經營和共同享用，愈益相信他理想中的人類共同體，不只是烏托邦，而是可以付諸實現的夢想。因之，他分辨了初階與高階的共產主義社會，前者仍為「必然的領域」，後者則為「自由的領域」之達致。至此，理想的社群不僅是無階級、無剝削、無異化平等的社會，更是國家徹底消亡、法律不再發揮作用、道德與倫理不須存在的社會。這一部份馬克思的社群觀雖仍不免沾染青年時期理想的、乃至烏托邦的色彩，但已具有歷史佐證的現實意義。

綜觀馬克思一生為了追求一個理想的社群之出現，曾經在參加革命運動、組織群眾等實踐之外，潛心研究前人與同代思想家的作品。在經過深思熟慮之後，營構出他心目中適合人類生存與發展的共同體。這種共同體

的浮現，一定要在生產力發展過了頭的資本主義崩潰後
才有可能。要之，整個馬克思的學說是建立在勞動的解
放，也即人的解放之上。爲了使人類獲得真正的解放，
只有政治的解放和國家的消亡是不夠的。基本上馬克思
認爲經濟上的解放，也即人類由分工、私產、資本等桎
梏中把其勞動解放出來才是正途。而政治與經濟的徹底
解放乃意味著真正民主的落實，是故未來理想的社會不
只是平等與自由的社會，更是一個徹頭徹尾的民主社
會。

二、社群、國家、人性

　　顯然，貫穿馬克思青、壯與老年各期的中心思想乃
是資本主義怎樣利用國家來宰制直接生產者，俾滿足資
產階級貪多無饜的需求。過去把國家當成人類自由的體
現與理想的生活場域，是資產階級哲學家像黑格爾等人
的妄想。是故馬克思認爲共產主義社會的降臨之時，也
即國家消亡之日。

　　然則把共產主義的出現與國家的消亡相提並論是不
是匪夷所思？是不是更凸顯馬克思學說的空想性與烏托
邦傾向？的確，近年來很多西方馬克思學
（Marxology）的學者，就強調把馬克思的理論實證化
與科學化（所謂的「科學的社會主義」）是錯誤的，也

是教條的正統馬克思主義（所謂的「馬列主義」）對馬
克思原創性思想的扭曲。只有把馬克思主義由科學回歸
空想，由經驗復返玄思，由歷史走向哲學，才能發揮他
的人本精神，完成他的解放初衷。

不過我們要進一步追問什麼是人群結社與經營公共
生活，也即建立理想社群的基礎呢？關於這點馬克思一
開始便注意到構成社會的個人以及個人與個人之間的關
係，因此他特別探究人性。他把人性當成人類組織社會
的自然基礎。

什麼是他心目中的人性呢？馬克思認爲人不只是有
理性、有意識、自我創造、追求自由的動物，更是
社會動物，也即經營社會、或社群共同生活的動物。他
說：

　　個人乃是社會動物....人的個體生活與種類
〔人種集體的〕生活並無分別....人儘管是特殊
的個人（正由於每個人的特殊性，人才會成為
個體，也即真實的個人的社會動物），卻也構
成〔社會〕總體的一部份（*CW*3：299）。

換言之，「每個人特殊的社會活動乃是人類（人的
種類）活動整全的部份，都是代表全人類的部份」，也
是「反映了其他個人本身的特性」（*Ibid.*，119）。

馬克思這種的人性觀，未免把人與人之間的關係
看得太親密，這與資本主義社會中你爭我奪、爾虞我

詐大相逕庭。這種親密的人際關係所呈現的人性，只
可能出現在太初原始公社中，或是未來理想的共同體
中。蓋真正的共同體是不會削減個體性、特殊性和個
人的自由，這種說法與一般人誤會共產主義社會是集
體化、而非個人化的社會大異其趣。其實馬克思早就
認爲整部人類的發展史是人個體化的歷史。例如他認
爲，在共產主義降臨後，個人透過直接參與，而決定
社會的規則與政策。在此情形下，人們都是直接生產
者。這些直接生產者自由組織社團（協會、俱樂部、
同志會，一言以蔽之「組合」），利用縮短的勞動時
日與延長的休暇，培養個人的情趣，而發揮個人之所
長。

　　所謂發揮個人之所長，也就是人的自我實現
（self-realization）。人要自我實現就必須存有各種
各樣的替代方案（alternatives），而爲了擴大諸種替
代方案，則必須首先享有自由與自主，這是人正面的自
由（positive liberty）。除了正面的自由之外，真正
的共同體還要排除各種困擾個人發展與自我實現的阻礙
與限制，這就是負面的自由（negative liberty），也
即擺脫國家的暴政或揚棄專制之自由（Crocker 1981：
35-38.Van der Veen 1991：16）。取代國家的統治機
器者是以民主的方式協調政治與經濟的活動，使社會衝
突減少至最低程度，乃至消弭於無形。至此公民的權
利、法權（Recht）幾乎無用武之地。權利、法律、正
義也失去了作用（Buchanan 1982：78-81）。

　　的確，在批評巴枯寧時馬克思就說過：「當階級統
治消失之後，狹隘的政治性定義之國家這一字眼也跟著
失蹤」（*CW* 24：519）。可是社會與經濟的協調和集體
的決策，不能只靠共產社會新人類的本性與本能就能進
行得順利。反之，它需要一套新的典章制度來保證其推
行成功，這就是馬克思一再強調要生產者形成自由的組
合，以合作的方式來管理公共的事務。這些都是馬克思
在評論巴黎公社時所主張的自治與自我管理。在馬克思
的心目中，自治的機構會因為通過對人的承認與尊重而
豐富民主的內涵，使每個人成為他人的目的，而非手
段。這些措施或新的典章制度也是保障個人自由的良好
基礎（Elliott 1991：22-24）。

　　以上的說明在指出馬克思理想的社群絕非將個體屈
從於集體的社會，反之，卻是讓個人的自由得到最大保
障與發揮的場域。

　　那麼馬克思這種社群觀有無實現的可能性呢？在他
看來支撐這種社群觀的潛在勢力一直存在於人類的歷史
中。不說別人，一位博學多識，而為現實主義之父的亞
理士多德，都能一語道破人類是政治社群的動物，具有
關懷公共事務的本性。馬克思肯定亞氏所言在城邦
（*polis*）中個人才能找到美好的生活，也才能發揮人
的本領本事。古希臘的城邦在很大的意義上印證了亞氏
的學說。即便是中古時代歐洲封建社會雖然受到落後和
奴役（servitude）的限制，但仍把社群中的要素——和
睦、親密、合作、利害與共、團結協和——加以落實。

這些社群的美德卻被資本主義所摧毀。要之，古希臘與中古社會揭示給人類重享社群生活的可能性。

三、馬克思社群觀的三個面向

前面我們提到馬克思理想的社群是一個共產主義的社會，它是直接生產者自由的組合，具有徹頭徹尾的民主形式。在社群中個人的政治生活與社會生活可以適度的展開。在階級的對峙、鬥爭、剝削之後，社群取代了國家，它不是靜態的狀況，而是動態的運動，它不是什麼人類最終的理想目標，而是不斷生成發展的生活方式。社群在不斷的發展中，生活在社群的個人也同樣在持續發展。要之，取代國家的組合之民主形式，對馬克思而言，就是一個社群。

梅基爾（Kenneth A. Megill）根據馬克思的著作，把當成組合的民主形式之社群底觀念，以及這些觀念的發展，以三種不同的方式鋪陳出來（Megill 1969-70：384）：

> 1.社群成為組合原始的方式：資本主義之前的社群是一個有限的、孤立的、受地區所限制的社會；

2. 社群成為沒有國家在發號施令的社會：普遍的
   社群乃是具體的民主之社群，也是未來的「必
   要的形式與活力的原則」；

3. 社群乃為事物表現的方式：當作社群成員的個
   人，只有通過社群才能達致其完整的存在。

只有把上述三種方式詳加研討，我們才會理解馬
克思和恩格斯何以主張以社群的概念取代傳統上國家
的稱謂之因由。

1. 當作組合的原始形式之社群

對馬克思而言，整部人類的歷史乃是人個體化
（individualization）的歷史。個人化的過程是由於
工業化社會的發展而接近完成，原因是工業化社會創造
普遍性民主的社群，馬克思說：

> 我們愈是返回歷史的早期，愈會發現個人，
> 也就是進行生產的個人更為倚賴團體、構造團
> 體....只有到了18世紀，在「市民社會」中，社
> 會結社的不同形式變成個人私自目的之手段，
> 也變成私人外在的必要性....人在最恰當的意義
> 上變做政治動物（*zoon politikon*），不只是一

個社會動物，而且是只有在社會中懂得和能夠
發展他個人的動物（*G*84）。

　　所謂原始的社群乃是前資本主義的社會與經濟形構
（socio-economic formation），也是孕育與生產資本
主義的子宮。馬克思在世之日，世上尚存有不少原始的
社群，這包括印度、俄羅斯在內，這些都曾引起馬克思
研究的興趣。在馬克思臨終之前所寫《共產黨宣言》的
俄文第二版序言上，馬克思與恩格斯居然說：「現代俄
國〔農村公社〕對土地的公共擁有〔公有制〕是共產主
義發展的起點」（*CW* 24：426）。由於原始社會中無階
級的剝削、無國家的壓迫、無私產、無分工、也無異
化，使得人們會誤認馬克思要現代人復古懷舊、反璞歸
真，重過純樸簡單的自然生活。這種解釋引起馬克思的
反駁，因為很多烏托邦理論家的理想正是懷戀著這種重
返自然、雞犬相聞的田園生活。可是馬克思認為資本主
義出現之後，重返原始社會是無可能的，也不切實際。
原因是原始的社群既不穩定，而又與世隔絕，並非理想
的人群組合，為此他這麼寫著：

　　我們不要忘記這些詩情畫意的農村社群，表
面上不具攻擊性，卻一直是東方專制的堅固基
石，以致在各種可能的範圍內束縛人心，使個
人成為迷信的工具，也成為傳統的奴隸，剝奪

人心所有的絢爛和歷史精力（*SW* 1：492; *CW* 12：132）。

不過歷史的起頭卻是個人從原始的社群中開始發展。有異於自由主義理論者視個人爲歷史的起點，馬克思卻認爲當成個人組合的原始形式之社群才是歷史的起點。個人與個體化都是從社群中發展出來的。典型的原始社群乃是自我封閉、自給自足、穩定的，靠成員的生殖繁衍而存在的群落。

2. 取代國家消亡的社會組織形式之社群

馬克思期待國家消亡固然是部份受到安那其主義的影響，但主要的則是對黑格爾國家學說的批判中得來的結論。當他企圖以組合的民主方式來取代國家時，這個國家乃是黑格爾心目中的倫理國家（ethical state），也是一般資產階級所建立和把持的國家。原來在批判黑格爾的法哲學時，馬克思以「法國人」的觀點來指稱「真正的民主落實之日，也就是政治國家消失之時....〔原因是〕國家，一旦是政治國家，是憲法時，並無法掌握〔社會的〕全體」（*CW* 3：30）。

黑格爾把政治國家從民間社會拆開，使兩者分離而對立。他又認爲等級議會代表人們的意志去監督政府，

可以使分開的國家與社會重歸統一，但馬克思卻認爲只有代表貴族、地主、僧侶利益的等級議會，基本上也是國家組織的一部份，無法代表全民。在馬克思看來，黑格爾的國家學說主要的矛盾爲政治體系（國家、政府）企圖維持公共倫理的生活之統一，但同時又保持了公共生活（政治）與私人生活（經濟）的對立。黑格爾的成就在於發現當代資產階級的國家中政治領域（政府）與民間社會的分開，但其錯誤是以等級議會來謀求這兩者的復歸統一。馬克思則認爲只有改變實在（實相、實狀）才會使國家與社會的矛盾化除。等級議會表面上要統合私人利益與公共利益，使私人生活與公共生活的分裂化爲統一。但除非重新設立一個社群，否則人的分裂是無法克服的（Megill, *ibid.*, 386-387）。

要改造社會、重建社群，便需由改變民間社會著手。造成民間社會你爭我奪、人人孤立、零碎化、原子化的原因，固然是社會的分工，更多是由於私產制度的出現。是故取消分工與私產成爲馬克思改革社會的呼號。此外，向來的國家所有的行政大權都操在少數統治階級的手中，爲改變政治體系，首先要改變「權力結構」，讓廣大受壓迫、受剝削的人民藉暴力革命來奪取權力，這便是「摧毀」國家、重建國家的意思。只要新的國家不再代表部份的市民社會，那麼國家與社會的分離與對立會消弭於無形。如何在民間社會中發現與鼓吹革命性的奪取勢力呢？結果是在全世界中受創最深、受

辱最大、熱切期望變天的普勞階級成爲馬克思改變現
狀、投身革命行列的火車頭。

　　要創造一個沒有國家，或取代國家，而又能把私利
與公益加以結合的民主形式之社群，那就只有讓政治的
與社會的活動放在一個普泛的、一般的規模之上。對馬
克思而言，民主不只是管理的形式，更是生活之道，更
是人群組合的本質。因之，只有把政治國家和市民社會
的分裂與對立消除之後，也即國家消亡之後，重新創立
的民主的、自由的人群組合才是一個符合人的社群本質
的新共同體（Megill, *ibid.*, 386-388）。

3. 當成事物的本質與人的生活之道底社群

　　正如前面的敘述，馬克思認爲人類所以要成群結
黨、經營集體的生活是源之於人性。在對穆勒（James
Mill）的政治經濟學說所作的評論中，馬克思曾經再度
談及人性，他說：

　　　　人的真正的社群是由人性創造出來，通過對
　　　社群的創造，人產生了人類的社群，這種團體
　　　的出現可以說是他人性的落實。人的本性是一
　　　種社會的性質，這不是一種反對個人的一般
　　　的、抽象的權力，而是每一個人所擁有的本

性，個人本身的活動，他自己的心思和他自己
的財富．．．．不是抽象的，而是真實的、活生生的
獨一無二的個人乃是這種（社群）的本質之人
（*CW*3：217）。

換言之，資產階級社會中的政治生活是與其社會和
經濟生活分離的。要克服這種分離、異化的話，只有發
展真正的社群，因爲真正的社群中包含有社群的本質之
成員。

馬克思在《經濟學哲學手稿》中，對異化勞動的討
論，不啻是對人的社群本性之分析。作爲社會與經濟事
實的異化是建立在私產（生產資料的私人擁有）和薪資
勞動的基礎之上。馬克思並不認爲整部人類的歷史是異
化的歷史，而是隨著16世紀資本主義的興起，異化才出
現人間。他預言一旦社會主義，特別是共產主義崛起之
後，異化便可消除。因之，馬克思早期的著作可以看成
爲對異化問題的考察，以及怎樣恢復個人的社群本性，
俾建立真正的、民主的社群，最終就是要把異化克服。

中年馬克思的著作，像《資本論》，便是由討論人
的異化而轉變到階級的剝削與商品拜物教中人的物化之
問題。這說明了在資本主義社會中人的抽象化、物化。
馬克思就是要指出現代資本主義社會中重大的矛盾，一
方面社會進步了（生產力發展到巔峰、個人流動性高、
昇遷的機會大），但另一方面大部分的社會成員——眾
多的工人們——卻飽受剝削、欺侮、折磨、貧困，而喪

失了人的本質與尊嚴。不錯，生產力的抬高，有助於普
世的、寰宇的民主社群之出現，但是社會的發展卻要個
人付出慘重的代價。社會與個人發展之無法同步進行，
就是馬克思所言：人從其社群中異化出來，這也不啻是
人從其人性中異化出來。因之，凡是社會勢力的發展凌
越於個人的發展之處，異化就會浮現。

馬克思認為只有在建立新的社會與政治秩序——一
個新的社群時， 人分裂為私人與公民兩重身分的異化
才能克服。他說：

> 當真實的個人，只有把抽象的公民吸納於其
> 本身中，當個人在其日常生活，在其勞動操
> 作，在其與別人的關係中，他變成了種類的本
> 質（Gattungswesen）；只有當他把他本身的力
> 量（forces propres）加以承認並組織成為社會
> 力量，而不是把他的社會力量分解為政治力量
> 之時，人類的解放才終告完成（EW 31；CW
> 3：168）。

有異於自由主義學者視個人為出現於時空交叉點
上，彼此互不干涉的個體，馬克思強調人是活在社群中
的動物。只有在異化完全被克服，剝削被徹底消除，桎
梏悉數被解開的社群中，個人的自由、自主、自決與自
我實現才能落實，這就是個體化（individuality）出
現之時：

只有在社群中，每一個人才有辦法將他的才華做多方面的發揮；因之，只有在社群中個人的自由才變成可能。在以往社群的替代物，諸如國家之類當中，只有在統治階級有利的條件下，而又屬於統治階級的成員，某些個人方才有發揮其自由的機會。直至今天為止，虛幻不實的社群，對生活於其中之諸多個人，儼然以一個獨立體的姿態出現。由於人們聯合而形成階級，一階級又與他階級相對立，在此情形下虛幻的社群對被壓迫的階級，不啻是一個虛幻不實的共同體，更是一套新的枷鎖。〔反之〕在真實的社群中個人們不但透過〔各種的〕組合，也在組合裡獲取他們的自由（*CW* 5：78）。

　　根據梅基爾的說法，馬克思的政治理論是由政治移向社會（Megill, *ibid.*, 391）。其實馬克思的思想完全是由雲霄降落到人間，由最先的宗教、哲學，經過政治、社會、經濟一層層地由意識形態的上層建築而降至經濟基礎。換言之，他研究的興趣是以哲學解釋與批判宗教，以政治解釋與批判哲學，以社會解釋與批判政治，最後以經濟解釋與批判社會。在這一理解下，我們才能了解他何以視政治與社會的解放並不標示人的解放，而必須是勞動與經濟的解放，才是人最終的解放。這種說法符合他的民主觀，蓋真正的民主不只是政治

上，或社會上的民主，更是經濟上消除私產、去掉分工、解放勞動的民主（洪鎌德 1995a：114）。

　　梅基爾所闡述的馬克思之社群觀只見到後者要把政治力量轉化為社會力量，要使國家消弭於無形（因為國家成為資產階級與財產私有制的保護機關），而見不到消除階級、改變生產方式，把勞動轉變為「人主要的需求」，這方面經濟的解放。

　　在此有限的論點下，梅基爾認為馬克思的社群觀有以下四種特徵（Megill, *ibid.*, 392）：

1. 民主化的社群是普遍的、寰宇的，與原始的社群不同，未來的社群將是開放的與溝通的，它不是封閉的，不是隔絕的。
2. 民主化的社群是無階級的。有異於民間社會之充滿階級，保障私產，未來真實的社群不須有階級的分化與對立，導致階級的分工與私產取消，人人成為直接生產者，而非靠薪資度日和謀生的勞工。
3. 民主化的社群是歷史的。它是由過去的人類歷史發展出來的，而非幻想、空想的產品。因為在民主化的社群中，政治的革命會變作社會的進化，這是符合馬克思唯物史觀的演變規律。
4. 民主化的社群是符合科學的。馬克思認為任何一個主張不斷革命或改革的社會，其成員必須理解與意識社群的特質，社群發展的條件與趨向，就是社會變遷的規律。了解這一規律就符合科學，更何況在民主化的

社群中，成員可以藉科學與技術之力來規劃前途，建立符合人群希望的新秩序。

對於梅基爾把馬克思的社群觀作上面四種的說明，本書作者不完全贊同，特別是第3與第4點完全落入教條馬列主義的框框之中，強調馬克思的學說反映歷史唯物論和代表「科學的社會主義」。若說，社群也罷，共產主義也罷，其最終的出現完全是符合歷史發展的鐵律，這是歷史（唯史）主義（historicism）在作祟，也是盲目讚揚科學主義的弊端。要之，梅基爾對馬克思社群觀有闡述之功，但缺乏批判的精神，這是筆者難以完全贊同其綜合結論之因由。

四、對馬克思社群觀的質疑和批評

1. 政治的民主化與經濟的集權之矛盾

馬克思在《資本論》第一卷第14章中曾討論手工業工廠的分工與社會的分工之不同，前者爲了提高生產力，遂在廠主（資本家）指揮監督下，要求工人按生產程序分屬不同部門去進行有效率的生產工作。可是後者在沒有通盤的計畫下，也沒有一個官署統籌監督下，人人各自爲政，自行分工，生產者除受市場價格的左右之

外，可以隨意生產，這是跡近無政府的狀態。馬克思因此指摘資本主義的擁護者，何以在工廠中講究分工，注重計畫，要求監督，但在社會領域卻採取放任無為的態度，讓社會的生產陷入混亂無序中。他不認為把全社會轉變為一個「龐大的工廠」對這些資本主義的擁護者而言有何不可？有何不對（*Capital* I：356）？

　　馬克思這段話給人們兩項的解釋：其一，他分辨了工廠的分工與社會的分工，他似乎支持工廠的分工而比較不贊同社會的分工；其二，社會有個共同的生產計畫，比生產的無政府狀態是更為可取的。因之，他不反對把社會當成一個「龐大的工廠」來看待。

　　馬克思對社會當成巨大的工廠來看待，也涉及他的社群觀。原因是他企圖在社群中重行分工，注重生產的計畫，贊成必要的監控。換句話說，他心目中的社群一方面是有理性的經濟計畫，讓生產發揮最大的效益，這便是一種計劃經濟與統制經濟的推行。另一方面，他又要組織社群為一個徹頭徹尾的民主形式，讓所有社群中的成員有討論參與和決策的可能。這種經濟的集權和政治的民主之社群組織原則，最終要發生矛盾和衝突，這就是謝魯基（Radislav Selucky）所指出的馬克思社群觀的兩難困局。謝魯基說：

　　　　於是，馬克思社群概念所造成的政治領域必然會與他把社會當成龐大的工廠一觀念所引申的經濟領域發生衝突。由於經濟的基礎同上層

建築應該一致，於是我們便要面對一個兩難之困局：或是接受與引進馬克思中央集權的社會概念，採用有組織的經濟，俾修改他政治分權式的社群觀；或是接受與引進馬克思分權的社群觀所主張的政治體（polity），而修改他集權的社會所衍生的有組織之經濟（economy）。無論選擇是前者抑是後者，馬克思主義的修正成為無可避免，假使他的理論還要能夠應用到後資本主義社會的話（Selucky, 1979：87）。

對於謝魯基這種批評，馬克思似乎可以提出兩種的反駁。第一，馬克思仍主張徹頭徹尾的民主。因之，未來的社群是超越以經濟為中心的「龐大的工廠」之社會，也即社群與社會可以融為一體，政治與經濟都會消融於社群中。第二，經濟基礎與上層建築相符合相對應是歷史唯物論的核心。可是歷史唯物論只應用到有史以來人類的階級社會。至於未來共產主義的社會（一個無階級的社會）是人類第一次按照其理性與理想所設計的社會，而非遵循外頭必要性（external necessity）才出現的社會方式。在這種情形下，未來的社群不必有經濟基礎（或生產活動）和上層建築（政治活動）之分，也即不受唯物史觀的發展律所規範。

涉及到謝魯基的評論，陸克士（Steven Lukes），也提出對馬克思未來社群觀的質疑，他問道：

難道存在於〔馬克思〕社群形象或甚至諸社群的一方和把社會當成龐大的工廠的另一方之間沒有矛盾嗎？考茨基和列寧都接受馬克思這種觀念，認為社會的整體可以在分工的基礎上加以組織，也可以社會地控制與規定，而使社會的全體不必受制於「競爭....〔個人〕相互利益的壓力所形成的壓迫」（Lukes 1985：91-92）。

在這裡陸克士也質疑馬克思理想的社群與講究社會分工的社會（「龐大的工廠」）之間存在的矛盾。

謝克特（Darrow Schecter）認為馬克思在1871年觀察巴黎公社所引申的民主與他共產主義核心信念的計劃經濟是相互衝突的。同時依據馬克思政治遺志而建立的布爾塞維克政權更是走火入魔。以集中的經濟管理來壓倒草根地方的蘇維埃之民主討論，導致蘇聯共產政權最終的崩潰。顯然社會主義的中心計畫意味著少數人掌控經濟權力，也意味著必須先行建立管理的精英體系。這樣的作法必然把法國公社與俄國蘇維埃代議制的草根體系徹底推翻。因之，謝克特說馬克思主義的煩惱不在不夠充分的強調民主，而是在於堅持中央計畫，認為計

畫是對抗資本主義「生產的無政府狀態」唯一的利器。
這點是馬克思所犯的錯誤（Schecter 1991：17-18）。

　　以上是當代學者所指陳的馬克思社群觀中極權的經
濟對抗民主的政治之矛盾。

2. 個體實現與集體公益的衝突

　　假使馬克思所想像的社群，也就是他心目中的共產
主義得以實現的話，那麼這將是人類歷史上最理想的一
種團體，因為住在這個社群中的人們不但可以最大量地
開發人力資源和自然資源，而且大家都能自由地、均等
地享受這些資源的好處。換言之，每個人都可充分、盡
情地發展他潛在的能力，而達到自我的實現。

　　可是近年間西方研究馬克思學說的學者紛紛質疑這
種「創造性的自我實現」是否與「社群〔集體〕的價
值」發生衝突（Elster 1985，1986）；也有人懷疑
「馬克思思想中個人主義的與社群主義的衝勁
（impulses），是否存有矛盾，乃至緊張」的關係
（Lukes 1985：96）。

　　一般認為集體所追求的目標是共同的，也是一致
的；反之，個體所追求的目標卻是多元的，歧異的，於
是兩者便有所衝突。不過現代學者，像艾爾士特（Jon
Elster），卻不是以同形（uniformity）與分歧

（difference）來論述馬克思的社群及個人之間的衝突。他是認爲在理想的共同體中就算最好的安排，仍會造成社群與個人之間、或是個人與個人之間，爲追求實現，而進行討價還價、截長補短的交易（trade-off）。例如一個社群要達成最大的實現，就要在藝術、科學、文化方面做最大的提昇。那麼這些領域上的大幅提昇就需要該社群中相當數目的個人在科學、藝術、文化方面均有重大的成就才會達到。由於不是每個人都會有相同的能力來提昇，結果會造成少數的個人領先有所突破，另外不少的個人雖然努力嘗試而終歸失敗。換言之，不是人人可以成爲藝術家的拉斐爾。既然在社群中「沒有任何一位具有拉斐爾潛力的人可以淹沒不彰，那麼很多誤認自己可以成爲拉斐爾的人〔在嘗試失敗後〕便要感受挫折」（Elster 1985：89）。

換言之，艾爾士特是認爲在成就個人與成就社會之間存在著個體與集體截長補短的互爲競爭之關係。對此阿查特（David Archard）提出不同的看法，他認爲這不是兩個目標——個體與集體實現的兩個目標——之間的爭執，而是一方談實現，另一方談滿足的的無法同時並存的問題。詳言之，多數人雖然嘗試要變成拉斐爾卻告挫敗，這固然是無法人人實現做拉斐爾的美夢。可是，他有嘗試比沒嘗試給予他個人的滿足程度不一樣。就算個人嘗試做拉斐爾失敗，無法實現美夢，但曾經嘗試總比不曾嘗試提供給個人更大的滿足感（Archard 1987：22-23）。

　　撇開社群與個體追求實現的目標有所衝突，在理想的社群中，個人與個人之間也會因為追求實現每個人的本身，而與他人之間處於緊張的狀態。原因是在理想的社會中，每個人要發展自己、成就自己，便要動用社會的資源，並預設人人擁有選擇哪行哪業的自由，以及不虞匱乏的資源，可供人人發展之用，也要設定相同的、盡量的（maximal）自我實現。馬克思似乎主張人人要盡量來完成自我，而比較不贊成使用均等的資源。因此，除非馬克思所指的未來社群是一個財貨與資源充沛、不虞匱乏的社會，否則為了成就人人，社會資源能否做公平合理的分配或使用，便大成問題。

　　鑒於每人要成就自己所動用的社會資源多寡不等，要達成人人都能實現自己的目標，截長補短的挹注與安排似乎不可少，此種作法使個體的原則與集體的原則扞格難容。這就涉及阿查德所言如何把願望和利益與其所處的境況——匱乏的環境——互相調和的問題。 馬克思解決這種難題的方式有二，第一是假定未來共產社會是非常富裕的社會，沒有匱乏的問題；第二，未來的人類德性抬高，博愛精神瀰漫，個人間的願望與利益不致陷入衝突之中。這兩項假定顯然是太烏托邦，而遠離實際了。

　　阿查德不認為馬克思是強調未來社群生活中個人與個人利益之間完全沒有衝突，而導致人人的和睦。反之，後者強調個體與社群的綜合所構成的社會性（sociality），自動會化解人與他人的爭執，而達致

協和的境界。所謂的社會性是在每個人的生產創作之產品落實生產者的個性，而此一產品也滿足別人的需求，「滿足人的需求，此一產品是人性的客體化，也創造一個客體物來滿足其他的人類」，「在我個人的活動中，我會直接創造你的生活，在我個人的活動中，我要直接證實和實現我真正的人性、社會性，我們的生產就像多面鏡子反映了我們的人性」（*CW* 3：227-228）。

阿查德強調：並非只有透過創造性的勞動來達成自我實現才是馬克思唯一的人性觀。他的另一個對人性的定義就是社群的本質（*Gemeinwesen*）。換言之，人成就自己不只靠創造性的勞動，而是在一個社群中，也為了一個社群而不斷創造勞作，在社群中視他人為目的，而非手段（Archard 1987：33-34）。

要之，如以自我實現以及人的社會性來做解釋，那麼馬克思個人與社群之矛盾或衝突，可望解決。

3. 科學的社會主義與空想的烏托邦之對抗

作為黑格爾信徒的青年馬克思，堅持哲學或思想是對該時代理智上的掌握，也即對實在（實相 reality）的反思。為此他反對為未來作出預測、作出投射，他拒絕為「未來的廚房開出菜單」（*Capital* I：17），這也是他激烈批評空想的、烏托邦的社會主義之原因。的

確，馬克思對未來共產社會的結構，以及未來社群成員的生活方式都欠缺仔細的描繪，這固然是預防重蹈空想家的覆轍，避免落入別人批評的口實，但主要的是黑格爾歷史主義（historicism）在影響他的思維之緣故。

可是，馬克思所宣揚的社會主義與共產主義，除了原始公社與巴黎公社和俄國的農村公社之外，基本上都不是他經歷或反思的人類歷史性的集體組織，而毋寧可視為他的理想、他的憧憬、他的期待，其沾染烏托邦的色彩自不待言。尤其是未來社群是無國家、無階級、無市場與商品生產、無分工、無剝削、無異化、無匱乏，也不用法律與道德的規範、不須公道與正義的發揮，而未來的人類居然是人性落實達到無懈可擊（perfection）的地步，或是人有完美的可能性（perfectibility），這不是烏托邦是什麼呢？

儘管他思想中含有濃厚的烏托邦色彩，吊詭的是，馬克思批評空想的社會主義者不知引用歷史，不懂辯證、不理解與遵循社會演變的規律，不知客觀地、科學地來證明理想社會的必然降臨。換言之，馬克思認為通往共產主義之途，是由前資本主義社會經過資本主義的階段而進入初階的共產主義（社會主義）階段，最後才進入高階的共產主義。儘管晚年的馬克思曾以俄國農村公社的例子，說明一個前資本主義的社會可以規避資本主義的階段，而直接躍入共產主義。但他的唯物史觀，號稱科學的歷史觀，卻有不同的闡釋。要之，在達成完整的高階的共產主義之前，唯物史觀還是要發揮其作

用，那麼唯物史觀究竟是科學的，還是歷史哲學（historiosophy）呢？

因之，圍繞在馬克思社群觀與人性觀（未來人類為社會化的人，在人性復歸之後，成為人格圓滿的真人 *eigentlicher Mensch*, authentic man）之爭論的第三點便是：他的學說究竟是科學的、歷史的，抑是思辨的（speculative）、玄想的，甚至是烏托邦式的空想？

最足以標明馬克思的共產主義是一個烏托邦的社會，莫過於該社會將會克服匱乏（scarcity），而進入富裕（abundance）之境。但嚴格而言，一部人類的歷史就是人怎樣以改善生產力來克服匱乏的歷史。依據柯亨（G.A.Cohen）的解釋，馬克思的歷史理論就是他的唯物史觀，而唯物史觀中所討論的生產方式之起落，由原始、而古代、而中古、而現代，每一個取代前一階段的生產方式都代表了人類生產力的節節高升。透過生產力的提昇來對付匱乏，才是人類自我實現之途。但匱乏的存在卻挫敗了人類自我實現之努力，歷史進展的動力乃是克服挫敗的志趣，也就是尋找有利於人自我實現的更佳環境、更好世界。在一個充滿匱乏的世界中，人只要對自我實現尚存關心，那麼就會發展改善生產力的興趣。當有朝一日富裕取代了匱乏，那麼人類向來的普遍興趣——提高生產力的興趣——便會轉變為個人發展自己、清除其自我實現途上的障礙之特殊興趣。由是可知後期資本主義之不穩定，並非它阻擋了日益擴大的生產力，而是它發展生產力的方式（少數個人的、公司的、

階級的利益之擴展）違逆基本的人性關懷（發展個人的自我實現之關心）之緣故（Cohen 1978：302-307）[3]。

在科技與管理方法大躍進的今日，人類普遍性的匱乏仍無法徹底消除。更何況由匱乏轉向富裕，人類必須繼續征服自然、利用自然、甚至破壞自然。換言之，人將付出毀滅生態的慘重代價，來獲取一時的富裕。更何況匱乏不只是客觀的貧窮，也是與主觀的慾望相對照的感受。儘管人的生產力怎樣提昇，總有需要無法滿足之時，也即匱乏冒出之時。

在這種情形下，就是馬克思理想的社群真正出現，恐怕匱乏仍舊是人生的一個事實。那麼只要相對的匱乏仍舊存在，公道與正義仍是人群必須重視的社會規範。把共產主義的社會視為不須談公道、不需要正義的社會，也即超越正義的社會，就變成了一種烏托邦，而不切實際了（Levine 1993：171-173）。

除了共產社會是一個超越正義與公道的社會之外，馬克思也視未來理想的社群中的人，為揚棄私人利益，

---

[3]柯亨解釋資本主義的崩潰，是基於匱乏的消滅，富裕的增大，使人類不滿資本家一味盲目擴大生產力的企圖。反之，教條馬列主義的歷史唯物論，卻強調由於資本主義內在利潤率的銳減，使得再投資減少，最後導致經濟停滯，也就是資本柯亨不贊成這種說法，而提出前面所指出「資本主義的獨特矛盾說」。主義的生產力變成其發展的「枷鎖」，而造成資本主義的解體。柯亨不贊成這種說法，而提出前面所指出「資本主義的獨特矛盾說」。

而讓別人分享個人勞動成果的社會人。這種新人類的產
生是否因爲新的社群之建立才變成可能，實在值得商
榷。其含有濃厚的烏托邦與玄想的色彩也不難理解。

可是，馬克思和恩格斯卻認爲他們兩人的社會主義
是一套有系統的學說（歷史唯物論），是科學理論，同
時也是指導普勞階級發動革命的策略或方法，也即理論
與實踐，同時也是科學學說與歷史演變融爲一爐的事
物，當然要超越烏托邦的社會主義了。更何況標榜科學
的馬克思主義不僅由烏托邦社會主義產生，也加以超
越，還要實現歷史的目的（telos of history）來建立
完美的未來社會。顯然，馬克思與烏托邦社會主義者的
爭執是牽涉到方法學的問題。「烏托邦社會主義者的觀
點充其量是主觀的、想像的，從階級社會中抽離出來的
東西，反之，〔馬克思〕共產主義的觀點卻是資本主義
爲了否定其本身創造出來的、客觀的目的（*telos*）」
（Geoghegan 1987：29）。

關於此庫瑪（Krishan Kumar）就指出，被恩格斯
保證爲科學的馬克思主義，是涉及「歷史的機制和動力
之解釋」，但這種解釋的有效性如今「令人頗爲懷
疑」。只是「它比其他的理論，不管是烏托邦或是其他
的理論，更要緊抱著將來。此種說詞稱資本主義會必然
讓渡給社會主義，也就變成了一廂情願而已，絕非科
學」（Kumar 1987：53）。

無論如何，不管是東方或西方的馬克思主義者，在
檢討了蘇東波的變天以及中、韓、越共黨的改革開放、

重新擁抱資本主義，搞出社會主義的商品經濟與市場經濟之後，假使要重估馬克思主義對未來的人類有所貢獻的話，那就要面對現實，認真檢討這套科學的社會主義失敗的原因，更要思考這個失敗及其意涵對馬克思主義全體有多大的衝擊與意義（Zhang Longxi 1995：72-73）。

假使東方的社會主義，特別是前蘇聯與東歐的「真實地存在的」（actually existing）社會主義，業已死亡的話，那麼作爲一種世界觀的馬克思主義卻繼續存活在西方，尤其是西方的學界當中。西方馬克思主義自有其激進的社會與政治的思想傳統，儘管它不是一股政治的勢力，卻是哲學思維與批判的源泉之一。從法蘭克福學派，至批判理論（包括文藝、文化的批判），都在思想界與文化界有堅實的存在與強烈的影響。正因爲它不是官方的意識形態，也非社會中的主要教條，所以能夠產生激濁揚清、震聾啓瞶的作用。這就是說西方馬克思主義的力量來自於其反對派的言說（discourse）與意理（ideology）。它在學界獲得尊重與西方大學長期以來扮演反對者的角色有關。

自從1960年代初馬克思早期的著作，特別是《經濟學哲學手稿》在西方大量刊行之後，馬克思所嚮往的共產主義，就與當年蘇聯、中國、東歐等所推行「真實地存在的」社會主義大異其趣。塔克爾（Robert C.Tucker）說，對馬克思而言，「共產主義不再是一個新的經濟體系。它正意謂著社會中經濟的結束，在該社

會中人從勞動中獲得解放，人將會在其閒暇的生活中落實他創造的本性」（Tucker 1968：167）。這就是說，馬克思認為共產主義是人類在歷史尾端所出現完美的社會，或稱社群，是後歷史時期人類最大膽、最富創意的烏托邦。

在面對整個東方共產主義失敗，而人類即將跨入新世紀的門檻之時，馬克思所說的許多話可能對現代人毫無意義。唯一的例外，或許將是他對人類歷史結束後出現的未來之烏托邦底展望。這個展望使人類值得再去犧牲奮鬥，而追求其實現。誠如塔克爾所言，「對我們現世而言，最大而持久的重要意義，以及極具關鍵的意味，是馬克思這部份的看法，也即他烏托邦的看法。這部份我們不妨稱之為他的『未來學』（futurology）」（Tucker, *ibid.*）。

在很大的程度裡，不僅馬克思，就是他的後繼者像盧卡奇、卜洛赫、馬孤哲[4]、詹明信都模仿馬克思企圖恢復烏托邦的想法。要之，追求一個更為真實、更富人道的社群，而非科學的、受外頭規律決定制約的

---

[4]對於Ernst Bloch 所著*Das Prinzip Hoffnung*《希望的原則》（1954)和Herbert Marcuse在*Reason and Revolution*《理性與革命》（1941）以及*The Eros and Civilization*《情慾與文明》（1955）兩書中，所透露恢復烏托邦的嚮往，有所析評者為Aronson的近作（Aronson 1995：260-275）。

社會，是馬克思烏托邦思想鼓舞跨世紀人類的動力之
源（Zhang *ibid*.74-75）。

五、結論

　　馬克思心目中理想的社群，不只是一個經營社會生
活的集體而已，還包括在社群中的成員及其社會生活。
因此，他的社群（community）觀包括人性
（humanity）觀在內。可是社群與人性不僅代表集體與
個體，兩者能否相容、甚至相得益彰，實不無疑問。由
於「種類本質」*Gattungswesen*不夠明確，可否作為社
群人與人之間連帶關係的基礎也成為問題，這是中研院
社科所錢永祥教授對馬克思的社群觀建立在人性觀的質
疑，值得吾人思考[5]。不過依作者的看法，這也是何以成
年以後的馬克思放棄人性本質論，而討論人性乃為社會
關係的總和之原因。

　　由於這種理想的社群，與資本主義的社會截然有
別，因此它的存在，或是早於資本主義（所謂前資本主
義的社會），或是處於資本主義的邊陲（「落後的資本
主義的社會」如俄羅斯的農村公社）。但其完整的、持
久的形式則將出現在後資本主義的未來。是故如以時間

---

[5]在1996年12月1日國科會與中研院社科所合辦論文發表會上之發言。

的先後來加以安排次序的話，那麼我們可以獲得「（原始）社群——社會——（完善）社群」這三種不同演變階段的歷史辯證過程，這就符合馬克思「無階級社會（原始公社）——階級社會（奴隸、封建與資本主義社會）——無階級社會（社會主義和共產主義社會）」這三個發展的階段及其辯證過程。

在組成社群或社會的成員方面，人也在歷史辯證的過程中不斷發展：早期是倚賴群落，過著不獨立的生活，只有到了現代市民社會形成以後，人成爲追求私利的單個體，同時也發展「最高的社會關係」（G 84），人表面上是去除倚賴而走上獨立，但這時人的關係變成物的關係，也即在物的倚賴關係上所建立的表面上之獨立。人要真正獨立，只有在未來共產主義社群出現之後。屆時，人不但獲得解放與自由，更是享有自我實現與自主的社會人。要之，馬克思有關個人在歷史上的演變也採取類同他對社會的演變的三階段說詞：「無異化－異化－異化的克服」、「無剝削－剝削－剝削的揚棄」、「倚賴－獨立－自主」。由是可知馬克思的社群觀與人性觀脫離不了歷史的辯證發展，其與唯物史觀關係密切，就不難想知。

撇開早期的原始公社不談，也撇開前資本主義、或資本主義邊陲的社會不論，馬克思的社群觀與人性觀集中在未來才能出現的共產主義社會之上。其出現的先決條件爲發展圓熟、生產力提昇到巔峰狀態的資本主義社會。未來的新社會必然是在資本主義社會子宮裡孕育成

熟的產兒。只有當生產力達到高峰的發展，而新社會和新人類的管理方式卓越，才能克服人類有史以來的匱乏，而進入富裕的境界。

由於未來共產主義的社會也即一個真實的社群，不再有階級的存在與分別。因之，剝削和壓榨也跟著消失。作爲階級剝削工具的國家也消亡，取代國家組織的將是生產者——人人都成爲沒有中間商盤剝的直接生產者——的自由組合。這個代表公共和整體利益的組織，在市場與貨幣消失之後，所進行的是消費品的生產，而非商品的生產，是消費品的分配，而非商品的交易。一個沒有商品的生產與交易的社群自然不需市場、不需貨幣、不需社會分工、不再產生剩餘價值、不發生剝削現象，自然無私產（財產所有權）制度可言。這就是青年馬克思所言的「私產的正面揚棄」。

總之，這個社群最大的特色在透過直接的參與，讓人人過問公共事務，共同進行公共決策，形成一個有理性的、有意識的公共計畫。社會按著這個理性的公共計畫，推動公共事務，落實公共政策，使過去人統治人變成人管理物。也即達到直接的民主、參與的民主、真實的民主。是故未來的社群是一個民主的社會，一個具有完整民主形式的政治社群。

那麼處在理想的社群中的新人類，怎樣復歸其人性、恢復其種類的本質（*Gattungswesen*）呢？怎樣把分裂的個人（公民與私人）還原爲完整的個人？怎樣把本身的力量與政治的力量轉化爲社會的力量，而汲取於

人的本身呢？換言之，怎樣實現人作為「政治（或社
會）動物」（*zoon politikon*）？也使個體化、個人化
（individuate）呢（*G* 84）？這也就是未來的人類怎
樣來自我實現的問題。

　　為解決這個未來人類──社會化的人類──的問題，
馬克思提出「勞動的解放」的說法，不把勞動當成是艱
險困挫勞瘁身心的操作，不當作人養家活口唯一的生存
工具，而是當作「人的基本需要」，人成就自己，滿足
他人，並進行科學、藝術、文化創造性的活動。這不僅
是擺脫異化與剝削的活動，更成為彰顯社群的本性，娛
人自娛的活動，也是他在批評詹姆士‧穆勒的政治經濟
學之腳註上所提及：「我的產品滿足你，你的產品滿足
我，你我藉產品的創作成就人的本性，也落實人的社群
本質」的那種解放的勞動觀（*CW* 3：228）。

　　耶路撒冷大學政治理論教授，也是著名的馬克思
學與黑格爾哲學的專家亞威內里（Shlomo Avineri）
指出：馬克思認為只有在社會主義或共產主義的社群
中，人與他人才能建立有意義的社會關係，因為這是被
定義為唯一符合人的種類本質（*Gattungswesen*）之社
會。

　　　　在這樣的社會中，人對別人的需要（一種根
　　　深蒂固深藏於人之生存的需要）就在人的意識
　　　裡頭產生出來。根據馬克思的說法，只有在這
　　　種社會中，人才能發現他這種需要不能簡單化

約為人軀體的存在之手段。這樣的社會必須承
認人對其同種類的需要乃是其人性不可或缺的
一部份。人這種看法的有效性可由現代社會的
經濟結構來提供，蓋現代社會的經濟結構證明
人人相互倚賴的事實。這種倚賴可由人性內在
的展示中獲得。馬克思走向社會主義之路並非
把個人屈從於整體的集體主義；它剛好相反，
有意把個人與社會的阻礙剷除，而企圖尋找把
個人與社會這兩個人類存在的面向重加統合的
鑰匙（Avineri 1968：88-89）。

要之，馬克思的社群觀和人性觀是一種理想的美
夢，是對現存資本主義社會不公不平的抗議，也是取代
資本主義生活方式旗幟鮮明的替代方案，其為一種的烏
托邦乃可斷言。鑒於蘇東波實驗的失敗，中、韓、越共
黨政權之倡導社會主義的商品經濟和市場經濟，顯然違
反馬克思消除商品、廢除市場的初衷，則馬克思這一美
夢要想成真，恐非短期間可以完成。

第九章

馬克思社會學說的性質及其影響

一、馬克思主義的社會學意涵與其貢獻

　　馬克思主義爲一套龐雜深邃的思想體系，它不似近世西洋社會科學和人文學科的分類中之任何一分支，也即不是單純的經濟學、政治學、社會學、人類學、歷史學、哲學等等，而是這些個別社會科學和人文學科的總和。如果我們勉強把馬克思主義當做廣義的社會學——有關社會的科學——來看待，那麼我們所得的印象是馬克思主義不只是像孔德以降的西方社會學主流，只關心社會的結構與功能，社會的變遷，個人與社會的關連，社會秩序的移動律則，甚至社會現象的理解，個人或群體社會行爲的解析，更是龐大無比牽涉層面廣泛而又深入的社會理論，是社會科學與社會哲學的結合。就認知的層次上來說，馬克思主義可視爲全社會的科學

（*Gesellschaftslehre*），而非主流派的社會學（*Soziologie*）。就實踐的層次上來說，馬克思主義為一種政治的行動指南，為共黨奪權與掌權的指導原則，為世界革命的指針，是理論與實踐統合為一體的人生觀與世界觀（洪鎌德 1977b：31ff.）。

當成社會學來看待的馬克思主義也可以分門別類把它看成為：1.處理人在勞動環境下外化與人際關係的勞動社會學、企業社會學、工業社會學；2.探討自然的生成變化的動物社會學、生物社會學、廣義的發展社會學；3.考究人類歷史發展的歷史社會學、文化社會學；4.解析資本主義制度下經濟結構與運作、經濟與社會其他部門的關係之經濟社會學、資本主義的社會學；5.討論社會階級組成、階級對峙、階級衝突、社會變遷的衝突社會學、知識社會學、宗教社會學、意識形態批判等；6.闡述國家與社會的關連、國家的興起、發展、消滅、統治、統治階層、革命等的國家社會學、政治社會學、法律社會學、革命社會學等。

由於馬克思再三強調實在（*Wirklichkeit*；reality）與真理之間、實踐與理論之間的辯證發展，因此，我們不妨依照法國學者列費布勒（Henri Lefebvre 1901-1990）的方式（Lefebvre 1966），加以引伸而為馬克思的社會學作一鉤玄提要的功夫。馬克思社會學的出發點與論題為：

1.宗教的真理：何謂宗教？其真實性究竟為何？其本質是什麼？這些問題有賴哲學來加以發現。這表示哲學是對宗教的極端批判。它企圖揭開宗教的秘密而暴露宗教的本質。正如費爾巴哈所稱，人類最先的外化源之於宗教，人的活動凝結、物化為神的行為。神是人的淨化、客體化、對象化，人把自己的屬性投射於神格裏（人格變為神格）；人崇拜神，事實上為崇拜人格化的道德原則與崇拜人的善性。神既是人的顛倒幻象，神的偉大便是人的渺小，便是異化的產生，因此只有把神還原為人，把天堂還原為俗世，把神學還原為哲學，人的異化才能解除。

2.哲學的真理──哲學究為何物？其真實性如何？這些問題有賴政治來加以發現。哲學的理念──人生觀、世界觀、宇宙觀、人與社會的看法，通常為哲學家、思想家所津津樂道──與政治問題、政治目標息息相關。這種關連一向密切，不管哲學家、思想家對政治權力持著贊成或否定的態度。經過訓練、薰陶的人類理性，通常產自兩個相互矛盾的來源：一為業已建立、約定俗成的存在理由（*Raison d'état*）（像法律、國家組織能力、憲法、國家奉行的主義、意識形態等）；另一為慎思明辨、自反而縮的哲學理性（體系性思維、邏輯、批判性論證等），這種西方長期的政治思想與哲學思想之間的爭執、和解、統一，在馬克思時代已發展到巔峰，這便是黑格爾哲學。黑格爾的哲學是保守的、反動的，為既得利益集團與統治階級服務。在他的整個哲

學思想中無異反映當時政治實況，故為了要瞭解黑格爾
的哲學，必須瞭解當時普魯士的政情。可是黑格爾體系
的完整無缺卻帶來其解體的命運（「物極必反」）。導
致黑格爾哲學解體的激烈批判本身，也採用不少黑格爾
的方法與概念，像他的邏輯、辯證法以及他有關整體、
否定、異化等概念。

　　3.政治的真理──何謂政治？國家的本質與目的何
在？法律的功用如何？這些問題有待社會來加以發現。
馬克思否認國家為人類社會發展之最高峰或歷史演變的
最終目標，國家並非一獨立自足的體系。有關政治統轄
與國家結構仍需由社會關係來加以解釋。社會關係是人
群活生生、實際活動所組合的體系（社群、階級、家
庭、個人等）。這些社群的總體便是黑格爾所宣稱的
「市民社會」。市民社會有異於普通的政治體制。只是
黑格爾重視政治國家輕視市民社會。馬克思則反是，認
為市民社會的存在較之政治社會（國家）的存在更具實
在。這些關係並不存在於絕對的形式（「國家是絕對精
神的化身」）、抽象的形式（普遍的、種類的、共同體
的）之中，而是立足於物質基礎──生產力──之上[1]。

　　4.社會的真理──社會如何產生？其本質為何？社
會階級有無存在的基礎？其真實性如何？這些問題有待
經濟來發現。社會既為人群之間的關係所造成，而人群
又必須經營各種謀食維生的活動，這便是經濟財貨的生

---

[1] 以上參考 Lefebvre 1966 pp.3-5，以下為本文作者引伸的部份。

產與分配的問題。由於經濟活動牽連別人，因此為一種
群體的活動。在群體的活動中自然產生了人際關係，這
便是圍繞財產權——對生產工具擁有與否——而發生的關
係，從而社會分成有產與無產階級。資本主義的社會便
是有產階級宰制與剝削無產階級的社會。這種社會的演
展一方面取決於無產階級的團結奮起（無產階級的革
命），一方面受制於資本主義內在經濟發展律（生產力
與生產關係的矛盾、普勞階級化、資本累積律、資本利
潤率遞減律、貧窮論等），所以社會的理解必先依賴對
該社會政治經濟的分析。

　　5. *經濟的真理*——資本主義的經濟結構之本質如
何？經濟運作如何？資本主義的本質是什麼？這些問題
有賴於對人性的瞭解以求發現。經濟活動特別是資本主
義的社會，牽連著金錢、資本、勞動等問題，表面上是
純經濟問題，卻是圍繞著人本身生存，以及人與其同類
之間的問題。人本是勞動的生物，在勞動、工作、操作
中創造自己，其產品也歸其所擁有、歸其所享受。可是
在資本主義的勞動中，人出賣勞力，也把自己割讓給別
人，以換取口腹之慾與軀體存在，這便是勞力的商品
化、金錢化。金錢（與資本）是導致自然的社會（人力
可以控制產品）變成非自然的、被扭曲的社會（產品控
制人力）。由是金錢是具有把理念變成實在、與把實在
化成理念的力量。在資本主義的體制下，人為了金錢而
生產貨物，金錢與貨物的爭取變成人生的目的。金錢的
崇拜與神祇的崇拜在本質上都是相同的，使人類由真實

的關懷變成虛幻的關懷。是故馬克思的政治經濟的解釋仍牽連到人性的異化之討論，這也是1844年《巴黎手稿》之所以稱爲《經濟學哲學手稿》的原因。

以上爲馬克思社會學的出發點：以實在（*Wirklichkeit*；reality）情況來解釋各種（宗教、哲學、政治、社會、經濟）的真理，也可以說是實在與真理的辯證理論。這種理論與某一特定社會生活的實狀不可分。換言之，即理論與實踐不可分。馬克思理論與實踐的合一便建構在「超越」一理念上。所謂的克服或超越是理論與實踐的、是真實的與理想的，是由人類過去與現在的活動來決定的。例如宗教應被克服、應被超越，其克服與超越的結果，便是宗教異化的根除。哲學（特別是玄思的、思辨的哲學）應被克服與被超越，其結果爲唯心論的揚棄、唯物論的保留與乎極端批判主義的倡導。政治應被克服與被超越，其結果爲國家的凋零、統治關係的消失。社會應被克服與被超越，其結果爲無階級、無剝削、祥和安樂的社會之出現。經濟應被克服與被超越，其結果爲資本主義經濟的消失，社會主義計劃經濟的抬頭。因分工、碎化的人性應被克服與被超越，其結果是異化的、粉碎的、瑣屑的工人成爲無所不能、隨心所欲、自由創造的完人。我們可以說馬克思由神學的批判、哲學的活用、政治學、法律學的理解，至社會學與經濟學的詮釋，終於完成人類學的闡微。其後半生用力最多爲古典政治經濟學的研究與批判，也是

資本主義經濟學的剖析。貫穿他整個學問的方法爲辯證法，爲極端的批判方法。

馬克思對理論社會學的貢獻極大，不過他個人並不創立某一社會學派，也不以完整的一套社會學理論來炫世[2]。他在理論上的成就可以簡略地分成三個範疇來討論：哲學的基礎、理論取向以及社會學的概念架構（Jordan 1971：64-67）。

首先馬克思爲社會科學裏的自然主義學派提供哲學的假設。所謂自然主義學派是以自然，而不以精神或超自然來解釋一切現象。馬克思雖標榜其學說爲唯物論，但他並沒有把社會現象濃縮或還原爲自然或物理現象。他只是認爲所有科學的資料都應用同一科學的程序來處理、來探究，因此在他的心目中並沒有異於自然科學的社會科學。吾人藉著感官與理性而經驗地（觀察法、實驗法等）獲取各種科學所需的資料。我們並使用同一科學方法去分析、評價這些資料。就像其他科學一樣，社會學在於塑造與證實經驗性論題，使其成爲符合經驗事實，無悖於邏輯規則的理論。

根據馬克思的看法，社會先於個人而存在，是以社會學較心理學優先。社會科學所關懷者乃爲人類互動的

---

2 理論社會學與社會學理論不同，後者包含系統性組織，律則性的論述、可資證明或否證的證據等。前者是以理論爲主的社會學，參考 Zetterberg, Hans L. 1966 *On Theory and Verification in Sociology*, 3rd, ed., N.Y. : The Bedminster Press, p.22.

現象，也即個人與群體相互與彼此依賴的行為。這一理論今日不妨稱為互動論（thesis of interactionism），為贊成或反對自然主義學派者所普遍接受。這一互動論多少包含漸進或進化的意思，認為社會為業已建立或不斷改變的社會關係的總體。對馬克思而言，進化的改變無異為自我生成的過程，與社會學旨在發現的社會演展律相一致。社會律指明互動種類之間的關連，係獨立於個人行動之外的規律。這些基本假設在馬氏以後的各代社會學家之間流通，以致多數人習而不察，視為當然。

在此自然哲學基礎上建立著三種理論取向。第一個取向，認為衝突乃為統治過程或人際（群際）關係，衝突造成分裂或團結的結果。個人或群體常為稀少的資源、財富、聲譽、權勢發生爭執，社會的進步遂由此等鬥爭中產生。一個沒有衝突、鬥爭的社會是死水一泓，為一無生氣頹廢的社會。

第二個理論取向為整個宇宙之間的相互依賴或依存關係，是以社會的各部份構成某種程度的統一體。社會的每一部份取決於體系，本身也可以影響與決定體系的其他部份。這種取向也可稱為「功能主義說」（postulate of functionalism），蓋因為它乃為今日社會學與社會人類學[3]功能分析的設準。只是目前的功能

---

[3] 有關社會人類學參考洪鎌德 1997c 《人文思想與現代社會》，台北：揚智出版社，第19章。

論忽視社群的衝突，這點有異於馬克思兩種取向的兼籌
並顧與並行不悖：衝突與功能實爲同一過程，彼此
應相輔相成。

第三個取向是認爲總體（宏觀）社會學的結構與律
則只有在一定的時間過程（時期）中有效，而非放諸四
海而皆準，俟諸百世而不惑的真理。是故總體社會的觀
察必須佐以歷史的理解。換言之，對於既定現象的把
捉，只有社會學的描寫是不夠的，尙應加入歷史學的分
析。正如馬克思所言，就像政治經濟學一樣，社會學如
果忽視變遷與發展就變成神話學。

馬克思指涉架構中包括總體社會學的概念，當中尤
以經濟的社會形構（ökonomische Gesellschaftsformation）
一概念最爲重要。這一概念並非意含社會的形構只是純
經濟的組織或工業的組織。只是說生產的社會關係對社
會結構而言是基本的，是故整個社會的形構在多重的社
會層次上、文化層次上要受到生產關係的影響。再說，
使用形構（Formation）而不使用「社會」
（Gesellschaft），主要在表述社會是變動不居的過
程，是充滿生機、活潑、富有動力（dynamische）的生
命共同體，而非靜定的、不生變化的人群之集體。

在描述與分析社會結構時，生產力（包含勞力科
技、工商管理的知識）與階級結構（生產關係）兩個概
念尤屬重要。馬克思認爲階級結構爲瞭解社會結構的關
鍵，以階級關係爲起點來探討社會，必使研究達到豐碩
的成果。馬氏使用「階級分歧」與「階級結構」兩詞，

用以指涉依賴關係、隸屬關係與權力的運作。權力牽連
到物質條件、權威、政治宰制力與知識上的優越。以這
種階級結構的概念為起點來分析社會，自然也將這些社
會關係（優勢、統屬關係）包括在內，因之，成為有力
的社會學分析工具。是故社會形構、階級結構與權力成
為馬克思概念架構中三項最重要的因素。除此以外，馬
氏的概念架構中尚包含進步、社會律則、意識形態、社
會工程學（「實踐」）等概念，這些概念對當代社會思
想仍產生持續與廣泛的影響。

　　除了歷史唯物論之外，馬克思對經驗社會學的貢獻
多半為人們所忽視。像他三部涉及法蘭西的著作：《法
蘭西階級鬥爭》（1850）；《路易‧波拿帕霧月十八
日》（1852）和《法蘭西內戰》（1871），都是經驗觀
察與理智分析的傑作，是研究當時法國政經社會文化最
佳的入門書。就是歷史唯物論也被當成歷史理論來看
待，或當成理論社會學的一部份。事實上歷史唯物論是
把社會當成整體的經驗考察，特別是當成社會變遷的考
察之指導原則來看待。

　　當然馬克思對經驗社會學的貢獻不限於歷史唯物
論，他尚是重視人口普查、工廠視察報告、國會報告、
公共衛生報告等統計資料的第一位社會科學家。更可取
的是他對報章、雜誌、小說等資料蒐集、整理、筆記極
為勤勉，為社會學知識保存了第一手好材料。這方面是
拜受恩格斯《英國工人階級的勞動條件》（1845）一書
之賜。馬克思對社會研究的經驗方法之重視，使他不僅

吸收恩格斯及前人的研究經驗，並引進新方法、新觀點，且本身也設計問卷，俾能瞭解工人生活狀況[4]。

二、馬克思社會學說的影響

1. 對普通社會學的影響

馬克思在其生前以《共產黨宣言》的撰稿人與國際工人聯合會的創始人而著名，其理論最先也只受到政治運動家（像 August Bebel, Karl Kautsky, Eduard Bernstein, Jules Guesde, Paul Lafargue 等）的闡述。只有在1880年代其理論才開始引起學院派社會科學者的注意。第一位留神其作品的爲德國社會學家杜尼斯（Ferdinand Tönnies 1855-1936）。杜氏在其名著《社群與社會》（*Gemeinschaft und Gesellschaft*,

---

4 該項問卷本來以法文設計，題爲 *Enquete Ouvriere*, 刊於1840年4月20日的《社會黨人評論》（*La Revue Socialiste*），英譯本收 Bottomore, T. B. and M. Rubel (eds.) 1973, Karl Marx, *Selected Writings in Sociology and Social Philosophy*, Harmondsworth: Penguin, 1st ed. 1956, pp.120-218.

1877）中即因襲馬克思的說法，強調生產體系對社會形式的決定作用。

1894 年 國 際 社 會 學 研 究 所 （ Institut International de Sociologie）召開第一屆大會，與會諸社會學家（M. Kovalevsky E. Ferri, F.Tönnies, P. de Lilienfeld 等）方才討論到馬克思的社會理論。與此同時，在法國有人嘗試把馬克思與涂爾幹的理論作一比較。索雷爾（Georges Sorel 1847-1922）在評述涂爾幹社會學方法論的長文中，試圖把涂氏的心理學主義與馬克思的實用兼科學方法作一對照。他推崇馬克思「社會學的唯物理論」，認爲政治的、宗教的、道德的體系都不能獨立自足，而必須立基於經濟關係之上。由是索雷爾讚揚馬克思爲社會學增闢一個新的研究領域：生產與交易的體系。在索氏晚年著作中全力抬高馬克思的原著以對抗馬列黨徒的教條主義。

涂爾幹後來也詳細討論馬克思的理論，兼評述馬克思理論家義大利人拉卜里歐拉（Antonio Labriola 1843-1904）的文章，同意社會生活不以該社會份子的看法爲解釋的源泉。反之，社會生活應由無從意識到的原因，包括社群之間結合方式來加以解釋，這樣自然會更有創見。就在涂爾幹的指示下，他所編輯的《社會學年鑑》（*Année Sociologique*）最先幾期都騰出大量篇幅來討論馬克思及其黨徒的社會學。首先執筆者是德國法學家史丹木勒（Rudolph Stammler 1856-1938）。他評論歷史唯物論及其法律應用，並使用一些在當時業已

被人遺忘的馬克思著作，從而批評恩格斯對馬克思學說曲解之處。

史氏對馬克思未曾建立認識論作為其理論之基礎表示遺憾，因而引進社會生活形式與實質的分別，前者為法律規範，後者為經濟活動。法律規範制約與決定經濟生活，因為生產關係無法自外於法律制度之故。這一說法無異把歷史唯物論倒轉來解釋。史氏這項解釋法深獲法國社會學家辛米讓（Francçis Simiand 1873-1935）的贊同，認為史氏已將經濟分成純技術的與純經濟的（以社會因素來界定經濟現象）兩部份。但是史氏的著作卻遭到義大利美學家克羅齊（Benedetto Croce 1866-1952）創意的批評。其後瑪克士·韋伯（Max Weber 1864-1920）也撰一書評，批評史氏的著作，認為史丹木勒的作品中前後矛盾不相連貫。

直到19世紀末，由於馬克思遺囑執行人陸續刊載馬氏的著作，其理論逐漸為世人所知。他的遺作與舊作的新版推出，使讀者更容易瞭解其社會學內容，也激發歷史學家、哲學家、社會學家紛紛研討他的歷史唯物觀。由於索雷爾的著作在義大利的影響，以及著名文人如克羅齊、拉卜里歐拉、甄提列（Giovanni Gentile 1875-1944）等的鼓吹，在義大利釀起一個新的思想運動，它配合恩格斯的哲學觀而發展了歷史與社會學研究的新方向，並排除「歷史唯物論」中的誤解部份。

拉卜里歐拉繼索雷爾之後闡述馬克思的學說，強調馬氏多才多藝的博學精神與多采多姿的政治生涯，尤其

能克服隔行如隔山的狹窄學問間之界線，融貫哲學、經
濟學、人類學、社會學、政治學等於一爐，使人倍感研
究歷史事實的各種專科有融合爲統一歷史過程的一般社
會科學之必要。拉氏推崇馬克思對社會學的貢獻爲推陳
出新，屢作驚人的發現，俾使人類能夠成爲自己命運的
主宰，而賦予生命以意義。

　　可是拉卜里歐拉對馬克思歷史方法的解釋也遭到批
評。安德勒（Charles Andler）引用馬克思有關費爾巴
哈的提綱來批評拉氏的「靜定思想」（Quietism）。甄
提列也重視費爾巴哈提綱，認爲它不僅是馬克思的思想
之關鍵，更可藉此提綱來重建「實踐的哲學」。這些爭
論剛好發生在19世紀末「馬克思主義危機」的時代。所
謂的「馬克思主義危機」是雙重的：知識的危機與政治
的危機同時發生。這雙重危機與馬克思主義當中出現了
修正主義，以及德國社會民主黨從教條式馬克思主義陣
營中的崛起攸關。這期間歐陸馬克思主義者只好致力建
立「馬克思主義的科學情境」：大量出版馬、恩著作，
連解釋、批評的書文也不斷付梓刊行。捷克哲學家馬薩
里克（Thomas G. Masaryk 1850-1937，曾任捷克第一
任總統）也著書分析與批評馬克思主義，其中不乏闡述
馬克思社會學方法與假設的卓論。

　　參與這些中歐討論的尚有帝俄時代的文人、思想
家、革命者。在帝俄箝制下，當時任何涉及馬克思的著
作在俄境都遭禁刊的厄運。可是在1895至1900年之間，
有關「科學的社會主義」之作品卻以魚目混珠的方式大

量刊行。討論的中心人物爲社會學家與報人的米海洛夫
斯基（Nikolai K. Mikhailovsky 1842-1904）。他主
張原始農業公社與自由主義，故痛斥馬克思主義。恩格
斯在世之日，列寧與朴列漢諾夫（Georgi V.
Plekhanov 1856-1918）也參與論爭。米海洛夫斯基曾
指摘馬克思不曾有系統地闡述歷史唯物觀，列寧撰文批
駁並頌揚馬克思爲科學的社會學之創立人。同時朴列漢
諾夫則刊出〈歷史一元觀的發展〉一文，旨在駁斥「烏
托邦」社會學家的卡列耶夫（Nikolai I. Kareyev
1850-1931）、拉夫洛甫（Pyotr L. Lavrov 1823-
1900）、米海洛夫斯基等人對馬克思學說的誤解。

　　就在馬克思故鄉的德國，社會學界逐漸放棄一般社
會學理論的建構，取而代之的是發展經驗性研究，目的
在驗證馬克思所提出的假設正確與否。此外馬克思主義
者考茨基也對基督教與法國大革命的源起有所論述，對
政治社會學也有相當的貢獻。至於第一位應用馬克思社
會學從事文學史研究的人爲梅林（Franz Mehring
1846-1919），他於1893年透過馬克思的觀點出版一冊
《列星神話》（*Die Lessinglegende*），獲得佳評。

　　20世紀開端以來，有關馬克思著作的源泉、結構、
影響等才逐漸引起人們注意並加詳細研究。不過此時有
關馬克思龐雜的文獻，多爲哲學方面的探討，其中牽連
到黑格爾與馬克思知識上的關連。這也引起社會學界的
興趣，是以1900年的國際社會學研究所召開的大會，完
全以歷史唯物論爲探討主題。

　　義大利經濟學家與社會學者巴雷圖（Vilfredo
Pareto 1848-1923）早在1902至1903年之間便注意到馬
克思對階級鬥爭衝突的理論。這就構成了巴氏後期有關
精英份子爭權的理論基礎。這種精英份子奪權論當然與
馬克思的唯物史觀相反，不認為群眾能夠奪權；反之，
只有精英才能改朝換代。不過奪權的觀念脫胎於階級鬥
爭的說法，殆無疑問。

　　同時，法、德、奧三國的經濟學家、歷史學者與法
律專家也以馬克思研究方法為基本，嘗試在社會科學領
域中創造新說，例如薛葉（Henri Sée 1864-1936）解
釋經濟史，希爾弗定（Rudolf Hilferdings 1877-
1941）討論經濟，雷涅（Karl Renner 1870-1950）分
析法律與瑪克士・韋伯討論社會學都與馬克思主義的闡
釋或批評有關。此外，奧國的哲學家阿德勒（Max
Adler 1873-1937），深受康德哲學的影響，認為馬克
思業已建立一套社會科學的認識論，可以媲美康德為自
然科學設立的另一套認識論。

　　韋伯與宋巴特（Werner Sombart 1863-1941）和葉
飛（Edgar Jaffé）合編《社會科學與社會政策學刊》
（*Archiv für Sozialwissenschaft und Sozialpolitik*）需
要一份該刊編輯方針的計劃與方法論的指導原則。是以
韋伯執筆的〈社會科學認識與社會政策認識的「客觀
性」〉（Weber 1973：146-214）一文中，表達他們的
共同立場。在這份文件中他們大體上表示接受馬克思所
描述的史觀。可是在研究中不重經濟現象本身的探討，

只重與經濟有關聯的事物之研究。韋伯還表明他對馬克思唯物論的保留態度。但在該刊發表的文章中，不少作者傾心於馬克思的社會學，其中齊默爾（Georg Simmel 1858-1918）的作品《貨幣的哲學》（*Die Philosophie des Gelds*）尤受馬克思著作的影響。韋伯最著名的作品牽涉到現代資本主義源起的討論（Weber 1972：17-206）。他強調新教的倫理，也即宗教理念，是導致歐洲近代資本主義興起最重要的因素，其他因素為經濟變遷、新階級的崛起等。所謂宗教理念係牽連對財富、科學與勞動的新態度。因此韋伯的學說可以說是對馬克思唯物史觀的修正。

在1914年歐戰爆發前，馬克思的社會學已遠播歐洲之外，而對美國社會理論的塑造產生重大的衝擊。其影響最明顯處為有關社會階級的分析。司馬爾（Albion W. Small 1854-1926）曾出版有關馬克思學說系統性的專著，論述其社會衝突的理論。米德（George H. Mead 1863-1931）與韋布連（Thorstein Veblen 1857-1924）的著作更是闡揚馬克思社會學的真髓。

第一次世界大戰結束後，馬克思社會學派宣告成立，但它卻發展成各種不同研究傾向。這些傾向有時互相敵對，但皆與非馬克思派學者（雖然亦對馬克思社會學感覺興趣）意見相左。就1918年至1925年之間粗略的估計，單在歐洲國家中即有約五百本有關馬克思社會學的重要著作陸續出版。1926年至1933年其數量估計也不小於上述數目，其中奧人寇士（Karl Korsch 1886-

1961），在其著作《馬克思主義與哲學》（*Marxismus und Philosophie*）一書中，反對把馬克思學說當成實證主義意味的一般社會學來看待。認為馬克思主義，包含哲學與經驗科學兩部份要素：經驗部份討論現代社會的種種運動，與現實問題不生矛盾。哲學部份則以史觀解釋事實，而歸結於未來無階級的社會。由於馬克思對未來高瞻遠矚，故為社會進化的理論，也為革命階級的實踐與社會活動的反映。

匈牙利人盧卡奇（Georg Lukacs 1885-1971）也在稍早出版的《歷史與階級意識》（*Geschichte und Klassenbewusstsein* 1919-22, 1923）一文集中表示：馬克思主義不當被目為社會史的客觀解釋，而是應以革命的勞動階級之觀點來解釋歷史的起源與資本主義社會的發展。總之，寇、盧兩氏反對把馬克思主義與社會學對立起來討論。反之，馬克思主義主要的為歷史理論，不僅顧及客觀條件，也涉及人群的主觀努力。是以在1933年之前，馬克思社會學思想在歐美所有社會科學研究中心都佔得一席地位。

在德國有關馬克思的討論一直為社會學家鍥而不捨地推動，甚至出現了一門新的社會學分支——知識社會學。其創立人為盧卡奇、謝勒（Max Scheler 1874-1928）與曼海姆（Karl Mannheim 1893-1947）。這一發展隨著1933年納粹的奪權而告終。從此之後至第二次世界大戰結束的1945年間，在德國不僅馬克思社會學受禁止，就是韋伯的社會學——企圖採取批判的檢驗立場

來修正馬克思學說之偏頗——也在壓制之列。與納粹開始迫害馬克思與韋伯社會學的同時,馬克思早年的著作在1930年代陸續刊行,可惜未曾獲得應有的注意,比較嚴肅與認真的研讀這些青年馬克思作品是在1945年以後的事。

就在1930年代當成政治社會學的馬克思主義蓬勃發展之際,在德國以外的地區,對馬克思科學的興趣漸減,只有在法國薛葉與拉卜魯士(E. Labrousse)尚研究不輟。薛葉早在1927年出版一冊有關歷史唯物論與歷史經濟解析的著作。拉卜魯士則自1933年即著手進行法國革命之經濟影響因素的探析。事實上對馬克思社會學興趣的復燃乃是近期之事。在美國以熊彼得(Joseph A. Schumpeter 1883-1950)的著作:《資本主義、社會主義與民主》(*Capitalism, Socialism and Democracy* 1942)標誌著研究的新方向。熊氏在該書第一部份即檢驗馬克思的社會學原理,其結論為:「歷史的經濟解析無疑的是至今為止對社會學偉大的個人貢獻之一」。在英國柏波爾(Karl R. Popper 1902-1994)的《開放社會及其敵人》(*Open Society and Its Enemies*, 1944)為對馬克思社會學所做嚴厲的批評。其他馬克思主義者,像习布(M. H. Dobb)討論資本主義的起始與發展,都有良好的成績。

1948年為《共產黨宣言》刊布一百週年紀念,法國學者曾撰文結集,討論馬克思對社會學的貢獻。居維齊(Georges Gurvitch 1894-1961)研讀青年馬克思的著

作，譽馬氏是「社會學家中的王子」，而主張社會研究
的取向應向馬氏看齊。

　　瑞士心理學者皮亞傑（Jean Piaget 1896-1980）
在討論社會思想的本質時，強調馬氏作品的重要性，特
別是他的意識形態理論。認爲社會上層建築與下層建築
的關係無異於個人的意識與其行爲的關係（Bottomore
1968：46-49； 1973：44-63）。

　　在社會學思想的主流中，很多學者仍潛研馬氏著
作，俾發展新的理論。除前述梅林的《列星神話》外，
尚有盧卡奇在1920年出版的《小說理論》（Die
Theorie des Romans, 1920）。再說一度受到法西斯政
權囚禁達十一年的義大利馬克思主義者葛蘭西
（Antonio Gramsci 1891-1937），曾在獄中撰述日記
與文集。他特別關懷統治階級的文化宰制手段，以及勞
動階級如何發展本身的文藝以資抵抗。他使用「文化霸
權」一詞，強調經濟、政治與文化因素的相互依存關
係。他的著作要遲到身後十餘年，也即1950年代以後才
逐漸獲得重視。

　　在1950與1960年代中社會學家亞宏、米爾士（C.
Wright Mills 1916-1962）與達連朵夫也紛紛討論馬克
思有關階級結構與階級鬥爭的理論。他們大都懷疑他的
解釋與預言，而提出修改的意見（Bottomore 1968：
50；1975）。至於1960與1970年代，馬克思的社會學對
新左派或極端社會學家的影響更爲深遠，這是不難理解
的事實。

　　自1970年代初歐美爆發學潮以來，在新馬克思主義者與新左派煽風點火之下，有關馬克思對資本主義社會之批判，又引起學界、文化界的重視。以阿圖舍（Louis Althusser 1918-1990）為主的結構主義企圖使用嚴格科學方法（「症候閱讀法」）解讀馬克思的原著，他同意馬克思的唯物觀點，強調真實的世界早於人類對它的詮釋，也是獨立存在於人的認知之外。人類認知外界之目的在便利行為，是故認知（科學的或意識形態的認知）都與實踐密切掛勾，換言之，社會可以粗略分解為經濟的、政治的和意識形態的實踐，阿氏認為在宰制方面，社會乃是「去掉中心的結構」，因之，並沒有經濟的實踐凌越政治或意識形態的實踐這種經濟決定論的說法。

　　阿圖舍的學生兼合作者朴蘭查（Nicos Poulantzs 1936-1979），應用結構主義的觀點分析當代資本主義的國家，而提出現代國家相對自主說。他因為主張政治與經濟不容分開，視國家為階級與階級的矛盾、鬥爭而凝聚的事物，也是統治階級與被統治階級策略活用的組織。可以說朴氏把馬克思的國家觀加以引申與重建，對馬克思主義的政治社會學貢獻重大（洪鎌德 1996：51-59）。

　　1970年代與1980年代英美加三國出現了解析的馬克思主義，對馬克思唯物史觀、階級理論，正義理論進行分析。另外自1985年出現了以拉克勞（Ernesto Laclau）和穆佛（Chantal Mouffe）為代表的後馬克思

主義、或稱符號學的馬克思主義，自1980年代至1990年代則有新社會運動之產生，包括哈伯馬斯 （Jürgen Habermas）、卜地峨（Pierre Bourdieu）、紀登士（Anthony Giddens）、杜赫尼（Alain Touraine）在內的西方社會學家，企圖對馬克思的社會學說進行解構與重構。同時生態學的馬克思主義、女性主義的馬克思主義也接踵崛起，這都說明馬克思社會學說所引起的注意與影響（洪鎌德 1996a：59-67；71-119；1997a：23-79；105-177）。

第二次世界大戰結束後，以蘇俄為首的東歐共黨國家也積極從事社會科學的重建與復興。所謂的「馬克思主義的社會學」（*Marxistische Soziologie*）也逐漸在東歐抬頭。此一社會學與西方資產階級社會學最大的不同為以辯證唯物論研究社會現象。人際與體系之間的關係結構，不取決於現存體系靜態的因素或主觀、唯心的意識，而是取決於它和自然之關係（生產方面）與生產力的發展程度（科技）與生產關係（財產關係）。在東歐共黨國家間社會研究仍採取經驗科學方式，只是其指導原則為辯證的與歷史的唯物論。因此個別、具體的社會考察無異為上述理論的實踐[5]。隨著蘇東波的變天，

---

[5] 有關戰後蘇俄、東德、波蘭、捷克、匈牙利、保加利亞與羅馬尼亞的社會學研究情形，可參考 Kiss, Gabor 1971 *Marxismus als Soziologie*, Reinbek bei Hamburg : Rowohlt.

馬克思主義在舊蘇聯與東歐逐漸沒落。社會學的研究受
歐美的經驗方法與實證理論所指引。

2. 對批判社會學的影響

　　批判的社會學，一名批判理論，是圍繞著德國法蘭
克 福 社 會 研 究 所 （ *Frankfurter Institut für
Sozialforschung*）的一個學派。它結合了哲學、社會
學與心理分析等的研究，成爲20世紀德國知識運動表現
特殊的一支流。該研究所成立於威瑪時代（1923），最
著 名 的 爲 所 長 霍 克 海 默 （ Max Horkheimer 1895-
1973）。彼爲一哲學家與社會學家。與其密切合作的有
哲學家阿多諾（Theodor W. Adorno 1903-1969）與馬
孤哲（Herbert Marcuse 1898-1979），經濟學家朴洛
克（Friedrich Pollock 1894-1970），心理分析家佛
洛 姆 （ Erich Fromm 1900-1980 ）， 漢 學 家 魏 復 古
（ Karl Wittfogel 1896-1988 ）， 法 學 家 諾 以 曼
（ Franz Neumann 1900-1954 ）， 祈 希 海 默 （ Otto
Kirchheimer 1905-1965 ） 及 文 藝 評 論 家 卞 雅 敏
（Walter Benjamin 1832-1940）。

　　該研究所成立不久，即受到剛剛崛起的納粹惡勢力
所迫害，所以地址由法蘭克福而日內瓦，而巴黎而美國
加州不斷西遷。直至第二次世界大戰結束後，才又自美

國遷回西德的法蘭克福。現該研究所已與法蘭克福大學融合爲一。該所在1932年至1941年出刊《社會研究雜誌》（*Zeitschrift für Sozialforschung*），先以德文，繼以英文發表。該雜誌的特色爲揉合兩個極端，一重德國傳統的生活哲學與現象論，一重美國經驗的社會研究。因之，哲學的思辨與社會學的經驗主義，以及黑格爾式馬克思主義的批判精神，成爲該雜誌的特色[6]。

批判社會學或批判理論既是法蘭克福學派的主要旗幟，那麼顧名思義，這一批判精神係得自歐洲啓蒙運動以還，宗教教義的批判，以及康德對人的理性（純理性與實踐理性）以及判斷力的批判。更重要的則是黑格爾在其精神現象說中所強調，人群爲追求自我塑造，爲體現自我意識追尋過程中所遭逢的種種蒙蔽、壓力，而對這些蒙蔽、壓力所做的省悟乃爲一番批判功夫。康德的批判學說，可簡稱爲「重建」（reconstruction），其流亞爲今日盛行於英美的語言與分析哲學。黑格爾的批判學說，可謂爲「批判主義」（criticism），其流亞爲今日的心理分析（Connerton 1977：11-19）。

批判社會學的典範（paradigm）爲馬克思所著《政治經濟學批判》（1859）。其原因爲1930年代歐陸資本

---

6 關於法蘭克福學派的興衰史，可參考 Jay, Martin 1973 *The Dialectical Imagination : A History of the Frankfurter School and the Institute of Social Research*, 1923-50, London: Heinemann.

主義顯示內在破壞性與民主政治的無能，以致當時可資選擇的兩條路似為法西斯體系與共產主義。法蘭克福學派自認其批判理論或批判社會學為政治鬥爭的一環，是故在其分析的核心中仍保留馬克思對政治經濟學的批判。雖然與正統派馬克思主義者相較，批判理論未曾產生等量齊觀的經濟批判底著作，但在1930年代他們對馬克思主義學說所做的修正主義卻是有限的。易言之，他們一方面以青年馬克思的範疇進行思維工作，另一方面對成年的馬克思所使用的詞彙予以保留援用。

自1930年代至今法蘭克福學派經歷四重變遷，先是由基礎（下層建築）的研究躍向意識形態（上層建築）的研究，然後政治經濟學的批判被工具性的批判所取代。繼而需要體系的解釋與佛洛依德的學說結合，最後馬克思哲學、人類學再度被修正，而與詮釋學（*Hermeneutik*）的傳統合流。要之，批判理論雖然崛起於1930年代，卻在1960年代復興。新一輩的學人如哈伯馬斯、歐斐（Claus Offe）、羅連徹（Alfred Lorenzer）、韋爾默（Albrecht Wellmer）都能克紹箕裘，青出於藍。

批判理論最主要的學說為：（1）實證主義的批判：認為目前社會科學中所流行實證的或科學的概念為肯定現狀保守勢力的錯誤意識。（2）批判理論的理念：視社會為人力可以改變的程序之總體，社會中非理性的宰制力量應予抨擊、暴露。（3）對馬克思的批判：馬克思雖然能夠高明地綜合黑格爾與唯物論，但由

於他本身無法自實證主義的桎梏中徹底解放出來，因此
誤認普勞階級能夠發動消滅異化與權力統治的革命。就
因為這個原因馬氏未免把思想當成次要現象
（*Epiphenomenon*）看待。他視人類異化的主要原因為
財產關係的經濟結構，殊不知人類的災難與挫折遠超過
經濟壓榨。（4）現存社會的批判：進步的工業社會，
不論是共產主義的，還是資本主義的社會都是非理性
的。原因是在這類社會中人群無論是政治上，還是經濟
上都受到外在勢力的控制。由於文化的操縱，現代人被
誘入殼中而不知自拔，終於喪失對真正人性發揚的追求
（Quinton 1974：43-53；Connerton 1977：23-38）。

第十章

馬克思社會學說的新解讀

　　自1930年代，馬克思青年時期的著作陸續付梓刊印
以來，西方學者掀起一股研究馬克思主義的熱潮。之前
由馬克思主義信仰者所持正統或教條式的看法，也遭受
嚴重的挑戰。

　　本章旨在報導第二次世界大戰結束後，美國、英
國，以及歐陸學者對馬克思主義的新評價，特別是說明
他們對馬克思早期作品的詮釋。

一、科學的抑哲學的馬克思主義

　　美國普林斯頓大學政治學教授塔克爾（Robert C.
Tucker）把馬克思早年的著作，及其思想體系稱為「創
始的馬克思主義」（original Marxism），以與後期

「成熟的馬克思主義」（mature Marxism）作一對比。
前者也可以說是馬克思的第一個思想體系，可謂爲「哲
學的共產主義」（philosophical communism），與後
來受恩格斯影響，稱呼爲「科學的社會主義」
（scientific socialism）不同。

　　馬克思第一個體系的出現，無疑地是青年馬克思早
期作品在1930年代被發現與付梓出版的結果。全球，特
別是西方世界開始對這一體系進行研究。其結果或認爲
馬克思的思想前後期完全不同，應視爲截然不同的兩個
體系、兩個學說，或認爲馬克思的學說始終連貫沒有前
後之別[1]。總之，捨掉教條主義者、死硬派份子把馬克思

---

[1]主張青年與成熟的馬克思爲截然不同的兩個思想體系者爲法國
Louis Althusser（1918-1990），見其所著 1970 *Reading
Capital*, London, pp. 203-310. 尙有美國的 "The Debate on
Alienation", in: Labedz L. (ed), 1962 *Revisionism: Essays
on the History of Marxist Ideas*. N. Y., pp. 195-211. 以及
Hook, Sidney 1952 *From Hegel to Marx,* Ann Arbor, 主張馬克
思前後思想連貫一體者有 Avineri, Shlomo 1968 *The Social
and Political Thought of Karl Marx*, Cambridge; Mészáros,
István 1972 *Marx's Theory of Alienation*, N. Y.; Ollmam,
Bertell 1971 *Alienation: Marx's Concept of Man in
Capitalist Society*, Cambridge; McLellan, David 1970 *Marx
before Marxism,* London, 又參考 Leogrande, W. M. 1977 "An

學說當做符合科學律則的金科玉律——所謂的「科學的社會主義」——之外，西方學者有不少人視馬克思主義本質上為一套神話體系，或是宗教體系、或是倫理體系。

以往正統派馬克思主義者把馬氏學說看做一套科學體系，因此儘量在歷史事實中尋找證據，自然是心勞日絀，枉費工夫。這是深受19世紀達爾文及赫克爾（Ernst Haeckel 1834-1919）進化論，兼實證主義抬頭的影響，與馬克思第一個思想體系充滿哲學與人文精神完全不牟。自從1930年馬氏早期著作問世以來，先是有新左派大師馬孤哲（Herbert Marcuse 1898-1979）的評論出現。馬孤哲強調馬克思理論的歷史與哲學性質，而與它實證主義的社會學性質作一明顯的對比。他說：

> 〔以往實證的〕社會研究，就像自然科學追求自然律的有效性一樣，也是一門追求社會規律的科學。據此社會實踐、特別是涉及改變社會體系的事物、遂被無法避免、無法制服的力量所壓抑、所左右。以往社會被視為受制於合理的律則，這些律則乃與自然之必然性相推移。過去的這種觀點顯然與辯證的社會理論相左。

Investigation into the 'Young Marx' Controversy," in: *Science and Society*: Vol XLI, No. 2, Summer, pp. 129 ff.

蓋後者認為社會如受制於自然規律，則為一個
不合理的社會……實證主義者對形而上學與玄
學的棄絕，必然導致他們連人類依其理性意願
而企圖改變或重組社會制度的要求也一併棄絕
（Marcuse 1956: 343-344）。

　　馬孤哲上述對實證的社會學之批判，也同樣可以應
用到1950以前，把馬克思主義誤認為「科學的社會主
義」底批判。因為以科學的、實證的觀點來解釋馬克思
主義，有趨向被動的、機械性的危險。這是有違馬克思
重視主體性、能動性、創發性、批判性的原意。

　　是以第二次世界大戰結束後，馬克思主義科學觀，
或實證說已不受到重視。取而代之而且是比較流行的說
法是指出馬克思主義是一套道德論者的體系
（moralistic system），與倫理道德的精神相契合[2]。
有人甚至說馬克思的《資本論》不啻是一部說教的道德
訓諭，或是一部形而上學的論文，只是外表披上了經濟
學的外衣而已。更有人說馬氏的唯物史觀為靈魂救贖的
「末世論」（eschatology）之翻版。或指出馬克思主

---

[2]參考 Acton, H. B. 1973 *The Illusion of the Epoch: Marxism-Leninism as a Philosophical Creed*, London and Boston: Routledge & Kegan Paul. 原書出版於1955年；Kamenka, Eugene 1962 *The Ethical Foundations of Marxism,* London, 2nd ed., 1972.

義為工商業高度繁榮的時代之新福音、新宗教（Tucker 1972: 11-13）。

二、馬克思的倫理思想

既然當代西方學者不再把馬克思主義當做科學理論看待，反之企圖在他的世界觀中發現唯心主義的源泉，尋覓它倫理上的含蘊或宗教上的意義。由是馬克思本人逐被視為道德哲學家或宗教實踐者。

雖然馬克思一再否認他要把世界道德化的企圖，但在他的著作中，像《共產黨宣言》、《資本論》等書內，他所描繪的資本主義世界簡直是罪惡深重冤孽重重的人間地獄。這是一個被咒詛萬劫不復的世界，只等候它的掘墓者——普勞階級——來加以毀滅、加以埋葬。因此，他把普勞階級的革命描繪做嚴厲的歷史裁判，給萬惡不赦、罪孽深重的世界下達死刑判決。

可是作為道德家的馬克思與西方倫理傳統，特別是蘇格拉底以來的道德哲學不同。蓋後者所關心的是至善，並以「探究」（inquiry）的方式闡明至善的本質，以及人生正當行為的準繩。馬克思本人則憎恨談道德、說仁義。這並無損於他擇善固執、嫉惡如仇的性格，以及他以善惡評判人事的作風。顯然，他是屬於另

一類的道德哲學家。正如英國歷史學家卡爾（Edward H. Carr 1892-1982）所指出的：

> 在《共產黨宣言》刊載二十年後始出版的《資本論》中，馬克思第一次指明普勞階級的勝利，不只是粗鄙勢力的勝利，也是抽象的正義底勝利（Carr 1934: 38）。

英籍奧地利哲學家柏波爾（Karl R. Popper 1902-1994）指出：馬克思本人討厭說教，因此他（馬克思）的倫理思想是隱含而非明示的。柏氏稱馬克思的道德理論爲「唯史的」（historicist）道德說，或爲「道德的未來主義」（moral futurism）。所謂的「唯史的」或「道德的未來主義」是指道德規範受歷史制約，誰擁有未來誰便有「德」（與有理）。凡能超越現世存在而隸屬於未來社會的行爲規範，就是正確的、善良的規範。因此，未來必繼過去與現在而存續、而降臨，所以未來的道德哲學係立基於歷史無可避免的原則之上。照馬氏說法，普勞階級是未來人類歷史的必然主人，也必然在各種鬥爭中獲得勝利。因此模仿普勞階級並選擇未來的行爲標準作爲個人道德規範是穩操勝券的，這便是唯史的道德論，或稱道德的未來主義[3]。

---

[3] 參考 Popper, R. 1966 *Open Society and Its Enemies*, Princeton: Princeton Univ. Press, 5th ed., 1966, Vol. II,

　　塔克爾不同意卡爾與柏波爾有關馬克思這種的倫理
思想底說法。馬克思對「配當性的正義」
（distributive justice）不感興趣，因之卡爾的說法
不能成立；馬克思並不因為未來的普勞階級革命必然發
生，故偏袒未來的道德，所以柏波爾的論調也未見正
確。依據塔克爾的說法，馬克思自從青年時代開始，使
醉心於共產主義的革命。並不是因為發現這種革命的必
然性，才對它產生可欲性。反之，是由於對未來革命的
憧憬可欲，而設法證明其必然發生。

　　這樣說來馬克思既然是一位反對傳統道德哲學的道
德理論家，那麼他到底是屬於那一類的道德理論家呢？
是不是屬於宗教性質的道德理論家呢？因為一般而言，
創造「迷思」（myth）或神話與宗教觀念（religious
conception）的人正是屬於這類宗教性質的道德家。他
們擁有對實在世界的一種道義上的洞察力、一種慧見
（a moral vision of reality）。也即他們把世界當
做善惡兩大勢力決鬥的戰場。由是他們對倫理的探究並
不感興趣，卻在行動上表現出對道德的關懷。他們不是
坐而言，那種思辨性的人物，卻是起而行的那種行動

---

pp. 206 ff. 中文節譯，陳少廷著《極權主義底解析》，台北：
環宇，1970年11月再版，125頁以下。所謂的歷史唯物主義是主張
歷史的演變有一定的軌跡可循，歷史呈現趨勢與規律，未來的歷
史發展是建立在過去與現在的變遷模式之上，甚至主張歷史有其
意義。

家、實踐家。在他們的心目中,現世的善與惡兩大勢力之對峙,業已旗鼓相當,一觸即發。是故他們不再訴諸倫理的探究,而直接訴諸行動的介入。馬克思便屬於這一類型的人物(Tucker, *ibid.*)。在這一意義下,馬克思主義自成一套實踐的、倫理的體系。

三、馬克思的宗教精神

由於馬克思對傳統宗教的深惡痛絕,使後人誤會他是一位無神論者,或宗教的叛逆者、異端邪說者。可是他的學說中卻透露強烈的宗教意味。馬克思的無神論只是西方傳統宗教超越現世神祇的否認,並不否認最高(至上)事物(supreme being)的存在。正如馬克思在《1844年經濟學哲學手稿》[4]中所言,對宗教的批評在於獲得一個訓示:對人而言至高無上的事物是人。換言之,對神的否認,正是對人的確認,人是宇宙間至高無上的事物,是人群最需關懷的對象。除非我們以西方傳統宗教瑣屑的教條、繁文褥節的儀式,來衡量馬克思主義,而證明它不具宗教或神話的色彩。否則它本身仍擁

---

[4]參考胡秋原節譯本,其序言<論馬克思《1844年經濟哲學手稿》與外化超越論>,刊:《中華雜誌》194期,1979年9月,第25至29頁。

有宗教體系的結構。就拿它與奧古斯丁及中世紀後期的基督教做一比較，我們不難發現馬克思主義仍舊展示相似的宗教精神：

1. **包羅萬象無遠弗屆的熱望**：就像中古的基督教一樣，馬克思主義提供有關現實世界與未來社會整合、廣包的整套看法，也提供所有宇宙、人生、思想等彼此融貫的知識網路。換言之，馬克思主義推出一個包羅萬象、無遠弗屆的信仰系統、價值系統、規範系統（也即意識形態 ideology）。在此一意識形態下，各種重大的問題，都有其特定的解答。它不限於實在的某一部分、某一層面，而是強調其「總體性」（totality）。正因如此馬克思本人討厭人家稱他是「經濟學家」，甚至「哲學家」，因為他所醉心的與嚮往的是未來共產主義的「完人」──集漁夫、獵人、牧者、批評家、藝術家於一身的自由人。基於此種狂熱的渴望，馬克思主義的流行，說明現代人在喪失傳統宗教的魅力之後，對一個無所不包、無遠弗屆的意識形態之傾心。因之，馬克思主義攫取某些空蕩落寞的現代心靈，取得填補宗教真空的地位。

2. **源遠流長，發人幽思與遐思的歷史觀**：就像基督教一樣，馬克思主義把現存的一切事物，都置入於歷史演變的巨流裡。任何現象都被解釋具有起點、中間過渡與終點。馬氏為其同代與後代的人提供一套嚴密的歷史哲學觀，因此，他那套廣包的世界觀，本質上為歷史

的,或稱唯史的。著名的唯物史觀(*materialistische Auffassung der Geschichte*, the Materialistic Conception of History)乃是他思想的骨幹。在他四本重要的著作(《經濟學哲學手稿》、《德意志意識形態》、《共產黨宣言》、《政治經濟學批判》),都無異爲世界史的闡述。把馬克思的理論結構分解爲討論自然的「辯證唯物論」(dialectical materialism)與討論人類歷史的「歷史唯物論」(historical materialism),乃是對馬克思思想的割裂,也是對馬克思主義的誤解。因爲對馬克思而言,自然及其變遷也是歷史過程的一環。將這兩者硬加分開,是含有濃厚實證主義傾向的恩格斯後期作品所表明的(Lichtheim 1964: 234 ff)。至於「辯證唯物論」一詞則係俄國馬克思主義者朴列漢諾夫(Georgi V. Plekhanov 1856-1918)所倡說,而非馬克思本意。馬克思認爲人類的歷史存在正夾在兩端之間。其一端爲史前的原始共產主義,其另一端爲史後的(人類本身創造歷史的)未來共產主義。因之,對馬氏而言,他有關人類歷史的這齣戲劇的情節,不是樂園的喪失(失樂園)與樂園的再得(救贖升天),而是共產主義的喪失與共產主義的再得。在起首與末尾這兩端之間,世界史分成幾個階段,其中充滿了敵對與鬥爭。這與奧古斯丁上帝之國與地上之國中間六個爭鬥不休的階段非常相像。也像奧古斯丁把當代作爲最後裁判降臨的前夕看待,馬克思也認爲當今資產階級的社會「爲人類接近歷史完結之期」,也即

人類遭逢最深沉痛苦、受難至劇的時代，一旦渡過此一
難關人類將登衽席而進入完全自由解放之域。

3. 拯救、解放、更生的期待：基督教注意罪惡的
赦免與靈魂的拯救。馬克思主義強調人徹底的改變與完
全的更生。在馬克思的體系中，最後的革命——無產階
級的革命——在於徹底改變人性，或「自我變更」
（*Selbst-veränderung*），俾人群脫胎換骨成為新人。
在他的烏托邦式共產社會中，一切桎梏人性的奴隸制度
將徹底廢除，取而代之的是完全的自由。這也是馬克思
主義的中心論題，貫穿他學說的整體。對馬克思而言，
人在歷史發展的過程中，一直生活在種種束縛、異化、
疏離等桎梏裡。只有藉普勞階級的革命，也是人類最後
一次的革命，才能改變人性、拋棄桎梏而登自由之域。
對他而言，共產革命所達致的目標，並非物質的富裕、
分配的公平（即非「配當性正義」的實現），而是人類
精神生活的更新。在論費爾巴哈十一條提綱中的第三條
馬克思指出：由革命活動而產生的環境改變，必然與自
我變更完全符合[5]。因之，要深入地瞭解馬克思主義勢必
先要瞭解隱藏在這一主義核心中救贖的理念。

---

[5]參考 Marx/Engels 1976 *Collected Works*（簡稱*CW*），Moscow:
Progress Publisbers, vol. 5. p. 47; Landshut S. (Hrsg.)
1971 K. Marx, *Die Frühriften,* Stuttgart: Kröner Verlag,
1953, S. 340; Easton L. and K. Guddat (eds.) 1967

4. 言行一致、理論與實踐合一：與基督教相似的最
後一點為馬克思主義極重視理論與實踐的合一。
也即世界觀與其行動指南若合符節。在論費爾巴
哈十一條提綱的最後一條，馬克思指出：「向來
哲學家對世界有種種不同的解釋，可是最重要的
一點是去改變它」（*CW* 5:5, 8; Landshut 341;
Easton and guddant 402）。顯然這種說法便隸
屬於宗教的模式。就我們所知，馬克思並非以一
個實用者、或純科學者的身份去挑剔哲學家的思
辨，並呼籲人們去改變世界。他之所以這樣做，
可以說無意識地模仿西方宗教家的作為。當做探
究宇宙與人生真理的哲學與科學本身為一反思冥
想的思惟運動，與實際上的行動、實踐扯不上任
何的關係。反之，西方的宗教經驗卻要求知與行
合一，要求信徒對歷史戲劇的參與，俾使宗教體
系在客觀上能做表達，也即在現世上演出。在理
論方面馬克思主義就是有關革命的理論，在實踐
方面馬克思主義要求信徒——普勞階級——參與世
界革命，從而縮短新世界——共產社會——誕生
「陣痛」的期間（Tucker 1972: 22-25）。

Writings of the Young Marx on Philosophy and Society, N.
Y,: Doubleday, p. 401.

四、馬克思的德國古典哲學

　　將馬克思主義當做革命的宗教來加以剖析，其主要的任務爲揭撕體系裡隱藏的主題：極端的「自我變更」之理念。此一自我改變端賴世界革命及共產主義的建立有以致之。爲了達成剖析馬克思主義主題的目的，我們勢須循創始的、哲學的馬克思主義——馬克思的第一個思想體系——而接近成熟的、實證的馬克思主義——馬克思第二個，也是最後的一個思想體系。

　　在研究馬克思的第一個思想體系，也即所謂的「哲學的共產主義」之時，應留意它與早期德國古典哲學（康德、費希德、謝林、黑格爾、費爾巴哈等學說）的關連，其中特別是黑格爾的絕對唯心論，以及它對馬克思的影響更宜當心。依塔克爾的說法，馬克思以經濟因素解釋人類社會的演展史，並非肇因於他對英國政治經濟學的研讀，而是經由德國古典哲學的途經。他有關自我變更的共產革命，也不是源於早期法國與英國的社會主義與共產主義。馬克思有關世界革命與共產主義的教條，都可以尋其根源於德國的古典哲學，也即由康德開始至費爾巴哈爲止一脈相傳的日耳曼哲學運動（*ibid.*, 21-27）。

　　以上對馬克思主義的新看法，本質上可由恩格斯早年的一篇文章獲得佐證。1843年9月4日年方23歲的恩格斯在英國社會主義者歐文（Robert Owen 1771-1858）

所發行的《新道德世界》（*The New Moral World and Gazette of the Rational Society*）第19期上刊載了一篇文章，題爲＜社會改革的進步在大陸＞。該文報導了法、德、瑞士等歐洲大陸國家的社會主義運動。文中指出日耳曼人不像英國人富有實踐的精神，也不像法國人政治技巧的靈活。日耳曼人是循哲學的途徑以達到共產主義。德國新近成立的共產黨哲學派，其根源與法國以及英國的共產黨無關，而是「產自過去50年間德國人引爲驕傲的哲學」（*CW* 3: 403-404）。恩格斯繼續指出：

> 緊隨法國政治革命之後，便是德國的哲學革命。這一哲學革命係始自康德推翻了萊布尼茲的形而上學。蓋後者係上世紀以來便在歐陸各大學講授。費希德與謝林著手重建哲學新體系，黑格爾則集其大成，而使新體系得以完成。自有人類開始運思以來，從沒有任何哲學體系像黑格爾的體系那樣完整廣包。邏輯、形而上學、自然哲學、精神哲學、法律哲學、宗教與歷史哲學全部融爲一個完整的體系，並濃縮爲一個基本的原則。這一體系外觀上似無懈可擊，而過去事實上也確是如此。它只能設法由內部加以推翻。而且也只有黑格爾派門徒才能由內部而推翻之。……自康德至黑格爾的德國哲學是這樣完整、這樣符合邏輯、這樣必

然，因而我敢說再也沒有其他的體系可以與它
爭一日短長。或者尚有三兩個零星的體系勉強
與它相比，結果卻乏人問津，終告無疾而終......
黑格爾儘管博學深思，但卻沉浸於抽象問題
中，而無法由當代的偏見中自拔——因為這是
舊式政權與宗教復辟的時代。可是他的門徒對
這些論題持有不同的看法。黑格爾在1831年逝
世，1835年春施特勞新的《耶穌平生》一書出
版，這是第一部超越黑格爾教條的著作，其他
的作品跟著陸續出版。1837年基督徒起來反對
他們所謂的「新黑格爾門徒」，指責他們為無
神論者，並要求當局予以制裁。可是當局不動
聲色，於是爭論持續不斷。當時新派的或年輕
的黑格爾門徒，並沒有意識到他們立論的結
果......1842年年輕的黑格爾門徒或被稱為無神論
者，或被稱為共和派人物（*CW* 3: 404-405）。

根據恩格斯當年的報導，這批所謂「新黑格爾門
徒」包括鮑爾（Bruno Bauer 1809-1882）、費爾巴哈
（1804-1872）、何斯（Moses Hess 1812-1877）、路
格（Arnold Ruge 1802-1880）、馬克思（1818-1883）
與賀維恪（Georg Herwegh 1817-1875）等人。在1842
年秋天他們或多或少體會哲學的共產主義乃為新黑格爾

哲學「必然的」結果6。因之，哲學的共產主義早已長久
地建立在日耳曼的土地上，儘管他們的努力一直受到當
局的壓制。既然新黑格爾門徒認為共產主義乃是黑格爾
哲學原則的實現，因之他們的職責在於把這個事實展示
給日耳曼人民：

> 日耳曼民族是一個哲學的民族，不願也不能
> 放棄共產主義，一旦它是建立在良好的哲學基
> 礎之上；主要的原因在於它是由他們自己的哲
> 學所引伸出來無可避免的結論。那麼這也是我
> 們所當表演的那些角色。我們的黨除非證明德
> 國民族自康德至黑格爾之間的哲學一無是處，
> 否則這些哲學活動的結果與出處便是共產主
> 義。換言之，德國人或須排斥其足以光宗耀祖
> 門楣生輝的哲學家，抑或接受共產主義（*CW*
> 3: 406）。

6參考 Hook, Sidney 1976 *From Hegel to Marx,* Ann Arbor, MI:
The University of Michgan Press; McLellan, David 1980
Marx before Marxism, London: Macmillan; McLellan, David
1969 *The Young Hegelians and Karl Marx,* London: Macmillan;
馬利寧、申卡魯克 1978 《黑格爾左派批判分析》，曾盛林譯，
北京：社會科學文獻出版社。

　　就在恩格斯文章發表後的次年，馬克思在其《經濟
學哲學手稿》（俗稱《巴黎手稿》）中，開始著手建構
其「哲學的共產主義」底理論，也即建構他第一個思想
體系。

五、異議

　　把馬克思爲一個思想體系，或他整個學說看成爲世
俗化的宗教，或實踐性的倫理，並不如塔克爾所認爲的
四平八穩、無懈可擊。反之，前任國際社會學會會長，
現執教英國蘇賽克斯大學的柏托謨（ Tom B.
Bottomore）教授便提出異議[7]。

　　依柏托謨的說法，馬克思本人固然不失爲一個具有
強烈愛憎與道德深信的人物，同時他在尚未詳細擬出他
的社會理論之前，也的確積極支持過社會主義運動。但
只靠這些論據不能證明他是世俗宗教的教主，更不能因
此否認他具有科學者的求真精神。馬克思之懷有倫理或
道德的傾向，固爲人所知，但他的倫理思想並不摻雜任
何宗教的意味。顯然，馬克思是用一種與眾不同的語文

---

[7]參考 Bottomore, T. B. 1964 所撰 Karl Marx, *Early Writings*,
之序言，該書爲 Bottomore 所譯，N. Y. McGraw-Hill, pp. xii
ff.

來表達啓蒙運動以來的道德原則，特別是那些由聖西蒙與費爾巴哈直接傳授下來的道德觀。但這些道德原則也爲馬氏稍後閱讀的經濟學著作所證實。特別是舒爾慈（Wilhelm Schulz 1797-1890）[8]及席士蒙地（Jean Charles Léonard Simonde de Sismondi 1773-1842）[9]有關資本主義的批評，對馬克思影響深遠。馬克思不相信人可以變成神。不論是早期或後期的作品，馬氏強調人性的特質以及人之失敗。至少他在《神聖家族》一書中曾公然宣稱：社會主義者不要把普勞階級當成神明來看待，而應把無產者當做活在非人的條件之下的人群，據此無產者勢必起來打倒這種非人性的制度。這是馬克思重人不重神、重現世不重來世的論據。

再說馬克思不同意費爾巴哈哲學的地方，就是後者太富宗教性幻想與情緒的那部份，而馬氏後來對孔德實證哲學厭惡的原因，也是由於後者以「人道的宗教」——一種根源於天主教信仰的思想出作爲其哲學的巔峰之故。

因此，柏托謨不認爲馬克思心靈的模式（the cast of Marx's mind）是宗教的。反之，視它爲科學的。馬

---

[8]德國經濟學家，著有《生產的運動》（*Die Bewegung der Produktion. Eine geschilich-statistische Abhandlung*），1843.

[9]瑞士經濟學家，著有《政治經濟學新律》（*Nouveaux principes d'economique politique*），1819.

克思整個生平與著作所流露的不僅有道德的熱情，也表現出對經驗探究與事實知識的熱情。正是這種科學的傾向，以及對思辨哲學（玄思、形而上學、本體論等）的嫌惡，使他與當時德國境內的黑格爾門徒分道揚鑣。在他早期的著作中不難發現馬克思由黑格爾哲學的評鑑，進而直接探究現代社會的經濟與政治問題——當時的政治經濟學思潮。他研究的途徑是：「對上天（諸神）的批判轉而對現世的批判，對宗教的批判轉而對法律的批判，對神學的批判轉而對政治的批判」[10]。他又一度批評鮑爾列舉問題的方式：「我們不把世俗的問題，轉變成神學的問題；我們將神學問題轉變成世俗的問題......政治解放與宗教之間關係的問題，對吾人而言已變成政治解放與人類解放之間關係的問題。我們抨擊政治國家的宗教底弱點，其所憑藉的是對現世結構下政治國家的缺失之批評，而非基於對這類國家的宗教缺陷本身之攻訐」[11]。

此外，在《黑格爾法律哲學的批判》＜導論＞一文中，馬克思也用與哲學語文相異的筆調來描寫他研究與

---

[10] 參考 Marx "Contribution of the Critique of Hegel's Philosophy of Right", in: *Early Writings,* trans. Bottomore, p. 44, and p. xiii; Landshut, S, 209; Easton and Guddat, p. 251.

[11] 參考 Marx "On the Jewish Question", *ibid.* pp. xiv and 10; Landshut, s. 178; Easton and Guddat p. 223.

注意的焦點：「實業、一般財富對政治世界之關係，乃爲現代最重要的問題」。在《經濟學哲學手稿》中，他更明顯地從事經濟問題的思考。他由哲學完全轉向政治經濟的研究，不僅由這一手稿對工資、利潤、地租、勞動者工作條件的長篇分析中可以顯示出來，而且由他1844年至1853年的筆記本中看出端倪。這些筆記本抄滿了英、法、爲主要經濟學者重要著作的摘錄與評論。

再說自1843年以後，馬克思思想的轉向更爲清楚明白。在此情形下其早期著作是他理念發展的一個階段，而不是與他後期學說截然相反或無關的體系，更不能用早期的作品來修正他後期的理論。在他青年時代的著作中，馬克思使用哲學的表達方式，因爲當時他所從事的是對哲學思想模式的批評。即使這一時期馬克思也已逐漸從有關人性方面的哲學爭論，轉進現代政治與經濟問題的經濟研究中。這些作品引向現代資本主義的社會研究路數來，而不是回到人類歷史的哲學反省裡去。

在《資本論》一書中，馬克思嘗試藉社會進化的理論，來解釋現代資本主義的興起與流變。這種社會進化的理論與達爾文生物學進化的理論有異曲同工之妙。在今日對進化論的科學地位發生懷疑的20世紀，我們不免對馬克思的一般概念也產生懷疑，進而對他的學說不無微詞。柏托謨因而指出：即使人們對馬克思的學說有所批評，對他使用概念的方式與他處理問題的方法，卻不能不認爲符合科學的，蓋他用了這些概念於資本主義社會及其變遷的考察之上。比起斯賓塞來，馬克思並不多

用生物學進化的觀念來從事社會的分析，也不曾藉膚淺
的歷史資料來描述人類社會整個的演化情形。

六、結論

從上述柏托謨的反駁論旨裡，我們似乎又得把倫理
思想家、或宗教實踐者、或「迷思」創始人的馬克思，
拉回到社會科學者、或經濟學家的馬克思之舊範疇來。
那麼塔克爾與柏托謨針鋒相對的說法，如何調和呢？如
何折衷呢？或者這兩者之間必須選取其一呢？

本書作者的看法是兩者都有其可靠的論據與合理的
推論。柏托謨強調馬克思整個著作，特別是早期作品充
滿反對宗教、批判宗教的反叛精神，這是正確的。原因
是黑格爾逝世（1831年）之後，其青年門徒的左派，也
即「左派黑格爾門徒」（*Linkshegelianer*）所闡揚的
是黑格爾革命性、反對現實、否定性的辯證與矛盾的學
說。因此他們「求變」心切，所以大力向保守的基督教
開刀。是以在1830年代之後，宗教批評蔚成風尚[12]。馬

---

[12] 參考 Löwith, Karl 1978 *Von Hegel zu Nietzsche. Der
revolutionäre Bruch im Denken des 19. Jahrhunderts,*
Hamburg: Felix Meiner, S. 78 ff. 原書出版於 Zürich:

克思耳濡目染浸淫在批評宗教、抨擊宗教的氣氛中，難免對宗教持強烈懷疑與否定的態度。

　　但青年馬克思批判宗教及當時日耳曼保守勢力的利器，無疑的是黑格爾及費爾巴哈的辯證邏輯與古典德國哲學的批判主義（*Kritizismus*）。而其背後的動機與潛意識，乃為啟蒙時代以來的人本主義精神。這是何以馬克思批判性學說帶有濃厚倫理意味或宗教色彩的原因。至於馬克思潛意識中對善惡的分明、對弱者的同情、對人類解救提升的熱望、對目標的執著，也多少流露宗教家摩頂放踵的狂熱。這也是何以他反宗教的文集中仍透露宗教氣息的因由（洪鎌德 1996b：30-44）。更何況馬克思主義所造成的教條式、排外式、唯我獨尊的意識形態（意底牢結 *Ideologie*）與狂熱的群眾運動，與歐洲中世紀以來千年祈福運動（chiliasm; millenialism）[13]一脈相承，如出一轍。因此，難怪塔

Europa-Verlag, 1941. 有英譯本 *From Hegel to Nietzsche, London*, 1965.

[13]「千年祈福運動」原是早期帶有基督教觀點的史觀及群眾運動，係表達人類從罪惡中獲救，祈求和平與自由的渴望，也是藉上帝之力達成人間正義的要求。此一觀點得自約翰的啟示，彼相信撒旦已沈入無底深坑達一千年，然後基督教與殉道者復活而統治世界一千年。這一說法曾獲得早期信徒的信服，為近代歐洲大規模社會群眾運動之濫觴。

克爾要把馬克思主義解釋爲資本主義盛行的時代底新宗教。

最後，關於馬克思主義是不是一套科學的體系，這一問題所牽涉的是「科學」一詞的用法與性質。如以德文者 *Wissenschaft*，一字來譯爲科學，則不要說馬克思的學說，就是康德以還的德國古典哲學無一不稱爲科學，尤其是黑格爾在其全集中不少卷數冠以科學之名稱，如《邏輯的科學》、《哲學科學的百科全書》等等。

事實上 *Wissenschaft* 一字德文辭典 *Der Sprach-Brockhaus*, Wiesbasden, 1961 與瓦立希（Gerhard Wahrig）所編 *Deutsches Wörterbuch*, Bertelsmann, 1968 都解釋爲「認識的綜合、連貫、自成體系之部門」（ *geordentes, folgerichtig aufgebautes, zusammenhängendes Gebiet von Erkenntnissen* ）。此一德文用法顯然比英文或法文的 science 一字範圍更大、意義更深，與俄文廣義 *nauka* 相當，都應譯爲「學問」。如是有關馬克思主義是否科學之爭，應改爲是否學問之爭。在此一意義下，馬克思主義爲德國傳統思想延續至今的學術體系之一環，自然屬於一門學問，乃爲不爭的事實。不過將它強調爲像自然科學那樣嚴密、實證、求取規律的經驗性科學，則爲具有強烈實證主義傾向的恩格斯及其信徒之所爲。這不免有畫蛇添足之嫌。

　　不僅馬克思的學說不能也不該當做嚴格意義下的科學作品來看待，就是把它看做教條式、學派式的學體系，也為馬克思本人所否決。這就是他何以在致拉法格（Paul Lafargue 1842-1911 法國社會主義者，馬氏的女婿）的信上自稱：「我本人不是一個馬克思派的人物」（Bottomore, *ibid.*, p.iii footnote 2）。

　　總之，自從馬克思早期著作在1930年代首次刊印之後，有關馬克思主義的性質之討論，不僅在西方世界引起學者的興趣，就是一度遭受共黨控制的東歐國家也提倡人道主義的馬克思學說研究，甚至以早期馬克思人道精神來對抗共產官僚的壓制（洪鎌德 1996a: 132-135）。本章僅限於二次世界大戰後西方國家有關馬克思學說重新估計的摘要報導。比較詳細的分析與批判，尚有待進一步的努力。

參考書目

1. 馬克思德文原作：

Marx, Karl

1971   *Dis Frühschriften,* hrsg. S. Landshut, Stuttgart: Kröner.

1974   *Grundrisse der Kritik der politischen Ökonomie（Rohentwurf）*,1857-1858, Berlin: Dietz.

1981   *Frühe Schriften*（簡稱*FS* 附卷頁數）, 2 Bände, hrsg. H.-J. Lieber & P. Furth, Darmstadt: Wissenschaftliche Buch-gemein schaft.

2. 馬克思與恩格斯德文原作：

Marx, Karl & Friedrich Engels

1926   *Marx Engels historisch-kritische Ge-samtausgabe,* hrsg. David Rjazanov（簡稱*MAGA*）,Berlin: Marx-Engels Verlag.

1966   *Studienausgabe,* hrsg. I. Fetscher, Frankfurt a. M.: Fischer.

1966   *Texte zu Methode und Praxis,* hrsg. G. Hillmann, Hamburg: Rowohlt.

1970   *Ausgewählte Werk* 6 Bände, Wien: Globus.

1972   *Marx Engels Werk*（簡稱*Werk* 附卷頁數）, 41 Bände, Berlin: Dietz.

1975   *Marx Engles Gesamtausgabe,* hrsg. Institut für Marxismus-Leninismus, Berlin: Dietz.

3. 馬克思著作英譯本：

Marx, Karl

1953   *The Poverty of Philosophy,* Moscow：Progress Publishers.

1954   *Capital.*vol.I, Moscow：Progress Publishers.

1956   *Capital,*vol.II, Moscow：Progress Publishers.

1959   *Capital*,vol.III, Moscow ： Progress
        Publishers.

1963   *Early Writings*（簡稱 *EW*）,ed. T. B.
        Bottomore, London: Penguin.

1967   *Writings of the Young Marx,* ed. L. D.
        Easton & K. H. Guddat, New York:
        Anchor.

1971   *The Early Texts,* ed. D. McLellan,
        Oxford: Blackwell.

1972   *Ethnological Notebooks of Karl Marx,*
        ed. L. Krader, Assen: Van Gorcum.

1973   *Grundrisse, Foundations of the
        Critique of Political Economy*（Rough
        Draft ） （ 簡 稱 *G* ）,trans. M.
        Nicolaus, Harmondsworth & NY: Penguin.

1975a   *Early Writings,* introd. L. Colletti,
        trans. R. Livingstone, Harmondsworth
        & NY: Penguin.

1975b   *Theories of Surplus-Value* （簡稱 *TSV*
        附頁數）, Moscow: Foreign Language
        Publishing House, first edition, 1968.

1975c   *The Poverty of Philosophy*, Moscow ：
        Progress.

1977   *Selected Writings,* ed. David McLellan,
        Oxford University Press.

4. 馬克思與恩格斯著作英譯本：

Marx, Karl & Friedrich Engels

1955   *Selected Correspondence* （簡稱 *SC* 附
        頁數）, Moscow: Progress.

1963   "The Manifesto of the Communist
        Party", in T. B. Bottomore& M. Rubel
        (trans & ed.) *Karl Marx,Selected
        Writings in Sociology and Social
        Philosophy*, Pelican.

1968   *Selected Works* in one volume （簡稱
        SW ） , New York： International
        Publishers.

1970   *Selected Works* （簡稱 *SW* 附卷頁數）,3
        volumes, Moscow: Progress.

1971   *On the Paris Commune* （簡稱 *PC*）,
        Moscow：Progress Publishers.

1974   *The Karl Marx Library,* ed. S. K.
        Padover, New York *et. al.*: McGraw-
        Hill.

1975   *Collected Works* （簡稱 *CW* 附卷頁數）,
        Moscow: Progress.

1978   *The Marx-Engels Reader,* ed. R. Tucker,
        New York: Norton, 2nd ed.; First
        edition 1972.

5. 其他外文參考資料

Acton, H. B.
1972 *The Illusion of the Epoch:Marxism-Leninism as a Philosophical Creed*, London: Routledge.

Adler, Max
1914 *Der soziologische Sinn der Lehre von Karl Marx*, Leipzig：C. L. Hirschfeld.

Althusser, Louis
1977 *For Marx*,trans. B. R. Brewster,London: NLB.

Archard, David
1987 "The Marxist Ethic of Self-Realization ： Individuality and Community", in：D. G. Evans（eds.）, *Moral Philosophy and Contemporary Problems*, Cambridge: Cambridge University Press, pp.19-34.

Aron, R.

1965   *Main Currents in Sociological Thought,*
        trans. by: R. Howard and H. Weaver,
        Harmondsworth: Penguin.

Aronson, Ronald
1995   *After Marxism,* New York: Gulford
        Press.

Avineri, Shlomo
1968   *The Social and Political Thought of
        Karl Marx,* Cambridge: Cambridge
        University Press.

Axelos, K.
1976   *Alienation, Praxis and Techne in the
        Thought of Karl Marx,* Austin:
        University of Texas Press.

Bell, D.
1970   "A Critique of Alienation", in:
        Michael Curtis (ed.), *Marxism,* N. Y.:
        Atherton, pp. 123-137.

Bigo, P.
1953   *Marxisme et humanisme,* Paris.

Bernstein, E.
1896   "Klasse und Klassenkampf", in：
        Sozialistische Monatszeitschrift.

Berki, Robert N.
1988   *The Genesis of Marxism*, London：Everyman's
        University Library.

Bhaskar, Roy
1991a   "Materialism", in：Bottomore, Tom
            (ed.), *A Dictionary of Marxist
            Thought*, pp. 369-373.
1991b   "Dialectics", in：Bottomore, Tom
            (ed.), *A Dictionary of Marxist
            Thought*, pp.143-150.

Bloch, Ernst
1954-59   *Das Prinzip Hoffnung*, Frankfurt a. m.:
           Suhrkamp, 2nd ed., 1969.

Bottigelli, Emile
1971   "Presentation", in：Karl Marx, *Manu-
            scripts de 1844*, Paris：Editions So-
            ciales.

Bottomore, Tom

1964   *Karl Marx, Early Writings*, New York：
            McGraw-Hill.

1965   *Classes in Modern Society,* London: G.
            Allen & Unwin.

1968   "Marxist   Sociologist",   in: 1968
            *International   Encyclopedia   of   the
            Social   Sciences,* New   York: Crowell
            Collier and Macmillan, Inc., 10: 46-
            49.

1973   "Is There A Totalitarian View of
            Human Nature?.", in：*Social Research*,
            40: 429-442.

1975   *Marxist   Sociology,*   London: The
            Macmillan Press.

1991   *A Dictionary of Marxist Thought*,
            Oxford: Blackwell,2nd edition, 1st ed.
            1983.

Bottomore, T. B. and Maximilien Rubel

1973   "Introduction" to Karl Marx, *Selected
            Writings in Sociology and Social
            Philosophy*, pp. 44-63.

Buchanan, Allen.

1981   "The Marxian Critique of Justice and
            Rights" ,in：Nielson & C. Patten
            （eds.）, *Marx and Morality,* pp. 269-
            306.
1982   *Marx and Justice,* Totowa N.Y.: Rowman
            and Allenheld.

Burke, John P., Lawrence Crocker and Lyman H.
            Legters（eds.）
1981   *Marxism and the Good Society,*
            Cambridge: Cambridge University Press.

Carr, E. H.
1966   *Karl Marx ： A Study in Fanaticism,*
            London：J. M. Dent.
Chamberlain, Garry L.
1963   "The Man Marx Made", in：*Science and
            Society,* 27: 302-320.

Cohen, G. A.
1974   "Karl Marx's Dialectic of Labour",
            Philosophy of Public Affairs, 3: 235-
            261.

1978   *Karl Marx's Theory of History: A Defense,* Oxford: Oxford University Press.

Cole, G. D. H
1965   *Socialist Thought: The Forerunners, 1789-1850,* London: Macmillan.

Connerton, Paul
1977   "Introduction" to *Critical Sociology,* (ed.) P. Connerton. Harmondsworth: Penguin, pp. 11-19.

Cottier, G.
1959   *L'Athéisme du jeune Marx*, Paris.

Crocker, Lawrence
1981   "Marx, Liberty and Democracy", in：J. P. Burke *et. al.* (eds.), *Marxism and the Good Society,* Cambridge: Cambridge University Press, pp. 32-58.

Dahrendorf, Ralf

1951   *Der Begriff des Gerechten im Denken von Karl Marx*, (Dissert) , Hamburg: Hamburger Universität.

1959   *Class and Class Conflict in Industrial Society,* London: Routledge.

1967   "Karl Marx und die Theorie des sozialen Wandels", in: Dahrendorf, R., *Pfadeaus Utopie,* München: R. Piper & Co.

1971   *Die Idee des Gerechten im Denken von Karl Marx,* Hannover: Verlag für Literatur und Zeitgeschehen.

Desroches, H.

1962   *Marxisme et religions*, Paris.

1965   *Socialisme et sociologie religieuse*, Paris.

Dupré, Louis

1963   *The Philosophical Foundations of Marxism*, New York : Harcourt, Brace & World.

Easton,L. D. and K. H. Kuddat (trans. and ed.)

1967   *Writings of the Young Marx on Philosophy and Society*, Garden City, New York : Doubleday.

Elliott, John E.

1991   "Moral and Ethical Considerations in Karl Marx's Robust Vision of the Future Society", in: Mark Blaug (ed.) , *Karl Marx (1818-1883)* , *Pioneers in Economics* 23, Aldershot, Hants: Edward Elgar Publishing Ltd., pp.155-178.

Elster, Jon

1985   *Making Sense of Marx,* Cambridge: Cambridge University Press.

1986   "Self-Realization in Work and Politics: The Marxist Conception of Good Life", *Social Philosophy & Policy,* 3: 97-126.

Engels, Friedrich

1972   "Speech at the Graveside of Karl Marx", in : *Marx and Engels Through*

the Eyes of their Contemporaries,
Moscow：Progress.pp.7-8.

Fetscher, Iring
1971   *Von Marx zur Sowjet-Ideologie*,
        Frankfurt a.M.: Verlag Moritz
        Diesterweg, 16. Aufl..
1973   "Karl Marx on Human Nature", *Social
        Research*,40（3）：443-467.

Fischer, Ernst & Franz Marek
1971   *The Essential Marx*, trans. Anna
        Bostock, New York：Herder and Herder.

Fridrich, Carl J.
1959   "The Concept of Community in the His-
        tory of Political and Legal Philoso-
        phy", in：Carl J. Friedrich (ed.),
        Community, New York, The Liberal Arts
        Press, pp. 3-24.

Fromm, E. (ed.)
1967a   *Marx's Concept of Man*, New York：
        Ungar.

1967b   *Socialist Humanism*, New York :
         Doubleday.

Geoghegan, Vincent
1987   *Utopianism and Marxism*, London:
         Methuen.

Gouldner, Alvin W.
1973   *For Sociology: Renewal and Critique
         in Sociology Today*, Harmondsworth:
         Penguin, 2nd Edition 1975.

Graham, Keith
1992   *Karl Marx, Our Contemporary*, New York
         et.al.:Harvester.

Grégoire F.
1947   *Aux sources de la penseé de Marx :
         Hegel, Feuerbach*,Paris.

Hodges, D.C.
1974   *Socialist Humanism*, St. Louis,
         Missouri: Warren H. Green.

Hoffmann, Joachim

1976   *Der Marxismus*, München: Wilhelm Heyne
            Verlag.

Hook, Sidney
1952   *From Hegel to Marx*, Ann Arbor:
            University of Michigan Press.

Hung, Lien-te
1984   *The Hegelian and Feurbachian Origins
            of Marx's Concept of Man*, Singapore：
            Singapore University Press.

Hyppolite, J.
1969   *Studies on Marx and Hegel*, London:
            Heinemann.

Jay, Martin
1973   *The Dialectical Imagination: A
            History of the Frankfurt School and
            the Institute of Social Research,
            1923-50*, London: Heinemann.

Jordan, Z. A.
1972   "Introductory Essay: Karl Marx as a
            Philosopher and Sociologist", *Karl*

Marx, Economy, Class and Social Revolution (ed.) ,: Z. A. Jordan, New York: Scribner.

Kamenka, Engene

1972　　*The Ethical Foundations of Marxism*, London: Routledge & Kegan Paul.

1969　　*Marxism and Ethics*, London：Macmillan.

Kautsky, K.

1927　　*Die materialistische Geschichts auf - fassung*, Berlin：Dietz-Verlag.

Kiss, Gabor

1971　　*Marxismus als Soziologie,* Reinbek bei Hamburg: Rowohlt.

Koren,H. J.

　　Marx and the Authentic Man, New York: The Humanities Press.

Kumar, Krishan

1987　　*Utopia and Anti-Utopia in Modern Time,* Oxford: Basil Blackwell.

Labedz, L. (ed.)
1962   *Revisionism: Essays on the History of Marxist Ideals,* New York：Praeger.

Lenin, V. I.
1967   *Gesammelte Werke,* Berlin: Dietz-Verlag.

Lefebvre, Henri
1966   *The Sociology of Marx,* New York: Vintage.

Leogrande, W. M.
1977   "An Investigation into the 'Young Marx' Controversy," in: *Science and Society,* 41(2): 129-151.

Levine, Andrew
1993   *The General Will: Rousseau, Marx, Communism,* Cambridge and New York: Cambridge University Press.

Lichtheim, George
1961   *Marxism: An Historical and Critical Study,* New York: Praeger.

1970   *A Short History of Socialism,* New York:
            Praeger Publishers.

1971   *From Marx to Hegel,* New York: Herder
            and Herder.

Althusser, Louis
1970   *Reading Capital,* London: New Left.

Löwith, Karl
1965   *From   Hegel   to   Nietzsche: The
            Revolution   in   Nineteenth-Century
            Thought,* London: Constable.

1978   *Von   Hegel   zu   Nietzsche,   Zürich,*
            Hamburg: Felix Meiner.

Lubac, H. de
1943   *Le Drame de L'humanisme athée,* Paris.

Lukes, Steven
1985   *Marxism and Morality,* Oxford & New
            York: Oxford University Press.

1991   "Individual", Tom Bottomore(ed.), *A
            Dictionary of Marxist Thought,* Oxford:
            Blackwell 2nd edition, 1st ed. 1983,
            pp. 256-257.

Maquire, John M.
1978   *Marx's Theory of Politics,* Cambridge: Cambridge University Press.

Marcuse, Herbert
1941   *Reason and Revolution: Hegel and the Rise of Social Theory,* New York: Oxford University Press.
1955   *Eros and Civilization,* Boston: Beacon.
1968   "Reexamination of the Concept of Revolution", *Diogenes* 64: 20-28.

Massiczek, A.
1968   *Der menschliche Mensch*, Wien: Europa-Verlag.

McLellan, David
1969   *The Young Hegelians and Karl Marx,* London: Macmillan.
1971   *The Thought of Karl Marx: An Introduction*, New York: Harper.
1973   *Karl Marx: His Life and Thought*, London: Macmillan.
1980   *Marx before Marxism*, London: Macmillan, 1st ed. 1970.

1981   "Marx and Engels on the Future
          Communist Society" ,in: Burke, John
          P., Lawrence Crocker and Lyman H.
          Legters (eds.), *Marxism and the Good
          Society,*   Cambridge: Cambridge
          University Press, pp.106-120.

Megill, Kenneth A.
1969-70   "The Community in Marx's Philosophy",
          in: *Philosophy and Phenomenological
          Research,* 30(2): 382-393.

Meister, Robert
1990   *Political Identity: Thinking Through
          Marx,* Oxford: Basil Blackwell.

Mészáros, István
1972   *Marx's Theory of Alienation,* New York:
          Harper & Row.

Moore, Stanley
1980   *Marx on the Choice between Socialism
          and Communism,* Cambridge, MA: Harvard
          University Press.

1993   *Marx Versus Markets*, University Park:
            Pennsylvania State University Press.

N, N.
"The Alleged Splits in the International", in:
            Documents of the First International,
            vol. V, London.

Nicolaus, Martin
1973   *Grundrisse : Foundations of the
            Critique of Political Economy*,
            Harmondsworth: Pelican.

Ollman, Bertell
1976   *Alienation: Marx's Conception of Man
            in Capitalist Society*, Cambridge:
            Cambridge University Press, 1st ed.
            1971.

Pappenheim, F.
1959   *The Alienation of Modern Man*, New
            York: Monthly Review Press.

Peffer, Rodney G.
1990   *Marxism, Morality and Social Justice*,
            Princeton : Princeton University Press.

Petrovic, Gajo
1967   *Marx in the Mid-Twentieth Century*,
          Garden City,N.Y.：Doubleday.

Plamenatz, J.
1975   *Karl Marx's Philosophy of Man*, Oxford:
          Clarendon Press.

Popitz, H.
1967   *Der entfremdete Mensch*, Darmstadt:
          Wissenschaftliche Buchgemeinschaft.

Popper, K. R.
1966   *Open Society and Its Enemies,* vol. II:
          Hegel and Marx, Princeton: Princeton
          University Press, 1st ed. 1962.
1969   *Conjectures and Refutations: The
          Growth of Scientific Knowledge,*
          London: Routledge, 1st ed. 1963.

Quinton, Anthony
1974   "Critical Theory," in: *Encounter,* Oct.
          43(4): 43-53.

Rosental, M. M.

1967   "Die Methode des Kapitals," in : *Pä-dagogik*,22.

Schaff, A.
1965   *Marxismus und das menschliche Individuum*, Wien: Europa-Verlag.

Schecter, Darrow
1991   *Gramsci and the Theory of Industrial Democracy,* Brookfield, Vermont: Gower Publishing Co.

Schmitt, Richard
1987   *Introduction to Marx and Engels: A Critical Reconstruction,* Boulder and London: Westview Press.

Schwartzschild, Leopold
1947   *Karl Marx: The Red Prussian,* New York: Scribner.

Sellin, Volker
1973   "Liberalism", in: C, D. Kernig (ed), 1973 *Marxism, Communism and Western Society,* N.Y.: Herder and Herder, vol.5, pp. 199-212.

Selsam, Howard

1943a   "Ethics and Marxism: A Controversy", *Science & Society*.

1943b   *Socialism and Ethics*, New York: Monthly Review Press.

Selucky, Radislav

1979   *Marxism, Socialism, Freedom: Towards a General Democratic Theory of Labour-Managed System*, London: Macmillan Press Ltd.

Shaw, William H.

1978   *Marx's Theory of History*, Standford, Cal.: Stanford University Press.

1991   "Historical Materialism", in: Bottomore, (ed.), *A Dictionary of Marxist Thought, op. cit.*, pp. 234-239.

Sher, G. S. (ed.)

1978   *Marxist Humanism and Praxis*, New York: Prometheus Books.

Somerhausen, L.

1946   *L'Humanisme agissant dc Kail Marx*, Paris.

Sowell, Thomas
1985   *Marxism, Philosophy and Economics*, London: Unwin Paperbacks.

Taylor, G. R. S.
1968   *Socialism: Past and Present*, reprinted, ed. Freeport, New York: Books for Libraries.

Theimer, Walter
1950   *Der Marxismus: Lehre-Wirkung-Kritik*, München: Francke Verlag, 7. Auflag, 1976.

Thier, E.
1957   *Das Menschenbild des jungen Marx*, Göttingen: Vandenhoeck & Ruprecht.

Tucker, Robert C.
1961   *Philosophy and Myth in Karl Marx*, Cambridge: Cambridge University Press, 2nd ed.; First ed. 1972.

1968   "Marx and the End of History", *Diogenes*, 64.

Ulam, Adam B.
1964   *The Unfinished Revolution: An Essay on the Sources of Influence of Marxism and Communism*, New York: Vintage.

Van der Veen, Robert J.
1991   *Between Exploitation and Communism : Exploitations in the Marxian Theory of Justice and Freedom*, Groningen: Wolters-Noordhoff.

van Leeuven, A. Th.
1972   *Critique of Heaven*, London: Lutterworth Press.

Venable, V.
1946   *Human Nature : The Marxian View*, London: Mer World Pub.

Weber, Max

1960   "Die protestantische Ethik und der
        Geist des Kapitalismus", in: Weber
        1972 *Gesammelte Aufsätze zur
        Religionssoziologie*, Tübingen: J. C.
        B. Mohr, 6. Aulf., S. 17-206.

1973   "Die 'Objektivität' Sozialwissen-
        schaftlicher und sozialpolitischer
        Erkenntnis", in: M. Weber, 1973 *Ge-
        sammelte Aufsätze zur Wissenschafts-
        lehre,* J. Winckelmann (Hasg.) , Tü-
        bingen: J. C. B. Mohr, 4. Aufl., S.
        146-214.

Wesson, Robert G.
1976   *Why Marxism ? ,* New York: Basic Books.

West, Cornel
1991   *The Ethical Dimensions of Marxist
        Thought*, New York ： Monthly Review
        Press.

Wilson, Edmond
1972   *To the Finland Station: A Study in
        the Writings and Actings of History,*
        N. Y.: Farrar, Straus and Giroux.

Wolfson, Murray
1982   Marx：*Economist,Philosopher,Jew：Steps
            in the Development of a Doctrine*,
            London：Macmillan.

Zhang Longxi
1995   "Marxism: from Scientific to Utopian"
            in: Magnus, Bernd and Stephen
            Cullenberg（eds.）, *Whither Marxism?
            Global Crises in International
            Perspective*, New York & London:
            Routledge, pp. 65-77.
Zeitlin, Irving M.
1968   *Ideology and Development of
            Sociological Theory*, Englewood Clifts,
            N.J.: Prentice-Hall.

6. 中文參考資料

吳大琨
1980   ＜關於亞細亞生產方式研究的幾個問題
            ＞,《七十年代》,1980年7月,香港。

胡秋原

1979   〈論馬克思《一八四四年經濟學哲學手
            稿》與外化超越論〉,《中華雜誌》,
            194:25-29.

姜新立

1991a   〈馬克思主義與國家問題〉(上),《共
            黨問題研究》,第17卷第5期,45-49頁;
            (下)第17卷第6期;58-65頁。

1991b   〈青年馬克思的原初國家理念〉(上),
            《共黨問題研究》,第17卷第8期,23-29
            頁;(下)第18卷第11期;66-77頁。

項退結(編譯)

1988   《西洋哲學辭典》,布魯格編著,台北:
            華香園出版社,首版 1976。

楊世雄

1995   〈馬克思國家理論的哲學反省〉,《國立
            政治大學哲學學報》,2:163-181。

陳少廷

1970   《極權主義底解析》,台北:寰宇。第125
            頁以下。

陳秀容,江宜樺(主編)

1995 　　《政治社群》，台北南港：中研院社科
　　　　　所。

齊辛
1980 　　＜官僚政治的根源＞，《七十年代》，
　　　　　1980年7月，香港。

蕭高彥
1996 　　＜共同體的理念：一個思想史之考察＞，
　　　　　《台灣政治學刊》，1:257-295.

洪鎌德
1977a 　《政治學與現代社會》，台北：牧童出版
　　　　　社。
1977b 　《經濟學與現代社會》，台北：牧童出版
　　　　　社。
1977c 　《思想及方法》，台北：牧童出版社。
1978 　　《世界政治新論》，臺北：牧童出版社。
1979a 　〈西方學者對馬克思主義的重估〉，刊：
　　　　　《人與社會》，第七卷第四期，pp. 40ff..
1979b 　《經濟學與現代社會》，台北：牧童出版
　　　　　社，第二版，首版 1977。
1979c 　〈馬克思《1844年經濟哲學手稿》的版本
　　　　　與特徵〉，刊：《中華雜誌》，第175期，
　　　　　頁24-27。

1981　　　〈青年馬克思的國家觀〉，《思與言》，第18卷第6期，頁 47-74。

1983　　　《馬克思與社會學》，臺北：遠景出版社。

1985　　　《傳統與反叛—青年馬克思思想的探索》，臺北：臺灣商務印書館。

1988　　　《新馬克思主義與現代社會科學》，臺北：森大圖書有限公司，初版。

1991　　　＜馬克思正義觀的析評＞，刊：戴華、戴曉時主編，《正義及其相關問題》，南港：中央研究院人文社會科學所，147-184頁。

1993　　　〈馬克思自由觀的剖析〉，《中山學術論叢》，11：75-89.

1995a　　＜馬克思和恩格斯對民主理論與實際的析評＞，刊：《民主理論：古典與現代》，張福建、蘇文流主編，南港：中研院人文社科所，93-121頁。

1995b　　《馬克思倫理觀的析評》，國科會專題研究計劃報告。

1995c　　《新馬克思主義與現代社會科學》，台北：森大圖書有限公司，第二版，增訂版。

1996a　　《跨世紀的馬克思主義》，台北：月旦出版社。

1996b   ＜馬克思倫理觀的析評＞，《中山學術論叢》，14：27-61.

1996c   《馬克思社群觀的析評》，國科會專題研究計劃報告。

1997a   《社會學說與政治理論──當代尖端思想之介紹》，台北：揚智出版社。

1997b   《馬克思──生平、學說、貢獻》，台北：三民書局。

1997c   《人文思想與現代社會》，台北：揚智出版社。

1997d   〈馬克思國家觀的析評〉，《中山大學社會科學季刊》，第一卷第一期，頁 163-206。

人名引得

西文姓名

Easton, L. 衣士敦　327, 335

Elliot, John E 艾略特　260

Elster, Jon 艾爾士特　156, 275

Engels, Friedrich 恩格斯　9, 16, 23, 27, 33,
35 , 37, 39, 40, 47,
48, 49, 53-54, 61,
62, 67, 68, 71, 73,
74, 75, 87, 93, 105,
111, 139-141, 146-
150, 153, 156, 158,
159, 166, 167, 180,
182-184, 192, 195,
205, 208, 226-243,
248, 263, 282, 300,
301, 303, 305, 318,
329, 332, 339

Ferguson, Adam 費居遜　151

Ferri, L. 費利　302

Fetscher, Iring 費徹爾　31, 98, 117

137, 141
152, 164,
228-247,
254, 257,
264, 279,
293, 316,
329, 338

Herwegh, Georg　賀維恪　331

Hess, Moses　赫斯　11

Hilferding, Rudolf　希爾弗定　306

Hobbes, Thomas　霍布士　153

Hobsbaum, E. J.　霍布斯邦　189

Hook, Sidney　胡克　8, 318

Horkheimer, Max　霍克海默　313

Hu Chiu-yuan　胡秋原　324

事物引得

（按華文筆劃順序）

社會　7，8，18，26，33，35，38，46，50，51，58，
　　　64，69，71，73，79，85，87，90，92，94，
　　　102，103，109，112，120，124，131，133，
　　　135，138，140

社會人　203，204，282，286

社會力量　254，268，270

社會分工　81，82，97

社會化的人　32，56，134，280

社會主義　1，9，10，12，14，18，22，35，41，46，
　　　　　49，55，61-63，100，150，153，170，
　　　　　177，209，213，217，230，254，267，
　　　　　274，279，286，288，296，329

社會主義運動　329，333

社會存有　184

社會形構　170-172，189，190，196，226，243，
　　　　　249，250，300

社會事實　134

社會性　277，278

社會的生產　41，44

社會的型態　169,170

社會的科學　109

社會動物　258

社會發展律　51

社會階層化　218

社會意識　184

貧窮化　68

貧窮論；貧困論　19，45，295

連續體　221

創始的馬克思主義　317

剩餘價值　43，66，97，287

　剩餘價值論　66，149，163，228

勞力　17，66，79，129

勞工　38

勞動　27-31，42，66，78，91，93，98，101，104，
　　　115，121，122，126-130，148，164，167，
　　　169，192，193，196，199，203，208，242，
　　　255，256，267，270，292，295，307

　勞動生產　247

　勞動者　79，129

　勞動時間　42

　勞動階級　45，142，308，310

　勞動價值說　15，17，18，45

揚棄　230，245

An Analysis of Marx's Social Theory
by Dr.HUNG Lien-te

Contents

Preface

馬克思社會學說之析評　　　　揚智叢刊 26

著　　　者／洪鎌德
出 版 者／揚智文化事業股份有限公司
發 行 人／林新倫
副總編輯／葉忠賢
責任編輯／賴筱彌
執行編輯／應靜海
登 記 證／局版臺業字第 1117 號
地　　　址／台北市新生南路 3 段 88 號 5 樓之 6
電　　　話／(02)366-0309　　366-0313
傳　　　真／(02)366-0310
印　　　刷／偉勵彩色印刷股份有限公司
法律顧問／北辰著作權事務所　蕭雄淋律師
初版二刷／1997 年 11 月
定　　　價／新臺幣：400 元

南區總經銷／昱泓圖書有限公司
地　　　址／嘉義市通化四街 45 號
電　　　話／(05)231-1949　　231-1572
傳　　　真／(05)231-1002

國家圖書館出版品預行編目資料

馬克思社會學說之析評= An Analysis of Marx's
Social Theory/ 洪鎌德著. -- 初版. -- 臺北市：
揚智文化, 1997 ［民 86］
面 ； 公分.--（揚智叢刊； 26）
參考書目：面
含索引
　　ISBN　957-8446-36-5(平裝)

1. 馬克思(Marx, Karl, 1818-1883) -學術思想 - 社會學

549.3　　　　　　　　　　　　　　　　86009980